AF154229

Liebesbriefe großer Frauen

Liebesbriefe großer Frauen

Herausgegeben von
Sabine Anders und Katharina Maier

marix verlag

Bibliografische Information der Deutschen Nationalbibliothek
Die Deutsche Nationalbibliothek verzeichnet diese Publikation in der Deutschen Nationalbibliografie; detaillierte bibliografische Daten sind im Internet über http://dnb.d-nb.de abrufbar.

6. Auflage 2017

Editorische Notiz: Alle Briefe wurden behutsam der neuen Rechtschreibung angepasst.
Covergestaltung: büropecher, Köln
Satz und Bearbeitung: Medienservice Feiß, Burgwitz
Der Titel wurde in der Adobe Garamond Pro gesetzt
Gesamtherstellung: CPI books GmbH, Leck – Germany

ISBN: 978-3-7374-1060-1

www.verlagshaus-roemerweg.de

Inhalt

Vorwort

„Der Brief ist diejenige literarische Form, in der die Frau sich am leichtesten und besten ausdrückt“, schreibt Ricarda Huch (1864-1947), selbst bedeutende Philosophin, Historikerin und Literatin*. Sie begründet dies zum einen mit der ungezwungenen und gefühlsbetonten Form des Briefes. Zum anderen versäumt es Ricarda Huch aber nicht, darauf hinzuweisen, dass es in erster Linie gesellschaftlich bedingt war, wenn sich die Frau bis zum Ende des 19. Jahrhunderts so gern und häufig der ‚weiblichen‘ Textform des Briefes bediente. In diesem Zusammenhang floss ein wichtiger Satz diese Gattung betreffend aus Huchs Feder: „Sie legt keinen Zwang auf.“** – Schon immer eröffnete der Brief einen textuellen Raum, in dem Frauen sich frei(er) ausdrücken konnten als in irgendeinem Rahmen sonst – losgelöst von den von Männern aufgestellten literarischen Regeln und bis zu einem gewissen Grad auch von den strengen sozialen Normen, die besonders dem weiblichen Geschlecht enge (Verhaltens)Grenzen setzten. Gerade Liebesbriefe, gerichtet an einen geliebten Anderen, dem die Frau – so erhält man insgesamt den Eindruck – sich in ungewohnter Weise zu öffnen wagt, gewähren Einblicke in das Gefühlsleben, aber auch schlicht in die Lebensgeschichte vieler faszinierender Frauen vergangener Jahrhunderte. Häufig waren solche Briefe die einzige Möglichkeit für die liebende Frau, zu ihrem Angebeteten Kontakt aufzunehmen und das Verhältnis aufrechtzuerhalten – manchmal über bloße räumliche Entfernung, aber oft auch angesichts unüberwindlich erscheinender gesellschaftlicher Widerstände. Frauen hatten, bis auf einige Ausnahmen, wenig

* In: Schelling, Caroline. *Carolines Leben in ihren Briefen. Eingeleitet von Ricarda Huch.* Leipzig: Insel Verlag 1914. S. V.

** ebd.

Freiraum, ob als junges Mädchen an den Willen der Familie gebunden, als Verheiratete an den Ehemann oder im Allgemeinen als Frau an die Normen sozialer Respektabilität. Was da im Herzen einer Liebenden brannte und nach Außen drängte, konnte und durfte oft nicht anders Ausdruck finden als in Form eines Liebesbriefes. Nicht selten wurde so der Brief auch zum Mittel der Verführung und stellte nicht zuletzt für die Frau die einzige Möglichkeit dar, den Geliebten zu halten; weder konnte sie räumliche Entfernung leicht überwinden, da kaum eine Frau vergangener Zeiten über ähnliche Reisefreiheit verfügte wie die oft sehr mobilen Männer, noch konnte sie es sich in den meisten Fällen vom gesellschaftlichen Standpunkt aus gesehen leisten, für einen Mann zu kämpfen, der sich ihr zu entziehen drohte. Dies mag erklären, warum sich unter den ‚Liebesbriefen großer Frauen' so viele zutiefst rührende, verzweifelte oder auch verzichtsreiche Texte finden, in denen die Verfasserin um den Geliebten ringt oder ihn schweren Herzens loslässt. Doch auch Zeugnisse tiefer und standhafter Liebe bieten sich dem Leser dar, kokettes Getändel genauso wie Ausbrüche glühender Leidenschaft und eheliche Vertrautheit – kurz: alle Variationen der Liebe, wie sie Frauen in der Vergangenheit wohl kaum je im gleichen Maße öffentlich ausleben konnten.

Bis weit in das 19. Jahrhundert hinein war der Brief neben dem Tagebuch die häufigste literarische Form, derer sich Frauen bedienten – und bedienen konnten. Schriftstellerei galt besonders für Frauen lange als ein ‚anstößiger' Beruf; bis auf wenige, herausragende Ausnahmen, die sich Anerkennung und Respekt erkämpften, veröffentlichten weibliche Literatinnen oft anonym oder unter einem (männlichen) Pseudonym – oder beschränkten sich auf die persönlichen, ‚weiblichen' Gattungen Brief und Tagebuch. In manchen Fällen wurden diese Schriften, oft posthum, veröffentlicht, in anderen wurden sie zerstört oder verschwanden, um erst nach Jahrzehnten, wenn nicht Jahrhunderten, wiedergefunden zu werden. Andere harren auf irgendeinem Dachboden oder Trödelmarkt immer noch der zufälligen

Entdeckung. Und so sind, was angesichts der Charakterisierung der Gattung als ‚weiblich' geradezu paradox erscheint, mehr Briefe von den großen Männern der Geschichte erhalten oder wenigstens bekannt als von großen Frauen. Das gilt besonders für die so intimen Liebesbriefe, die nicht selten Gefühle – und Begierden – in Worte fassen, wie sie Frauen lange nicht anstanden, oder auf Beziehungen schließen lassen, die alles andere als ‚legitim' oder ‚akzeptabel' waren. Und so geschieht es häufig, dass von den Liebesbriefen eines berühmten Paares die seinen in ihrer Vollzahl veröffentlich wurden – und die ihren spurlos verschwanden. Hinzu kommt, dass bis zum 18. Jahrhundert viele Frauen des Schreibens schlicht nicht mächtig waren. – Diesen widrigen Umständen zum Trotz lässt sich ein Reichtum an gefühlvollen Dokumenten in Liebesbriefform finden, ganz besonders aus dem 18. und der ersten Hälfte des 19. Jahrhunderts, als nicht nur die weibliche Briefkultur einen Höhepunkt erreichte. Doch man stößt auch immer wieder auf briefliche Schätze aus früheren Jahrhunderten. Heloisa, Katharina von Aragon, Anne Boleyn, Ninon de Lenclos – sie alle gehören zu diesen frühen Liebesbriefschreiberinnen, deren Geschichten uns auch heute noch bewegen. Das 18. und 19. Jahrhundert wiederum sind wahre Fundgruben großer weiblicher Liebesbriefe, oft aus der Feder von Schriftstellerinnen oder solchen, die es hätten werden können, hätte ihnen ihr soziales Umfeld größere – literarische wie persönliche – Freiheit gewährt. Die zweite große Gruppe von Briefeschreiberinnen besteht aus Frauen, die auf politischer oder sozialer Bühne aktiv waren und sich aller männlicher Vorherrschaft zum Trotz als große, hervorstechende Einzelfiguren in die Geschichte einschrieben; eröffnet wird diese Reihe bereits im 11. Jahrhundert von der Ordensgründerin Heloisa und führt über Frauen wie die Kaiserin Maria Theresia und deren Tochter Marie Antoinette oder die Frauenrechtlerin Mary Wollstonecraft bis hin zu Rosa Luxemburg. Doch auch anrührende wie beeindruckende Zeugnisse von den Frauen ‚hinter' den großen Männern der Geschichte finden sich hier, die ahnen lassen, wie viel so manche Geistesgröße der starken Frau an seiner Seite verdankte. Und nicht zuletzt sind Liebesbriefe aus jener Zeit oft Dokumente des eher indirekten, schwer fassbaren Einflusses der beeindruckenden Salon- und Gesellschaftsdamen, deren Vorreiterin die große Liebende Ninon de Lenclos war und ohne die die bedeutenden Kreise von Literaten und Philosophen des 18. und 19. Jahrhunderts kaum denkbar sind. Jene Texte lassen die eindrucksvollen ‚sozialen Kunstwerke', die jene Frauen schufen, die im Moment verhaftet sind und in der Geschichte fast untergingen, zumindest erahnen. – All diese Liebesbriefe von Frauen, die über die Jahrhunderte im Vordergrund wie im Hintergrund der Geschichte standen, haben eines gemeinsam: Sie erzählen große Frauen- und Liebesgeschichten gleichermaßen.

Wer ‚Liebesbriefe großer Frauen' sammelt, muss zuweilen ein wenig genauer hinsehen als bei der Suche nach *Liebesbriefen großer Männer*, die für den korrespondierenden Band *Ewig Dein, ewig mein, ewig uns* zusammengetragen wurden. Das geht nicht immer ohne Hilfe, vor allem im Bereich fremdsprachiger Texte, die der Übersetzung harren. Daher möchten wir an dieser Stelle Elżbieta Baraniecka für ihre tatkräftige Unterstützung danken.

Sabine Anders Katharina Maier

Heloisa

(um 1095-1164)

an Abaelard

Die Liebesgeschichte der beiden französischen Ordensgründer Petrus Abaelardus und Heloisa, oder Héloïse, ist eine der berühmtesten des Mittelalters und gehört wohl zu den dramatischsten aller Zeiten. Der leidenschaftliche Theologe, Philosoph, Poet und Musiker Abaelard, der sich wegen seiner progressiven und provokanten Ansichten und nicht zuletzt seiner ‚blasphemischen' Tendenz, alles und jeden in Frage zu stellen, bereits einige Feinde unter dem Klerus seiner Zeit gemacht hatte, begegnete der jungen, gebildeten Heloisa im Haus ihres Onkels und Vormunds Fulbert. Abaelard wurde als Heloisas Hauslehrer angestellt, und zwischen den beiden entwickelte sich schnell eine leidenschaftliche, sinnliche Affäre. Während manche Heloisa als das bloße Opfer des (gewaltbereiten) Verführers Abaelard sehen, vermuten andere in dem Mädchen, welches in späteren Briefen als sexuell selbstbewusste Frau auftritt, den eigentlichen Ursprung des Verhältnisses; so nennt Hans-Wolfgang Krautz Abaelards Verhalten eine „tragische Verblendung vor überlegener weiblicher Einsicht" (Stuttgart 1989, S. 390). Nur zu bald wurde die Affäre entdeckt; Heloisa floh vor ihrem wutentbrannten Onkel und brachte Abaelards Sohn zur Welt. In der Zwischenzeit kamen der junge Theologe und Fulbert zu einer Einigung, und Abaelard und Heloisa schlossen entgegen den Wünschen der jungen Frau den Bund der Ehe, zu allem Überfluss auch noch heimlich, um Abaelards Chancen, in der kirchlichen Hierarchie aufzusteigen, nicht zu beeinträchtigen (nur niedrigrangige Kleriker durften zu dieser Zeit heiraten, wenn auch selbst das nicht gerne gesehen wurde). Der chronisch eifersüchtige Abaelard zwang seine Frau, als scheinbare Novizin in das Kloster Argentueil, in dem sie erzogen worden war, einzutreten. Ihre Verwandten empfanden dies als Akt der Verstoßung, lauerten Abaelard auf und kastrierten ihn aus Rache. Die öffentliche Schande trieb den Theologen ins Kloster – und er zwang seine Frau, ihm zu folgen und den Schleier zu nehmen, vermutlich um eine eventuelle Wiederverheiratung Heloisas zu verhindern.

Es sollte über zehn Jahre dauern, bis die beiden Liebenden nach diesem unrühmlichen Verhalten Abaelards wieder in Kontakt traten. Das Kloster Argentueil, das als Auffangbecken für ‚gefallene Frauen', verstoßene Ehefrauen und mittellose Mädchen diente und zu dessen Priorin Heloisa aufgestiegen war, wurde vom örtlichen Abt kurzerhand geschlossen. Die heimatlosen Nonnen unter Heloisa wandten sich an Abealard, der vergeblich versucht hatte, sein humanistisches Ideal klösterlichen Lebens unter den Mönchen in Paraklet, zu deren Abt er ernannt worden war, durchzusetzen. Gemeinsam mit Heloisa gründete er nun ein Nonnenkloster in Paraklet. Die Aufgabe, die Grundsätze des Benediktinerordens und Abaelards humanistisches Ideal an ein weibliches Klosterleben anzupassen, bildete den Anlass zu einem regen Briefwechsel zwischen den beiden einstigen Eheleuten, die nun in eine neue Beziehung als ‚Bruder' und ‚Schwester' und als gemeinsame Ordensgründer treten konnten. In diesem Briefwechsel arbeiten Heloisa und Abaelard zum einen die Geschichte ihrer Liebe auf; zum anderen führen sie jedoch auch tiefgehende theologisch-philosophische Diskussionen. Auf beiden Ebenen erweist sich Heloisa dem publizierten Poeten und Kirchenlehrer Abaelard gewachsen. Heute wird sie als eine große Philosophin und Literatin aus eigenem Recht anerkannt, und ihr Briefwechsel mit Abaelard gehört zu den großen Büchern der Weltliteratur.

Bei dem unten erwähnten ‚Trostbrief' Abaelards handelt es sich eigentlich um eine autobiographische Skizze, die den Verlauf seiner Geschichte mit Heloisa nachzeichnet.

Ihrem Herrn, ja Vater; ihrem Gatten, ja Bruder; seine Magd, ja Tochter; sein Weib, ja Schwester:
an Abaelard seine Heloisa

Deinen Trostbrief an einen Freund, mein Geliebtester, hat neulich mir jemand zufällig überbracht. Da ich ihn sogleich nach dem Anblick der Aufschrift als den Deinigen erkannte, so begann ich umso glühender ihn zu lesen, je inniger ich den Schreiber selbst umfasse, dass, wenn mir auch seine Person verloren ist, ich doch durch sein Wort wenigstens wie durch ein Bild von ihm erquickt werde. Es war, erinnere ich mich, im Briefe alles voll Galle und Wehrmut; er erzählte ja die jammerreiche Geschichte von unserer Einkehr ins Kloster und Dein fortwährendes Kreuz! […] Niemand, glaub' ich, kann dies alles mit trockenen Augen lesen oder hören, meinen Schmerz aber musste es umso mächtiger erneuern, je genauer das Einzelne dargestellt war, umso höher ihn steigern, da Du erzählst, wie jene Gefahren für Dich noch wachsen, so dass wir alle auf gleiche Weise dahin gebracht sind, an Deinem Leben zu verzweifeln, und stündlich unter zitterndem Busen und pochendem Herz jener letzten Kunde von Deinem Tod entgegensehen. Bei ihm selber also, der Dich bis heute für seinen Dienst auf jede Weise schirmt, bei Christus, beschwören wir Dich, Du mögest seine und Deine Mägde würdigen, ihnen recht oft über den Sturm, von dem Du noch schiffbrüchig einhergeschleudert wirst, brieflich sichere Nachricht geben, damit Du uns wenigstens, die wir Dir einzig geblieben sind, zu Genossen des Schmerzes oder der Freude habest. Mitleidende pflegen ja dem Leidenden einigen Trost zu gewähren, und jede Last, die mehreren aufgelegt ist, wird leichter getragen oder abgeworfen. Wenn aber jenes Ungewitter ein wenig ruht, so müssen Deine Briefe umso schneller kommen, je mehr sie uns erfreuen werden. Was Du aber auch schreiben magst, es wird uns alles zum Heile gereichen. […] Gott sei Dank, dass wenigstens diese Gegenwart uns zu gewähren kein Neid Dich abhält, keine Schwierigkeit Dich hindert; ich beschwöre Dich, auch keine Nachlässigkeit Dich säumen zu lassen. Du hast dem Freunde einen langen Brief geschrieben zum Troste zwar für seine Widerwärtigkeiten, aber über die Deinigen. Indem Du die Deinigen sorgsam aufzähltest und ihn zu trösten gedachtest, hast Du meine Trostlosigkeit nur

noch erhöht, und während Du seine Wunden heilen wolltest, hast Du mir alle Wunden aufgerissen und neue schmerzliche geschlagen. Heile selbst, ich beschwöre Dich, was durch Dich geschehen, der Du der Sorge für das ein Genüge tust, was durch andere geschehen ist. […]
Und Du weißt doch, dass Du mir mit größerer Schuld verpflichtet bist, je inniger der Bund des ehelichen Sakrament uns aneinanderkettet, dass Du mir umso mehr ergeben sein musst, je heißer ich Dich stets, wie alle wissen, mit unendlicher Liebe umfasst habe. Du weißt, Geliebtester, alle wissen es, wie viel ich in Dir verloren habe, und durch welches unselige Geschick der äußerste Verrat mich selbst und Dich mir entrissen hat, und wie unvergleichbar größer der Schmerz des Verlustes jetzt ist, als der des Schadens war. Je größer aber die Ursache des Leidens ist, desto größere Mittel des Trostes müssen angewandt werden, nicht von einem anderen sonst, sondern von Dir selbst, dass, der Du allein des Leidens Ursache warst, auch allein seist in der Gnade des Tröstens. Du bist es ja allein, der mich betrüben, der mich erfreuen oder mich trösten kann. Und Du bist es allein, der vorzüglich das mit schuldig ist, und darum am meisten, weil ich alles, was Du befohlen, soweit erfüllt habe, die ich Dir in nichts zuwider sein konnte, auf Deinen Befehl mich selbst dahinzugeben vermochte. Und was noch ein Größeres ist und wunderbar klingt, in solche Raserei ist meine Liebe verwandelt, dass, was sie einzig begehrt, sie selbst sich ohne Hoffnung des Wiedergewinnens entzog, da ich folglich auf Dein Gebot ein andres Kleid und einen andern Sinn annahm, auf dass ich Dich als den alleinigen Herrn meines Leibes wie meiner Seele erwiese. Nichts habe ich jemals, Gott weiß es, in Dir gesucht, als Dich selber, rein nur Dich und nicht das Deinige begehrend. Nicht den Bund der Ehe, nicht andere Heiratsgüter habe ich erwartet, nicht meinen Willen und meine Lust, sondern Deine zu erfüllen gestrebt, wie Du selber weißt. Und wenn der Name der Gattin heiliger und würdiger scheint, süßer doch war mir's immer, Deine Geliebte zu heißen, oder, wenn Du nicht darüber zürnen willst, Deine Buhle oder Hetäre; damit je tiefer ich mich für Dich erniedrigte,

ich umso größere Huld und Gnade bei Dir fände und den Glanz Deiner Herrlichkeit weniger beleidigte.
Dieses hast Du um Deiner selbst Willen nicht ganz in dem oben erwähnten Briefe vergessen, den Du einem Freunde zum Troste geschrieben. Dort hast Du auch nicht verschmäht, einige Gründe auseinanderzusetzen, durch die ich Dich von unsrem Ehebund und seinem unheilvollen Lager abzuhalten versuchte, die meisten aber verschwiegen, aus denen ich die Liebe der Ehe, die Freiheit der Fessel vorzog. Gott rufe ich zum Zeugen an, wenn Augustus, der Herrscher der ganzen Welt, mich der Ehre seiner Gattin würdigen und mir die Herrschaft des ganzen Erdreiches für alle Zeit bestätigen wollte, so würde es mir lieber und würdiger erscheinen, Deine Buhle genannt zu werden als seine Kaiserin; denn der Reichste und Mächtigste ist darum nicht auch der Beste, jenes ist des Glückes, dieses der Tugend Werk. Täusche sich auch *die* nicht darüber, dass sie sich bloß verkauft, die lieber einem Reichen als einem Armen sich vermählt und mehr in ihrem Manne das Ihrige als das Seine begehrt. Gewiss, welche von solcher Begierde zur Ehe geführt wird, der gebührt mehr ein Sold als die Huld der Liebe. Denn gewiss, ihr gilt es um das Vermögen, nicht um den Mann, sie würde sich, wenn sie könnte, dem Reicheren preisgeben. […]
Zweierlei aber, ich gestehe es, war Dir eigentümlich, wodurch Du die Herzen aller Frauen sogleich gewinnen konntest: die Anmut des Wortes und des Gesanges; und das war den andern Philosophen bekanntlich keineswegs verliehen. Indem Du hieran wie an einem Spiel Dich von der Anstrengung philosophischer Arbeiten erholtest, hast Du viele im Maß oder Rhythmus der Liebe gedichtete Lieder hinterlassen, die, wegen überschwänglicher Süßigkeit der Worte wie der Melodie häufig nachgesungen, meinen Namen in aller Munde unaufhörlich erhielten, so dass die Lieblichkeit wohllautenden Gesangs auch die Ungebildeten Deiner niemals vergessen ließ. Und daher besonders seufzten die Frauen in Liebe zu Dir. Und da der größte Teil jener Lieder unsere Liebe besang, so verkündeten sie vielen Ländern meinen Namen in kurzer Zeit und entzündeten gegen mich den Neid vieler

Frauen. Denn welches Gut der Seele oder des Leibes schmückte Deine Tugend nicht? Welche von allen, die mich damals beneideten, triebe nicht mein Unglück jetzt zum Mitleid, da ich solcher Wonnen beraubt worden bin? Welchen Mann oder welche Frau, mögen sie mir auch anfangs feind gewesen sein, erweichte jetzt nicht das verdiente Mitleid? Und am meisten schuldig, bin ich dennoch, wie Du weißt, am meisten unschuldig. Denn nicht im Erfolg der Tat, sondern in des Täters Gesinnung besteht das Verbrechen, und die Billigkeit wägt nicht, was geschieht, sondern in welchem Geiste es geschieht. Welche Gesinnung ich aber immer gegen Dich hegte, das kannst Du allein beurteilen, der es erfahren hat. Deiner Prüfung stelle ich alles anheim, in allem unterwerfe ich mich Deinem Zeugnis.

[…] Als ich in fleischlicher Lust Dein genoss, da galt es den meisten für ungewiss, ob ich es aus Liebe oder aus Sinnlichkeit tat. Jetzt aber bezeugt es das Ende, aus welcher Quelle der Anfang kam. Alle Freuden habe ich mir untersagt, um Deinem Willen zu gehorchen. Nichts habe ich für mich behalten, als dass ich so am meisten die Deine würde. Wie groß aber Deine Unbilligkeit ist, das erwäge, wenn Du mir, je mehr ich verdiene, umso weniger gibst, ja am Ende gar nichts; besonders da es ein Kleinod ist, was ich fordere, und Dir ganz gleich.

Beim ihm selbst also, dem Du Dich geweiht, bei Gott flehe ich zu Dir, dass Du, auf welche Art Du kannst, mir wieder Deine Gegenwart schenkest und mir ein Wort des Trostes schreibest, mindestens auf den Beding, dass ich dadurch erquickt dem göttlichen Dienste heiterer obliegen könne. Als Du mich einst zu zeitlichen Freuden verlangtest, da brachtest Du durch manches Lied Deine Heloisa in aller Munde. Von mir hallten alle Straßen, von mir alle Häuser wider. Aber mit welch größerem Recht würdest Du mich jetzt zu Gott, als damals zur Lust erwecken! Erwäge, ich beschwöre Dich, was Du schuldig bist, beachte, was ich fordere, und so schließe ich den langen Brief mit dem kurzen Ende: Lebe wohl, Du Einziger!

Katharina von Aragon

(1485-1536)

an König Heinrich VIII.

Katharina von Aragon, die jüngste Tochter von Ferdinand von Aragon und Isabella von Kastilien, wurde mit dem englischen Thronfolger Arthur verheiratet, der nur fünf Monate später starb; Katharina schwur später stets, die Ehe sei nie vollzogen worden. Sieben Jahre lang lebte sie als Witwe des Kronprinzen am Hof von England, bis ihr Schwager den Thron bestieg und zu Heinrich VIII. wurde. Obwohl seine Ratgeber eine andere Verbindung favorisierten, heiratete Heinrich Katharina. Allen Anzeichen zufolge war er ihr jahrelang herzlich zugetan, und sie liebte ihren jungen Ehemann abgöttisch. Doch, obwohl oft schwanger, konnte Katharina Heinrich keinen lebenden männlichen Erben schenken – das einzige überlebende Kind war die Tochter Mary, die spätere Königin –, und schließlich fiel dem König Anne Boleyn ins Auge. Mit aller Macht versuchte Heinrich nun, eine Annullierung seiner Ehe mit Katharina zu erreichen; er hatte gegen den erbitterten Widerstand der frommen Königin selbst, seines Volkes, das Katharina zutiefst verehrte, und den des Papstes anzukämpfen. Als Letzterer sich weigerte, Heinrichs Eheschließung mit Anne Boleyn anzuerkennen, brach der König mit der katholischen Kirche und machte sich selbst zum Haupt der anglikanischen Kirche. Katharina wurde vom Hofe verbannt, doch betrachtete sie sich den Rest ihres Lebens als rechtmäßige Frau Heinrichs VIII. und Königin von England. Sie starb 1536 eines natürlichen Todes.

[1. Januar 1536]

Sire, mein liebster König, Herr und Gemahl, ich stehe im Begriffe, meine Seele in die Hände der göttlichen Barmherzigkeit zu übergeben; und also wird sie bald von diesem Körper gelöst sein, dem Ihr so viel Leiden und Schmerzen verursacht habt. Aber so groß diese auch immer waren, so haben sie doch niemals vermocht, die Liebe, die ich jederzeit für Euch hegte und die bis ins Grab dauern wird, erkalten zu lassen, geschweige gar sie auszulöschen. Dies nötigt mich, heute diesen Brief an Euch zu schreiben, um Euch als Eure Gemahlin zu ermahnen und als eine Christin zu erinnern, dass Ihr an Eure ewige Seligkeit denkt, die Euch doch teurer sein soll als die vergängliche Krone, die Ihr tragt, und alle Schätze und alle Hoheit der Welt. Ich habe nie verfehlt, den Vater des Lichts für Euch, mein liebster Gemahl und mein König, anzuflehen, dass er Euch gute Gedanken zu Eurem Heil eingebe und Euch von den sinnlichen Vergnügungen abziehe, die mich so viele Tränen und Kränkungen gekostet und die Euch selbst in einen Abgrund von Unordnungen und Unruhen gestürzt haben. Übrigens verzeihe ich von Herzen alles, was Ihr mir zuleide getan habt, und bitte Gott, dass er Euch nach seiner unendlichen Barmherzigkeit auch verzeihen wolle. Ehe ich noch meinen letzten Seufzer ausstoße, will ich Euch flehentlich gebeten haben, mir eine Gnade nicht abzuschlagen, die mir zu bewilligen alle Gesetze des Himmels und der Erde Euch verpflichten; ich meine, dass Ihr für die Prinzessin Marie, Eure und meine Tochter, sorgen möchtet. Habt Ihr Euch auch gegen mich nicht als guter Ehemann beweisen wollen, so beweist Euch doch wenigstens gegen sie als ein guter Vater. Ich ersuche Euch auch, für meine drei Kammerfräulein und für meine Bedienten zu sorgen, die mir so treulich gedient haben. Seid so großmütig und lasst ihnen vollends auszahlen, was ihnen von ihrem Gehalte rückständig geblieben ist; und gebt ihnen den Sold noch für ein Jahr dazu, um sie doch einigermaßen für das, was ich ihnen schuldig bin, zu belohnen. Ich schließe und versichere Euch, dass ich Euch noch von Herzen liebe; und das Einzige, was ich wünschte, um ruhig aus der Welt zu gehen, wäre, Euch zu sehen und in Euren Armen zu sterben.

Anne Boleyn

(?1501-1536)

an König Heinrich VIII.

Anne Boleyn war die zweite der sechs Ehefrauen von König Heinrich VIII. und die Mutter der zukünftigen Königin Elizabeth I. Da der Papst sich weigerte, Heinrichs erste Ehe mit Katharina von Aragon zu annullieren, sagte Heinrich sich von Rom los und gründete seine eigene anglikanische Kirche, um Anne heiraten zu können. Anne war, wie ihre Schwester Mary, die ebenfalls ein Verhältnis mit Heinrich hatte, eine der Hofdamen von Katharina, der ersten Frau des Königs, gewesen. Nachdem Anne Heinrich jedoch, genau wie Katharina, nicht den ersehnten männlichen Thronfolger gebar, und er seine nächste Frau, Jane Seymour, heiraten wollte, wurde Anne im Mai 1536 mehrfachen Ehebruchs, eines inzestuösen Verhältnisses zu ihrem Bruder und des versuchten Königsmords beschuldigt und wenig später hingerichtet.

[6. Mai 1536]

Eurer Majestät Ungnade und meine Kerkerhaft sind so ungewohnte Dinge für mich, dass ich weder weiß, was ich schreiben, noch was ich zu meiner Entschuldigung vorbringen soll. Da Ihr nun in der Absicht, mich zu einem Geständnis zu bewegen, in welchem Falle Ihr mir Eure Huld wieder zuwenden wollt, jemanden zu mir geschickt habt, von dem Ihr wisst, dass er von je mein erklärter Feind gewesen ist, so erkannte ich sofort nach Empfang der Botschaft Eure Willensmeinung. Und da ich, wie Ihr sagt, durch ein Geständnis der Wahrheit meine Freiheit wiedererlangen kann, so werde ich Eurem Befehl mit aller pflichtmäßigen Dienstwilligkeit nachkommen.

Glauben aber Eure Majestät nicht, dass Euer armes Weib je dahin gebracht werden könnte, einen Fehltritt einzugestehen, wo mir nicht einmal ein Gedanke daran gekommen ist. Und um die Wahrheit zu sprechen, kein Fürst hat je ein in jeder Beziehung treueres und liebevolleres Weib besessen, als Ihr es in Anne Boleyn gefunden habt. Und ich hätte mit meinem Namen und meiner Stellung auch sehr wohl zufrieden sein können, wenn es Gott und Eurer Majestät Gutdünken beliebt hätte. Niemals vergaß ich mich während meiner Erhebung zur Königin soweit, dass ich nicht stets an einen solchen Glückswechsel, wie er jetzt eingetreten ist, gedacht hätte. Denn da der Grund meiner Bevorzugung nur auf Eurer Majestät vorübergehender Neigung beruhte, so wusste ich, dass die leichteste Veränderung hinreichen würde, diese Neigung auf irgendeinen anderen Gegenstand zu lenken. Ihr habt mich aus einem niederen Stande zu Euerer Königin und Gemahlin erkoren, weit über mein Wünschen und Begehren hinaus. Wenn Ihr mich daher einer solchen Ehre für würdig erachtet, so flehe ich Eure Majestät an, lasst nicht eine flüchtige Neigung oder einen schlechten Rat meiner Feinde mir Eure fürstliche Huld entziehen und lasst nicht zu, dass ein Fleck, ein so schmachvoller Fleck auf die Ehre Eurer so tugendhaften Gattin und der kleinen Prinzessin, Eurer Tochter, fällt. Stellt eine Untersuchung an, gütiger König, aber eine gesetzmäßige, und lasst nicht meine geschworenen Feinde als Ankläger und Richter über mich das Urteil sprechen. Ja, stellt eine öffentliche Untersuchung an (meine Wahrhaftigkeit braucht keine öffentliche Beschämung zu fürchten): dann werdet Ihr entweder meine Unschuld an den Tag gelegt, Euren Verdacht und Euer Gewissen beruhigt, die Schändlichkeit und Verleumdungssucht der Welt zuschanden gemacht oder meine Schuld klar und offen bewiesen sehen. Dann wird Eure Majestät, was Gott oder Ihr auch über mich beschließen mögt, frei von jedem offenen Tadel dastehen, und wenn meine Verfehlung auf diese Weise gesetzmäßig bewiesen ist, so steht es Eurer Majestät sowohl vor Gott wie vor den Menschen frei, nicht nur über mich als eine ungetreue Gattin eine gerechte Strafe zu verhängen, sondern auch Eurer Neigung zu folgen, die sich bereits endgültig auf eine Dame gelenkt hat, um deretwillen ich mich in meiner jetzigen Lage befinde und deren Namen ich Eurer Majestät seit geraumer Zeit hätte nennen können, da ich sehr genau weiß, nach welcher Seite sich mein Argwohn zu richten hat. Habt Ihr aber schon über mich beschlossen, und zwar, dass nicht nur mein Tod, sondern auch eine schmachvolle Verleumdung Euch den Genuss Eurer ersehnten Glückseligkeit bringen solle, dann bitte ich zu Gott, er möge Euch Eure große Sünde und ebenso meinen Feinden, den Werkzeugen dazu, verzeihen und wegen Eures unköniglichen und grausamen Verfahrens gegen mich nicht allzu scharf mit Euch ins Gericht gehen an jenem allgemeinen Gerichtstage, an dem Ihr und ich erscheinen müsst und an dem meine Unschuld, was auch die Welt von mir denken möge, unzweifelhaft an den Tag kommen und klar wie die Sonne bewiesen werden wird. Meine letzte und einzige Bitte soll die sein, dass ich allein die Last von Eurer Majestät Ungnade trage und dass die unschuldigen Seelen jener armen Herren, die sich, wie ich höre, meinetwegen ebenfalls in enger Haft befinden, davon verschont bleiben. Wenn ich je vor Euren Augen Gnade gefunden habe, wenn je der Name Anne Boleyn Euren Ohren angenehm klang, dann erfüllet diese meine Bitte. Und so will ich aufhören, Eurer Majestät lästig zu fallen, will vielmehr meine innigsten Gebete zur heiligen Dreieinigkeit empor senden, sie möge Eurer Majestät ihren mächtigen Schutz angedeihen lassen und Euch in all Euren Unternehmungen beistehen. – Aus meinem jammervollen Kerker im Tower, den 6. Mai. Eure gehorsamste und allzeit getreue Gattin.

Jakobäa von Baden-Baden

spätere Herzogin von Jülich-Berg-Kleve (1558-1597)

an Graf Hans Philipp zu Manderscheid

Jakobäa war die älteste Tochter des Markgrafen Philibert von Baden-Baden und die Enkeltochter von Herzog Wilhelm IV. von Bayern. Im Jahr 1585 wurde sie mit Johann Wilhlem, dem letzten Herzog von Jülich-Berg-Kleve, vermählt. Dieser verfiel jedoch bald dem Wahnsinn, und angeblich wurde der Herzogshof zu Jülich unter Jakobäas Hand zu einem ‚Sündenbabel'. 1595 wurde sie deswegen vor dem Kaiser verklagt, doch ehe dieser ein Urteil gefällt hatte, wurde Jakobäa 1597 erdrosselt in ihrem Bett gefunden; als mutmaßliche Täterin gilt ihre Schwägerin Sybille. Das Schicksal von Jakobäa von Baden-Baden wurde mehrfach in der Literatur verarbeitet.
Die untenstehenden Briefe entstanden wohl zwischen 1580 und 1585 und sprechen, was Jokabäas Los angeht, für sich. Der letzte ist vermutlich Jakobäas Abschiedsbrief an ihren „herzallerliebsten" Grafen Hans Philipp zu Manderscheid kurz vor ihrer Vermählung.

Mein gar herzallerliebster Schatz!
Ich hab Euer Schreiben gar wohl empfangen, ich hoff auch zu Gott, es werde Euch wohl gehen, ich bedank mich zum Höchsten, dass Ihr, mein alter, auserwählter Schatz, so oft an mich gedenkt und mir so oft schreibt, das mich dann hoch erfreut, als was mir für Freud ein Tag in der ganzen Welt konnte zustehen. Ich will auch als morgen in meinem Fürnehmen, will's Gott, fortfahren und das Gebet fleißig beten. Ich bitt Euch, mein herzallerliebster Schatz, Ihr wollt mich auf's Baldest wissen lassen, ob ich das Gebet alle Tage muss beten oder nur, wenn ich beicht und kommunizier, so wollt ich demselben fleißig nach-

kommen. Ich bitt Euch, Ihr wolltet meiner nicht vergessen, wie ich doch gar kein Zweifel trag. Ich tue mich Euch hiermit gar in Grund Eures Herzens befehlen als meinem herzgeliebtesten Schatz. Dat. In großer Eil geschrieben bei der Nacht von der, die Euch mit Treuen meint und minnt bis in den Tod.

Ich kann nicht unterlassen, Euch aus traurigem Herzen zu schreiben, dieweil mir meine Hungin gesagt, dass Ihr meint, Ihr sehet wohl, dass Ihr nicht mehr geltet, so will ich's mit Gott und allen Heiligen bezeugen, dass Ihr geltet wie Ihr je vor allemal habt getan. Sie hat mir auch gesagt, Ihr wollt weg. Ach Gott, mein Schatz, was wollt Ihr mich beschweren, dann ich gewiss mein Leben muss lassen, da nach Gott keinen großen Trost hab denn Euch. So sollt Ihr wissen, so wahr mir Gott helfe, wenn Herzog Ferdinand noch so viel anhaltet, dass ich Euch nicht will aufgeben, und sollt ich mein Leben darin lassen, das glaubt mir, so fromm ich von Ehren bin, ich wollt mich eher williglich in den Tod geben. Ich bitt Euch, mein Schatz, Ihr wollt mir bald wieder schreiben, da ich sonst kein Ruh hab. Euer mit Herzen allzeit gedacht.
Ach, mein Schatz, lasset Euch nichts anfechten, denn glaubt mir, dass dem also ist, wie ich Euch hab geschrieben.

Mein herzallerliebster Schatz!
Dieweil Ihr mir weiters schreiben könnet, mögt Ihr dem Neuhang, so ich gewiss weiß, dass er verschlagen ist, wohl mündlich befehlen, was Ihr mir entbieten wollt. Ich hab nicht unterlassen können, noch einmal von Euch Urlaub zu nehmen und Euch zu bitten, dass Ihr meiner nicht vergessen wollt, denn Gott weiß, dass kein Augenblick vergehet, ich denke an Euch, da alle meine Gedanken nur zu Euch stehen. Ich werde es in die Länge nicht erleiden können, es wird mir mein Herz vor Trauer brechen, wenn ich gedenk, dass ich Euch nicht sehen kann, dass mich im Leben erhält, wenn ich Euch sehe, da mein Herz wieder eine Freud empfängt, so muss das alles ferne sein, das auf der ganzen Welt uns alleinig liebt. Doch hab ich den Trost,

dass ich hoff, mein Schatz werde meiner nicht vergessen, das mich dann als wieder ergötzt, sonst weiß ich wohl, dass ich von großer Betrübnis in Angst und Not umkomme. Dieweil Ihr mir die Gebete habt geschickt, hab ich mir vorgenommen, jetzt Freitag zu beichten und das hochwürdig Sakrament zu nehmen, dass ich Euer, mein Schatz, nicht will vergessen, sondern Gott so treulich für Euch bitten als für mich selbst, ich hoff, Gott wird mich erhören.

[…] Ich tue mich Euch hiermit befehlen als meinem Herzallerliebsten auf dieser Welt! Datum München in großer Eil und Langweil

von der, so Euch mit treuem Herzen
meint und minnt bis in den Tod.

Margarethe Kuffner

(16. Jahrhundert)

An Philipp Melanchthon den Jüngeren

Margarethe Kuffner, Stieftochter einer angesehenen Leipziger Pfarrfamilie, verlobte sich 1543 mit Melanchthons ältestem Sohn Philipp, genannt Lippus, der damals erst achtzehn Jahre alt war. Sein Vater hätte die Verbindung schweren Herzens gebilligt, doch seine Mutter war strikt dagegen, unter anderem, weil sie die beiden Verliebten wegen ihres jungen Alters noch nicht reif genug für die Ehe hielt. Philipp wurde gezwungen, die Verlobung aufzulösen, nachdem seine Eltern Martin Luther zu Hilfe gerufen hatten, und dieser in einer seiner Predigten öffentlich das von den Eltern nicht gebilligte Eheversprechen tadelte.

Dem züchtigen und gelehrten Gesellen Philippo Melanchthon dem Jüngern meinem guten Gönner zuhanden.

Gottes Gnade und Friede durch Christum, wünsche ich Euch, und ein glückselig neues Jahr, herzallerliebster Philipp, Ihr traget noch in frischem Gedächtnisse, was Ihr mit mir geredt habt zu Wittenberg, nämlich dass Ihr mir angelobt, mich zu einem ehelichen Gemahl zu nehmen, und auf dass ich nicht möcht an Euer Zusag zweifeln oder gedenken, es wäre Euer Ernst nicht, habt Ihr mir dieselbige Zusagung, wie Ihr wohl wisset, des Morgens erneuert, und endlich die Hand darauf gegeben, auch nachfolgends etliche Geschenk darauf überantwortet, und noch in meinem Abschied dieselbige Ehe in die Faust zugesagt, und mit ganz großem ernstem Schwure bestätigt, nämlich dass Ihr immer und in Ewigkeit keine andere zu nehmen willens seid und ich Euer sei, auch nicht von Euch mag geschieden werden denn durch den Tod. Da Ihr solches alles wisst, und dieweil ich von Euch gezogen und mich auf solche ofte Zusagung verlassen, werd ich armes Mägdlein nu nicht allein hie unbillig ausgetragen, als soll ich mich heimlich hinter meiner Eltern Wissen mit Euch verlobt, auch nachgegangen und keine Ruhe gehabt, bis ihr mir die Ehe zugesagt. Welches alles denn, so wahr als Gott im Himmel ist, nicht also ist, sondern was ich getan habe, das habe ich mit Vorgedenken meiner Eltern und wohlbedacht aus reinem, fleißigen und steten Anliegen getan, da selbst Ihr mir denn, wie oben gesagt, so mit ernstem trefflichen Schwüre die Ehe zugesagt. Aber jetzt erfahr ich, wie Euer Vater mit dem meinem umgehen will, und gar ein nicht daraus machen, welches ich denn nicht recht verstehen noch ermessen kann, viel weniger mit unser beider gutem Gewissen gehen mag, und dieweil solche Zusagung zwischen uns beiden geschehen, auch anlangen tut unser eigen Gewissen, dass wir es vor Gott am jüngsten Tag verantworten müssen, acht ich kann und mag sie ohne unsre beiden Verwilligung nicht zertrennt noch verhindert werden, wie denn Euer Herr Vater wohl zu tun vermeinet. Und machet mich armes Mägdlein diese neue Mähr zu diesem neuen Jahr ganz betrübt und verrenkt, dass ich nicht weiß, was ich vorhaben soll, kann und mag weder essen noch trinken, weder schlafen noch wachen, also gar bin ich in meinem Gemüt zerrückt, zu welchem allen Ihr eine einige Ursach seid, und ich besteh, so dieser Sach nicht recht geholfen werde, werde es mir großen Schaden tun. Derhalben bitt ich Euch um Gotteswillen, wollet mich verständigen, was Euer Sinn sei, und worauf Ihr bestehen wollt, und hierin ansehen die große wichtige Sache, die mich und Euch nicht Leib und Leben, sondern den ewigen Zorn Gottes und seine Strafe, und das ewige Nagen des Gewissens betreffen, und wiewohl ich mich mit meinem Gewissen so hoch, das Gott gedankt sei, nicht versündigt hab, auch nicht Gottes ewige Vermaledeiung und Zorn auf mich geladen hab, als Ihr denn getan, und nicht einmal sondern oft Euch verflucht, wo solche Zusage von Euch nicht gehalten werde, dass Ihr Gottes Antlitz nimmermehr bestehen wollt, auch ewig des

Teufels sein. Doch bin ich vor Gott neben Euch und in meinem Gewissen also erhofft, dass ich fürcht, es würde mir armen Wesen nimmermehr wohlgehen, vielmehr aber Euch. Derhalben damit Euer und mein Gewissen rein bleibe vor Gott, und ich nicht teilhaftig werden möcht Eurer Vermaledeiung und ergeben des Teufels, bitt ich Euch nach und jetzt wie vor um Gottes willen, wollet in solchen wichtigen trefflichen Sachen, die unser beider Seelen Seligkeit anlangt, nicht unachtsam sein, oder darin zu Gefallen Eurer Freundschaft und etlicher Menschen, Gottes ewigen Zorn, Eure Vermaledeiung und ewiges Nagen des Gewissens auf Euch laden, welches Euch – ach Gott im Himmel – viel zu schwer würde sein, sondern allhie bedenken Eurer Seele Seligkeit und reines Gewissen vor Gott, mit welchem Ihr sicherlich am jüngsten Tag vor Gott treten möget. Und zwar als ich aus der Rede Eures Herrn Vaters vernommen, gedenkt mich hierin los zu zählen frei und ledig, als möcht ich wohl mich anderswo umsehen, welches einstweilen mir unmöglich ist, und Euch viel mehr, werde auch mich damit, darzu mir Gott helfe, so bald nicht abweisen lassen, danach Ihr Euch wisst zu richten. Nachdem bitt ich noch, und zum letzten wollet Euer Gewissen in dieser Sachen fleißig verwahren und acht geben, dass Ihr Euch selbst nicht ein ewiges Verdammnis, dafür Euch Gott behüt, aufladen möchtet. So denn also wollt ich lieber, dass ich Euch nimmermehr gesehen hätt, denn eine einige Ursach dazu gewest sein. Solche bitt ich, beherziget bei Euch, und schreibet mir eilendst wieder, damit ich nicht also bekümmert, und da Gott vor sei, in ein Unglück fallen möcht, welches mir denn zu schwer wäre, und Ihr eine einige Ursach. Damit Gott befohlen. Geben Leipzig Dienstag nach der heiligen drei Könige Tag. Im 1544.
Margreth Kuffners

Ninon de Lenclos

(1620-1705)

an den Marquis de Coligny und den Marquis de Sévigné

Ninon de Lenclos war eine der ersten großen Salondamen Frankreichs, und ihr Beispiel wurde stilbildend für eine ganze Epoche. Sie war schön, geistreich und selbstbewusst – und eine große Liebende. Bedeutende Männer zog es in ihren Bannkreis: den Moralisten de La Rochefoucauld, der zu ihren vielen Liebhabern zählte, den Kardinal Richelieu, dem sie zwar Bewunderung entgegenbrachte, aber keine Nacht in ihrem Bett gewährte, den berühmten Komödienschreiber Molière, den sie bei seiner Karriere tatkräftig unterstützte, und den ebenfalls zum Dreigestirn der französischen Klassik zählenden Tragödiendichter Jean Racine, mit dem sie eine enge Freundschaft verband. In hohem Alter machte sie die Bekanntschaft des späteren Voltaire, der das Zeitalter der Aufklärung so entscheidend prägen sollte, erkannte sein großes Talent und hinterließ dem Neunjährigen in ihrem Testament Geld, damit er sich Bücher kaufen konnte. Doch Ninon de Lenclos war auch eine Autorin aus eigenem Recht: Sie veröffentlichte kritische Schriften, in denen sie unter anderem darlegte, dass man auch ohne Religion ein gutes Leben führen könne. Das machte ihr viele Gegner, aber auch viele Bewunderer. Männer wie Frauen scharten sich um Ninon de Lenclos, die zu den großen Frauengestalten des Rokoko gehört. Sie machte sich stets ihre eigenen Regeln und gestaltete ihr Leben danach. Schon früh war sie entschlossen, nie zu heiraten, und blieb bis zu ihrem Tod ‚Mademoiselle' de Lenclos. Ninon hatte im Laufe ihres Lebens zahllose Liebhaber und noch mehr Verehrer, denn, wie das Beispiel des Kardinals Richelieu zeigt, schenkte sie ihre Gunst nicht jedem. Ihre erste große Liebe war der Marquis de

Coligny, ihre größte vermutlich der Marquis de Villarceaux, den sie schließlich an ihre beste Freundin verlor. Ninon war die Meisterin des höfischen Spiels um Koketterie, Eroberung und Liebe, aber sie blieb ihrem jeweiligen Liebhaber stets treu, bis sie das Interesse an ihm zu verlieren begann und das Verhältnis löste. Die meisten Männer scheinen dies klaglos akzeptiert zu haben, froh, ihre Gunst wenigstens eine Zeitlang genossen zu haben.

Ninon zählte sechsundfünfzig Jahre, als der junge Marquis de Sévigné, der Sohn eines ihrer ehemaligen Liebhaber und einer guten Freundin, die Bitte an sie richtete, ihn in Sachen Liebe zu erziehen und so bei der Eroberung einer Angebeteten zu helfen. Die Briefe Ninons an den jungen Mann ergeben ein ganzes Buch, das ein Sittenbild der Zeit malt, ein Spiegelbild ihres kritischen Verstandes und messerscharfen Witzes ist, aber auch die Geschichte einer langsamen Verführung erzählt – denn der Marquis, der kam, um zu lernen, eine andere Frau zu gewinnen, verliebte sich schließlich in die Briefeschreiberin selbst, und eroberte sich das Herz Ninons, die sich in ihren Briefen unbewusst ein wenig selbst verführt zu haben scheint.

Auch im Alter verlor Ninon ihre Anziehungskraft nicht – was ihr nicht immer zum Vorteil gereichte. Die unverheiratete ‚Kurtisane' hatte im Laufe ihres Lebens mehreren Männern Kinder geschenkt, die alle bei ihrem jeweiligen Vater aufwuchsen, unter anderem auch der Chevalier de Villiers. Dieser verliebte sich unsterblich in die damals über sechzigjährige Ninon; als sie ihm nach langem Drängen schließlich enthüllte, dass sie seine Mutter war, stürzte sich der junge Mann in seinen Degen. Nach dieser Tragödie zog sich Ninon ein wenig zurück und konzentrierte sich stärker auf ihre literarischen Interessen. Ganz schwor sie der Liebe jedoch nie ab. Ihren vermutlich letzten Liebhaber, den Abbé Gedoyn, erhörte Ninon de Lenclos kurz nach ihrem achtzigsten Geburtstag.

An den Marquis de Coligny

Wie sind Sie doch ungerecht, mein lieber Graf! Alle meine Worte haben Sie nicht beruhigen können? Die Besuche, die uns der Herzog von *** machte, betrüben Sie noch immer. Ich sehe schon, Sie verwechseln mich mit Frauen, die in der Liebe ohne Treue und Ehrlichkeit sind. Lernen Sie nur meinen Charakter besser kennen: Gefielen Sie mir wirklich nicht mehr und hätte der Herzog tatsächlich Ihre Stelle in meinem Herzen eingenommen, so hätte ich nichts Gescheiteres tun können, als es Ihnen ganz offen einzugestehen. Ihre Vorwürfe erst abzuwarten und zu verdienen, hätte ich mich wohl gehütet. Lassen Sie mir Gerechtigkeit widerfahren und versuchen Sie, mir in jenem Taktgefühl gleichzukommen, das ich mir Ihnen gegenüber stets zum Prinzip gemacht habe. Glauben Sie denn wirklich, dass ich nicht auch manchmal Ihretwegen beunruhigt war? Meinen Sie, ich hätte Ihre Bemühungen um die Präsidentin kaltblütig mit angesehen und ohne Unruhe den Bericht von Ihren Soupers bei Hortense, von Ihrem Musizieren bei der Marschallin mit angehört? Habe ich bei dieser Gelegenheit die geringste Klage laut werden lassen? Ich glaube nicht. Die Furcht, Ihnen auch nur den geringsten Kummer zu bereiten, Ihnen Zwang aufzuerlegen oder Ihr Vergnügen zu stören, hielt mich stets davon ab. Bei unserer Liebe habe ich immer nur Ihr Glück vor Augen gehabt. All mein Streben ging dahin, meine Rivalinnen zu übertreffen, Sie bei mir höhere Freuden finden zu lassen als die, die sie Ihnen zu bieten vermöchten. Da die Frauen in der Liebe gewöhnlich nur ihr eigenes Glück oder ihre Eitelkeit im Auge haben, so bekommt diese Eitelkeit etwas Launenhaftes, etwas Tyrannisches. Wie anders ist aber die meine! Daher entstammt sie auch einer anderen Quelle: Keine Frau hat einen Liebhaber, wie es meiner ist, und darum verdanke ich ihm meine Ruhe. Mein lieber Graf hat das nötige Maß an Klugheit und Zartgefühl; und diese beiden Eigenschaften haben [mich] stets in Sicherheit gewiegt, allen abenteuerlustigen Frauen gegenüber. Ich weiß nicht, ist es

Klugheit oder Eitelkeit, aber ich habe mir stets mit der Hoffnung geschmeichelt, dass er zwischen einer ihm wirklich zugetanen Frau und einer, die sich nur durch Eitelkeit leiten lässt, werde unterscheiden können. In den Augen eines Gecken ist eine Neckerei eine Avance, eine Höflichkeit eine Auszeichnung; das geringste, oft nur ironische Lob fasst er als Liebeserklärung auf, Frivolität nimmt er für echte Leidenschaft. Da er in der Wahl seines Gegenstandes nicht anspruchvoll ist, wird ihm alles gefallen, was nur irgend nach unverhoffter Gunst aussieht. Aber ein Mann wie Sie weiß alles nach seinem wahren Wert zu würdigen; Affektiertheit gilt ihm nicht als Empfindung, Falschheit nicht als Freimütigkeit, Schein nicht als Wirklichkeit. Sein Ruhm besteht nicht darin, alle Herzen zu erobern und allen zu gefallen, wenn er einmal die Person gefunden hat, die allein seine Achtung verdient; ihr Herz zu erweichen, sie sich zu erhalten und sie vor allen anderen auszuzeichnen, nur darauf ist er bedacht. Eine ganze Anzahl andere können noch zu seiner Unterhaltung beitragen, können sogar Gegenstand seiner Höflichkeit werden, können ihn aber nicht ernstlich fesseln. Wie oft habe ich mir nicht gesagt: Der Graf ist jetzt bei Hortense oder bei der Präsidentin; möglicherweise ist er sogar gern dort, eine andere als ich ist Veranlassung zu seiner Freude und seiner Unterhaltung; doch er ist glücklich, und das genügt mir. Das Interesse, das er an ihnen nimmt, gleicht nicht den Freuden, die er bei mir genießt, das Glück der Liebe unterschiedet sich von allem, was nichts mit der Liebe zu tun hat. […] Im Übrigen, lieber Graf, je liebenswürdiger sie sind, desto schmeichelhafter wird es für mich sein, dass Sie mit ihnen verkehren, ohne dass Ihr Gefallen an mir abnimmt. Doch soll ich fürchten müssen, dass ich Ihnen eines Tages gleichgültig würde? Wenn mich eines über den Verlust Ihres Herzens trösten könnte, so wären es die Vorzüge und die Schönheit meiner Rivalinnen.

Ist es vielleicht die Präsidentin, die Sie mir vorziehen könnten? Sie ist munter, lebhaft, angenehm, aber das alles ist sie vermöge ihres Temperamentes. Sollte es Hortense sein? Ihre Augen sind zärtlich und schmachtend, sie hat Anmut, Sanftmut, aber all diese Vorzüge sind bei ihr natürliche Veranlagung. Oder habe ich gar die Marschallin zu fürchten? Sie vereinigt allerdings mit einem edlen Wuchs die Kunst, sich zu schmücken, sie ist pikant und geistreich; aber ihr Hauptverdienst ist die Gewohnheit, die Sucht, von allen Männern bemerkt zu werden und alle Frauen zu demütigen.

Und nun überlegen Sie, worauf meine geringen Vorzüge zurückzuführen sind. Der Liebe allein verdanke ich sie. Von ihr allein erhalten sie Sein und Wert; ihr entstammen jene Lebhaftigkeiten meines Temperaments, die Sie so hoch schätzen, sie verleiht meinen Augen den feuchten Schimmer, der Sie begeistert, meinem Körper seinen edlen Gang, meinem Geiste Heiterkeit, meinem Schweigen Ausdruck. Ohne Liebe ist alles in mir und um mich ohne Lust und Leben. Mit einem Worte, Graf, Ihnen verdanke ich alles und nichts der Natur, dem Zufall oder der Eitelkeit. Ich wünschte, alle Männer knieten vor mir, Ihnen zu Ehren.

an den Marquis de Sévigné

Sie glauben also, einen unwiderleglichen Einwand gemacht zu haben, indem Sie behaupten: Man gibt sein Herz nicht als freier Mann nach eigenem Willen, und deswegen sind Sie nicht frei in der Wahl Ihrer Neigung? Das ist Opernmoral! Überlassen Sie solche Gemeinplätze Frauen, die sich damit wegen ihren Schwächen zu rechtfertigen glauben. […] Niemand ahnt, dass solche Ausreden nicht die geringste Entschuldigung für Torheiten enthalten; schlimmer noch: Sie sind das Eingeständnis dafür, dass man gar nicht die Absicht hat, sich zu bessern. Passen Sie einmal auf: Die Redensart von der Schicksalsfügung wird immer nur zu Hilfe gerufen, wenn die Wahl schlecht war. […] Ich für meinen Teil bin deshalb so frei, den Ansichten der Menge nicht beizupflichten. Ich weiß recht gut, die Liebe ist unfreiwillig, das heißt aber nur: Man ist nicht imstande, den

ersten Eindruck, den unser Herz empfängt, vorauszusehen oder zu vermeiden. Aber zugleich behaupte ich, dass es möglich ist, ihn abzuschwächen, ja sogar ihn ganz zu zerstören, mag er auch noch so tief sein.
[...]

Das nennt man überstürzen Marquis! ... Wie? Die Gräfin von *** hat Ihr Herz etwas beunruhigt, und nun halten Sie sich schon für verliebt? Ich würde mich schön hüten, so leichtfertig über Ihren Zustand zu urteilen. Ich habe hundert ehrenwerte Leute kennengelernt, die sich gleich Ihnen Stein und Bein für verliebt erklärten und es in Wirklichkeit nicht die Spur waren. Mit den Herzensleiden begegnet einem dasselbe wie mit körperlichen Leiden: Manche bestehen wirklich, andere sind nur eingebildet. Wenn Sie etwas zu einer Frau hinzieht, dann braucht es durchaus noch nicht immer Liebe zu sein. [...] Die Gräfin ist unstreitig eine der schönsten Frauen, die jetzt leben. Bis heute vermochte sie niemand zu rühren. Sie blieb dem Andenken ihres Mannes getreu und hat sogar die Dienste eines der liebenswürdigsten Männer unserer Bekanntschaft abgelehnt. Selbstverständlich wäre eine Eroberung, die Ihnen das erträumte gesellschaftliche Ansehen brächte, Ihrer Eitelkeit über die Maßen schmeichelhaft. Das, verehrtester Marquis, nennen Sie Liebe!
[...]

Nehmen Sie sich in acht, Marquis! Wenn Sie mich ärgern, gehe ich heute noch weiter als gestern. Dann werde ich Ihnen meine stete Überzeugung aussprechen, dass manchmal gar keine Liebe dazu gehört, um uns Frauen erliegen zu lassen. Das wird Ihnen in meinem Frauenmunde wie eine Lästerung erscheinen. Da ich aber versprochen habe, Ihnen nichts, was uns betrifft, zu verheimlichen, so will ich Wort halten, und wenn ich darob mit meinem ganzen Geschlecht in Streit käme. [...] Das Liebesbedürfnis ist für die Frau ein gutes Teil ihrer selbst; die Tugend aber ist nur Formsache.

Das heißt aber, sich die Dinge schwer zu Herzen nehmen, Marquis! Schon zwei Nächte lang haben Sie kein Auge zugetan? Oh, das ist wahre Liebe, da kann man sich nicht mehr täuschen. Sie haben Ihre Augen sprechen lassen, Sie haben selbst recht klar und deutlich gesprochen, und doch fand Ihr Zustand nicht die geringste Beachtung. Das schreit nach Rache! Ist es denn wirklich möglich, dass jemand nach ganzen acht Tagen voller Bemühungen und geschäftiger Dienstbarkeit die barbarische Herzlosigkeit besitzt, Ihnen auch keinen Schimmer von Hoffnung zu gewähren? Ja, das ist schwer einzusehen. Solch langer Widerstand grenzt schon ans Unwahrscheinliche. Die Gräfin ist eine Heldin, wie sie nur die längst entschwundene Vergangenheit kannte. […] Aber bitte erinnern Sie sich stets daran, dass all solche Aufregung Ihre gerechte Strafe dafür sein wird, weil Sie die Liebe wie ein Romanheld behandeln, und dass Sie gerade das entgegengesetzte Schicksal erleben könnten, wenn Sie sich wie ein vernünftiger Mensch benähmen. Aber soll ich Ihnen noch mehr schreiben? Jeder Augenblick, den Sie zum Lesen meiner Briefe verwenden, ist ein Diebstahl an Ihrer Liebe. Gott, wie gern wäre ich Zeuge all der Zustände, die Sie durchmachen! Gibt es denn für einen kaltblütigen Menschen etwas Vergnüglicheres als den Anblick eines Mannes in seinen Liebeszuckungen?

Was erzählen Sie mir da? Das fürchtete ich ja am allermeisten. Erst hatte ich mir das Vertrauen der Gräfin verdient, und jetzt wurde ich plötzlich Gegenstand ihrer Eifersucht! Unser Briefwechsel beunruhigt sie; sie ist voller Sorge über den Einfluss, den eine andere auf Sie ausübt. Ich hatte mir vorgestellt, dass zwischen uns keinerlei Nebenbuhlerschaft aufkeimen könnte, weil ich ja auf Ihr Herz nicht die geringsten Ansprüche mache. Aber eine verliebte Frau fürchtet sogar ihren Schatten!
[…]

Bedenken Sie, Marquis, dass die Beharrlichkeit, mit der Sie mir schreiben und mich sehen, trotzdem es Ihnen ausdrücklich verboten wurde, Ihnen die schlimmsten Vorwürfe eintragen kann, deren eine eifersüchtige Frau fähig ist? Ich bin tief betrübt, dass ich die Ruhe zweier Menschen störe, zu deren Glück ich so von Herzen gern beigetragen hätte. Trotzdem muss ich Ihnen gestehen, dass ich innerlich über die Ungerechtigkeit der Gräfin aufgebracht bin, und ich will Ihnen auch nicht verhehlen, dass es mir insgeheim viel Spaß machte, wenn ich sah, wie in Ihrem Herzen die Freundin der Macht der Geliebten die Waage hielt. […]

Wenn Sie sich nicht in acht nehmen, Marquis, dann werde ich Ihnen dieselbe Antwort geben, die eine sehr hässliche, aber sehr geistvolle Frau eines Tages einem unserer Bekannten erteilte. Er spielte immer vor ihr den Leidenschaftlichen; ich weiß nicht, welche Laune ihn trieb, sogar sehr drängend zu werden. Darauf sage sie zu ihm: ‚Herr Chevalier, seien Sie bitte etwas vorsichtiger. Wenn Sie weiter drängen, werde ich mich ergeben!' Ich bin drauf und dran, Ihnen dasselbe zu drohen. Denn sind Sie sich darüber klar, in welche Verpflichtungen Sie geraten, wenn Sie mir immer weiter erklären, dass Sie mich lieben? Halten Sie sich für fähig, ebenso leidenschaftlich zu lieben, wie ich es tun würde, wenn ich erst Feuer finge? Bis jetzt haben Sie nur oberflächliche Neigungen, alltägliche Verhältnisse erlebt. Sollte es Ninon vorbehalten sein, Sie zu lehren, was wahre Liebe ist? Die zu empfinden, sind weit weniger Herzen imstande, als man im Allgemeinen glaubt. […] Wissen Sie, was ich unter Liebe verstehe, wenn es sich um mich handelt? Ich betrachte es als ein erhabenes, glühendes Gefühl, das zu den gewaltigsten Leistungen befähigt, das Glut und Begeisterung schafft, den Charakter von Grund auf ändert und einen in demselben Maße umgestaltet, wie man anderen Menschen unähnlich wird. Es ist die holde Gleichheit zweier Seelen, die sich gegenseitig anziehen und ineinander verschmelzen; das glückselige Einvernehmen zweier Herzen, vollkommenste Hingebung an das geliebte Wesen, und es ergießt in die Seele einen freudigen Ernst, der den Gipfel alles Glückes bedeutet. Sie haben bis jetzt nur die Liebe der Jugend empfunden, das heißt ein Gefühl, das einer gewaltigen Gärung des Blutes entspringt und nur Genuss zum Ziel hat. Von diesem habe ich auch bis jetzt nur gesprochen. Sollten Sie nun fähig sein, sich auch etwas anderes vorstellen zu können? Denn obzwar es im Grunde dasselbe bleibt, so ist es doch etwas ganz anderes, etwas tausendmal Wertvolleres, weil es sich so unendlich zart äußert. Aber davon will ich erst mit Ihnen reden, wenn ich Sie würdig befunden habe, solche Liebe kennenzulernen.

Also dahin mussten all meine schönen Standreden gegen die Liebe führen? Was habe ich getan? Wäre es wahr, dass meine Neigung zu Ihnen so lebhaft ist, wie ich es Ihnen gestern sagte – hätte ich Sie dann davon unterrichten sollen? Welches Zaubers haben Sie sich bedient, mich bis zu diesem Grade zu rühren, ohne dass ich im Voraus das Geringste merkte? Wie? Ich habe Ihnen gesagt, dass ich Sie liebe! Ich sagte es Ihnen mit so viel Begeisterung, dass Sie es, wenn Sie an solche Worte gewöhnt wären … aber Sie haben kein Wort geglaubt. Kann Ihnen eine Frau solcher Gefühle fähig erscheinen, nachdem sie darüber so gesprochen hat, wie ich das früher tat? Sicherlich nicht. Sie hätten mich eher für eine Närrin als für eine leidenschaftlich Liebende gehalten. Aber weshalb fürchtete ich so sehr, dass Sie sich von mir eine solch schlechte Meinung gebildet haben? Ach, wenn ich das Unglück hätte, dass Sie wirklich so von mir dächten, wie hoffnungslos wäre ich dann! Glauben Sie mir, meine zärtlichen Gefühle sind wahr, aufrichtig, über die Maßen groß. Vielleicht würden Sie sich nicht gegen eine Erwiderung meiner Gefühle wehren können, wenn Ihnen meine Augen kündeten, was in meinem Herzen vor sich geht, während ich Ihnen solche Geständnisse mache. Wofür muss ich Ihnen eigentlich dankbar sein? Weil Sie meinem Herzen Gefühl und Leben wiedergegeben haben. Es verschmachtete in Spekulationen, obgleich es für die zärtlichsten Gefühle geschaffen war. Ich bin geboren, um zu lieben und alle Begeisterung der Liebe zu empfinden. […] Alles war glanzlos in meinen Augen; meine Seele war der tröstlichen Trunkenheit verschlossen, die uns nur eine heftige

Leidenschaft verschaffen kann. Amor, ich verspüre deine göttliche Wut: Meine Verwirrung, meine Erregung, alles kündet mir deine Anwesenheit! Heute hebt für mich ein neuer Tag an; alles lebt, alles ist neu beseelt, alles scheint von meiner Leidenschaft zu sprechen, alles fordert mich auf, sie zu pflegen. Die Glut, die mich verzehrt, verleiht meinem Herzen, allen Fähigkeiten meiner Seele einen Schwung, eine Tatkraft, die all meine Triebe miterfasst. Seitdem ich Sie liebe, sind mir meine Freunde noch teurer geworden; ich liebe mich selbst noch mehr, die Töne meiner Theorbe, meiner Laute scheinen mir noch rührender, meine Stimme klangvoller. Wenn ich ein Stück spielen will, ergreift mich Leidenschaft, Begeisterung; sie verwirren mich so tief, dass ich jeden Augenblick davon unterbrochen werde. Dann aber folgt dem Schwung eine tiefe Träumerei voll holder Reize. Sie stehen lebend vor meinen Augen, ich sehe Sie, ich spreche mit Ihnen, ich sage Ihnen, dass ich Sie liebe, und mir scheint es immer, als ob ich es Ihnen noch zärtlicher sagte, als wenn Sie wirklich da wären. Bald begünstigt Sie meine Vorstellungskraft, bald wirkt sie Ihnen entgegen. Ich beglückwünsche mich, und ich empfinde Reue; ich wünsche Sie und möchte vor Ihnen fliehen; ich schreibe Ihnen und zerreiße meine Briefe wieder; ich lese die Ihren von Neuem; bald scheinen sie mir galant, bald zärtlich, selten leidenschaftlich und immer zu kurz. Ich betrachte mich prüfend in meinen Spiegeln, ich ertrage das Urteil meiner Frauen über meine Reize. Kurz, ich liebe Sie, ich bin wie närrisch, und ich weiß nicht, was aus mir würde, wenn Sie heute Abend nicht Wort hielten.

Maria Theresia

(1717-1780)

an Kaiser Franz I.

Maria Theresia, seit 1740 Königin von Böhmen und Ungarn, war die Stammmutter des Hauses Habsburg-Lothringen. Sie übernahm die Regierung der habsburgischen Gesamtlande von ihrem Vater und setzte ihren Ehemann, Franz Stephan, den Herzog von Lothringen, den sie 1736 geheiratet hatte, als Mitregenten ein. 1745 wurde er zum Deutschen Kaiser gekrönt, hatte aber eher eine repräsentative als aktive Funktion in der Staatsregierung. Die Ehe der beiden, aus der 16 Kinder hervorgingen, soll sehr glücklich gewesen sein. Der Briefwechsel ist zum Teil in französischer Sprache verfasst.

8. Februar 1736

Durchlauchtigster Herzog, vielgeliebter Bräutigam!
Euer liebden Schreiben hat mich sehr erfreut, bin auch ganz persuadiert, dass Sie lieber selbes persönlich als schriftlich versichert hätten, wie nicht zweifle Euer Liebden ein gleiches von mir auch glauben werden. Ist wohl gut, dass nicht auf lange ist, und hoffe, dass es ins Künftige zu einer beständigeren und gewünschteren Einigkeit dienen wird, die versichere, dass Zeit meines Lebens verbleiben werde,
Euer Liebden getreueste Braut
Maria Theresia.
*Caro viso**,
ich bin Ihnen unendlich für Ihre Aufmerksamkeit verbunden, mir Nachricht von Ihnen zu geben, denn ich war bekümmert

---

* *liebes Gesicht*

wie eine arme Hündin. Haben Sie mich ein wenig lieb und verzeihen Sie mir, wenn meine Antwort nur kurz ist. Aber es ist 10 Uhr, und Herbeville wartet auf meinen Brief. Adieu, Mäusl, ich umarme Sie von ganzem Herzen, schonen Sie sich recht. Adieu, *caro viso*.
Ich bin Ihre
Maria Theresia
*Sponsia dilectissima**

9. Februar 1736

Durchlauchtigster Herzog, vielgeliebter Bräutigam!
Kann nicht genug meine Obligation bezeugen, vor solch großen Attentionen, wünschte nur, dass es mit weniger Ungelegenheit geschehen könnte und versichere, dass Euer Liebden Brief allzeit eine große Ehre und Freud verursachen bei derjenigen, die sich rühmt, Euer Liebden mit größter Ergebenheit zu sein und allezeit verbleibend
Euer Liebden
getreuste Braut
Maria Theresia

10. Februar 1736

Durchlauchtigster Herzog, vielgeliebter Bräutigam!
Was man gern tut, macht keine Ungelegenheit, indem recht von Herzen auf Euer Liebden so obligeanten und komplimentösen Brief antworte, wünsche eine glückliche Reise und gutes Wetter, hoffe, dass dieses die letzte sein wird, die Euer Liebden ohne Ihrer so ergebenen Braut machen werden, die allzeit verbleibe
Euer Liebden
getreueste Braut
Maria Theresia

---

* *geliebteste Braut*

[undatiert, 1742]

Mein liebes Herz,
Sie werden hieraus ersehen, was man getan hat, aber ich beschwöre Sie, Ihre Rückkehr nicht einen Augenblick zu verzögern. Schreiben Sie, wenn Sie es so wollen, aber er [Friedrich der Große] ist dessen [Friedensverhandlungen im ersten Schlesischen Krieg] nicht würdig und wird einen schlechten Gebrauch davon machen. Erniedrigen Sie sich nicht, und nehmen Sie unsere Eroberungen zum guten Vorwand. Aus dem deutschen Briefe werden Sie das Übrige sehen, und wie nötig ich Ihren Beistand brauche. Verweigern Sie ihn mir nicht. Ich war sehr erstaunt, Sie bei Sprinzenstein [österreichischer Adliger, Anhänger Karl VII. aus dem Hause Wittelsbach] zu wissen; man hat ihn auch für einen der Verschwörer gehalten. Leben Sie wohl, ich küsse Sie zärtlich!

Eva König

spätere Lessing (?1736-1778)

an Gotthold Ephraim Lessing

Eva König, geborene Hahn, war zunächst von 1756 an mit dem Hamburger Kaufmann Engelbert König verheiratet und brachte sieben Kinder zur Welt, von denen vier überlebten. Lessing wurde ein enger Freund der Familie und Pate des Sohnes Fritz, als er wegen des neu gegründeten Nationaltheaters nach Hamburg übersiedelte. Als König 1769 nach Venedig reiste, um Stoffe einzukaufen, bat er Lessing, sich um seine Frau und Kinder zu kümmern, falls ihm etwas zustoßen sollte. Tatsächlich starb er kurz nach seiner Ankunft in Venedig an Typhus. Die Heirat zwischen Eva und Lessing verzögerte sich jedoch um einige Jahre, da sie aus geschäftlichen Gründen wegen des Nachlasses ihres Mannes mehrmals nach Wien reisen musste und Lessing erstens keine Anstellung hatte, die es ihm ermöglicht hätte, eine Familie zu ernähren, und zweitens damals im Dienst von Prinz Leopold von Braunschweig selbst auf Reisen war. Die lange Trennung war der Grund für den ausgiebigen Briefwechsel. Erst sieben Jahre nach Königs Tod, als der Prinz Lessing ein entsprechendes Gehalt zusicherte, wurden die beiden getraut. Lessing war zu diesem Zeitpunkt über 47 Jahre alt, Eva neun Jahre jünger. Leider währte ihr eheliches Glück nur kurz: Eva starb nur knapp zwei Jahre später, einige Wochen nach der Geburt ihres Sohnes Traugott.

1. Januar 1771

Mein liebster Freund!
Wie mich bei meiner jetzigen Gemütsverfassung alles beunruhigt und in Zweifel setzt, so war ich auch kürzlich in einer solchen Lage. Ich wusste mir nicht zu helfen, setzte mich also

nieder und fragte Sie um Ihren Rat. Glücklicherweise ging denselben Abend die Post nicht ab. Denn ich hätte um Vieles nicht gewollt, dass Sie den Brief erhalten hätten. Bedauern oder verlachen hätten Sie mich müssen. Wohl überlegt, befürchtete ich das Letztere und beantwortete mir also lieber die Frage selbst. Hatte ich nicht Recht? Doch ich stehe nicht dafür, dass ich nicht noch einmal irre gemacht werde, und dass ich alsdann weder Verlachen noch sonst etwas scheue und mich an Sie wende. Ihr Brief, den ich diesen Augenblick erhalte, berechtigt mich umso mehr dazu. Sie erlauben mir, Sie unter meine aufrichtigen Freunde zu zählen, was ich ohnehin schon getan habe, und was ich stets tun werde; Sie müssten denn aufhören, Lessing, und ich – ich selbst zu sein. […] Für heute kann ich Ihnen nicht mehr schreiben, weil ich noch viele Neujahrsbriefe abzufertigen habe. Sie kommen mir so hart an, dass ich sie immer bis auf die Letzt verschiebe. Doch ist's dieses nicht die Ursache, warum Sie keinen von mir kriegen, sondern weil ich es für überflüssig halte, Ihnen am Neujahrstag mit einigen Worten etwas zu sagen, von dem Sie lange überzeugt sind, nämlich dass ich bin
Dero Freundin
E.C. König
Lassen Sie Ihre Briefe lieber über Breslau oder Nürnberg gehen. Über Prag laufen sie alle in den 16. Tag.

Oktober 1771

Bester, liebster Freund!
Ich bin Ihretwegen in der größten Unruhe. Warum haben Sie doch unsern Bitten nicht Gehör gegeben und sind wenigstens noch bis Mittwoch hier geblieben? So hätten Sie vermutlich den abscheulichen Sturm, in dem Sie vorige Nacht die Elbe passieren mussten, nicht auszuhalten gehabt. Ich mache mir tausend Vorwürfe, dass ich mit Ursache bin, dass Sie diese Route genommen. Keine Vorstellung kann mir eine ruhige Viertelstunde Schlaf verschaffen. Ich hoffe aber, dass alle meine Sorgen vergebens seien, und Sie werden morgen Abend glücklich und vergnügt in dem lieben Braunschweig eintreffen. Denn so

könnte ich den Donnerstag schon einen Brief von Ihnen haben, wenn Sie mir gleich geschrieben hätten. Dies haben Sie doch wohl gewiss getan? O ja, Sie haben es getan. Sie wissen ja, dass meine ganze Ruhe davon abhängt – nicht wahr? Sie sind überzeugt, ob Sie gleich zuweilen daran zu zweifeln scheinen, dass ich Sie über alles liebe, über alles hochschätze, und kein Glück mehr für mich in der Welt ist, wenn ich es nicht mit Ihnen teilen soll. Möchten doch alle die Hindernisse, die uns trennen, gehoben werden können, wie wollte ich der Vorsehung mit freudigem Herzen danken! [...] Die zwei ersten Seiten dieses Briefes hatte ich gestern geschrieben. Eben, da ich zu Bette gehen wollte, fiel mir ein, dass morgen früh die Post abgeht. Ich schließe diesen Brief also in der Nacht um zwölf Uhr, wo ich Sie mir ermüdet von der Reise, im tiefsten Schlaf gedenke, und Ihnen von ganzem Herzen die angenehmste Ruhe wünsche; mir aber die baldige Versicherung, dass Sie sich, von den Fatiguen der Reise erholt, recht gesund und vergnügt befinden. Sie können dem wohl noch etwas hinzufügen, was mir eben nicht zuwider sein wird! Aber! aber! es müssen lauter Worte sein, die aus Ihrem Herzen kommen, so wie es diejenigen sind, mit welchen ich Ihnen sage, dass ich bin, bester, liebster Freund!
dero aufrichtige Freundin
E.C. König

25. November 1771

Mein liebster, bester Freund!
Die ganze verflossene Zeit meines Lebens kann ich ruhig zurücke denken, bis auf den Augenblick, worin ich schwach genug war, eine Neigung zu gestehen, die ich zu verbergen so fest beschlossen hatte; wenigstens so lange, bis meine Umstände eine glückliche Wendung nähmen. Ich bin überzeugt, Sie würden dennoch einen freundschaftlichen Anteil an allem genommen haben, was mir begegnet wäre; allein Sie hätten nicht meine Angelegenheiten zu Ihren eigenen gemacht, wie Sie jetzt tun; ob Sie es gleich nicht sollten. Denn der Vorsatz bleibt unumstößlich: bin ich unglücklich, so bleibe ich es allein, und Ihr

Schicksal wird nicht mit dem meinigen verflochten. Meine Gründe hierüber wissen Sie, noch mehr, Ihre Aufrichtigkeit erlaubte Ihnen nicht, Sie zu missbilligen; nennen Sie sie also nicht Ausflüchte – das Wort Ausflucht hat mich gekränkt. – Fragen sie Ihr Herz, ob es in dem nämlichen Fall nicht so handeln würde, und antwortet es Ihnen nein, so glauben Sie nur, dass Sie sich durch mich in Ihrem Plan nicht irre machen lassen, sondern eben das tun, was Sie getan hätten, wenn Sie mich nicht kennten. [...] Und Sie klagen wieder über Ihre Augen! Waschen Sie sie fleißig mit kaltem Wasser und brauchen Sie ja nicht alle die Mittel, die man Ihnen anrät, so wie Sie gewöhnlich tun. Wollte der Himmel, ich könnte Ihnen die Abende nicht durch Gedanken, sondern persönlich verkürzen helfen! Alle meine Wünsche wären erfüllt. Ich denke noch immer, sie sollen erfüllt werden. Nach solchen traurigen Tagen, wie ich nun habe, müssen wieder heitere kommen, und die können nicht wiederkommen, wenn ich nicht wenigstens das Glück habe, mit Ihnen an einem Ort zu leben.
Leben Sie wohl, mein teurer und redlicher Freund!
Ich bin
Ihre ganz ergebene Freundin
E.C. König

17. September 1773

Mein lieber Freund!
Wie hart verfahren Sie mit mir! Dass Sie mir nun auf zwei Briefe keine Zeile antworten. Was kann ich mir anders vorstellen? als Sie seien krank oder Sie haben mich vergessen. Von diesen beiden Vorstellungen quält mich die eine um die andre, so sehr ich mich auch ihrer zu entschlagen suche. Hätte ich Sie vielleicht gar beleidigt? Ich wüsste doch nicht; wenigstens mit meinem Willen gewiss nicht. Ich bitte Sie nur um eine Zeile, worin Sie mir die Ursache Ihres Stillschweigens aufrichtig sagen müssen. Möchte ich nur hören, dass Sie gesund sind! Dies ist mein einziger und eifrigster Wunsch. Ich bin unaufhörlich
Ihre ganz ergebene
E.C.K.

Eben da ich diesen Brief zusiegeln will, tritt ganz unvermutet Wurmb ins Zimmer. Wollte Gott! ich würde so von Ihnen überrascht.

28. Dezember 1774

Wie ist es möglich, wie ist es nur immer möglich, mein lieber, bester Freund, dass Sie mir in so vielen Monaten auch nicht eine Zeile schrieben. Vergebens schicke ich täglich, in der Erwartung eines Briefes von Ihnen, auf die Post. Niemals kommt einer. Haben Sie sich vielleicht vorgenommen, gar nicht mehr an mich zu schreiben; so melden Sie mir wenigstens das, damit ich mich nicht mit vergeblichen Hoffnungen quäle.
Wenn mir nicht der Herr von Herrmann angezeigt hätte, dass er Sie vergnügt und gesund gesehen habe, so wäre ich besorgt, Sie müssten krank sein; so aber weiß ich nicht, was ich denken soll. Zuweilen kann ich mich nicht erwehren, wunderliches Zeug zu denken. Dem sei nun aber, wie ihm wolle, so weiß ich doch, und bin es fest überzeugt, dass Sie Teil an meinem Schicksale nehmen, und sich also freuen werden, wenn Sie hören, dass ich endlich der größten Bürde, der Seidenfabrik, los bin, und zwar zu bessern Bedingungen, als ich niemals geglaubt. Käme ich von der Spallierfabrike eben so, so könnte ich von Glück sagen. Daran zweifle ich aber, zumal weil ich mich damit nicht lange aufhalten, sondern sie dem ersten Besten losschlagen werde. Ich würde vielleicht am Ende doch eben das verlieren, und noch oben drein unnützes Geld verzehrt haben. Und mich plagt das Heimweh, so wie es mich noch nicht geplagt hat. Seit vier Wochen kam die Marter noch dazu, dass ich mir oft vorstellen musste, weder Sie noch meine Kinder jemalen wiederzusehen, weil ich solche Zufälle hatte, und leider noch heute gehabt habe, die mich einen Schlagfluss vermuten ließen. Diesen Abend befinde ich mich etwas leichter, und setze mich deswegen auch gleich nieder, an Sie zu schreiben, was ich schon vier Wochen lang tun wollte, nämlich, solange ich die Fabrik los bin. [...] Sehen Sie, mein Freund, wie viele Ursachen ich hätte, vergnügt zu sein, und doch bin ich es wider meinen

Willen nicht. Die heitern Augenblicke treffen sparsam bei mir ein. Ich stelle mir vor, der viele Verdruss, den ich vier Monate lang gehabt, (denn mir drohte ein Prozess, und ich weiß nicht was alles), hat so viel Übels sich bei mir sammeln lassen, dass ich lange zu tun haben werde, ehe ich wieder zurecht komme. [...] Ich rechne, Sie zu eben der Zeit wiederzusehen, in welcher ich Sie vor drei Jahren verlassen habe. Wie werde ich mich freuen, wenn ich Sie gesund und vergnügt finde? Aber werden Sie sich denn auch freuen? Die Frage sollen Sie mir eben nicht geradezu beantworten; daraus will ich es nur abnehmen, wenn Sie mich nicht länger ohne Briefe lassen. [...] Leben Sie wohl, bester Freund, und treten Sie das neue Jahr so vergnügt und gesund an, als es Ihnen wünscht
Ihre ganz von Herzen ergebene
E.C.K.

Angelika Kauffmann

(1741-1807)

an Johann Wolfgang von Goethe

Angelika Kauffmann war eine der berühmtesten Malerinnen ihrer Zeit und in ganz Europa bekannt. Die in der Schweiz geborene Tochter eines Freskenmalers galt schon früh als Wunderkind. Ganz besonderer Beliebtheit erfreuten sich ihre Porträts, sogar in allerhöchsten Kreisen; so ließ sich etwa der König von England von ihr malen, als sie einige Jahre in London verbrachte, wo sie von der vornehmen Gesellschaft gefeiert wurde. Angelika Kauffmann war neben Mary Moser das einzige weibliche Gründungsmitglied der Royal Academy. Ganz London stand auf ihrer Seite, als sie, die zuvor die Hand ihres Mentors, des berühmten englischen Malers Joshua Reynolds, ausgeschlagen hatte, einem Heiratsschwindler zum Opfer fiel, und sie erreichte eine Scheidung. Kurze Zeit später heiratete Angelika auf Wunsch ihres Vaters, der nicht mehr lange zu leben hatte, den fünfzehn Jahre älteren Maler Antonio Zucchi und kehrte mit ihm zurück nach Rom, das sie als ihre eigentliche Heimat betrachtete. Ihr Haus wurde bald zu einem kulturellen Zentrum der Stadt; eine Italienreise, wie sie die großen und nicht so großen Geister der Zeit so gerne unternahmen, war nicht vollständig ohne einen Besuch bei Angelika Kauffmann. Auch Johann Wolfgang von Goethe fand den Weg zu ihr. Zwischen den beiden entwickelte sich eine enge künstlerische Freundschaft; Goethe nahm bei Angelika Zeichenunterricht, sie illustrierte eine Reihe seiner Werke und schien ein so großes Verständnis für sein Schaffen aufzubringen wie nur wenige sonst. Ob das Verhältnis zwischen Angelika und Goethe über Freundschaft hinausging, ist schwer zu sagen. Er nannte sie „Engel“ und schrieb über sie: „Man muss ihr Freund sein.“ Ihre Verehrung und Liebe für ihn übertrifft wohl alles, was sie für die Männer in ihrem Leben empfand, mit denen sie auf konventionellere Art und Weise verbunden war.

Rom, den 10. Mai 88

Teurer Freund!
Ihr Abschied von uns durchdrang mir Herz und Seele, der Tag Ihrer Abreise war einer der traurigen Tage meines Lebens. […] Mir träumte vor ein paar Nächten, ich hätte Briefe von Ihnen empfangen, und war getröstet und sagte, es ist gut, dass er schreibt, sonst wär ich halb aus Wehmut gestorben. Mich vergnügt, zu wissen, dass Sie wohl sind, der Himmel erhalte Sie immer so. Ich lebe so ein trauriges Leben, in einer Art von Gleichgütigkeit, weil ich nicht sehen kann, was ich zu sehen wünsche, ist mir alles eins, was ich sehe oder wen ich sehe. […] Die Sonntage, auf die ich mich sonst so sehr gefreut, haben sich in traurige Tage verändert, und sie sagen, die Sonntage kommen nicht wieder, das will ich nicht hoffen. Das Wort Nicht-Wieder-Kommen tönt zu hart […]. Ihr kleiner Feigenbaum steht nun in meinem Garten, das ist nun meine liebste Pflanze. Noch etwas habe ich, das ich Ihnen gewidmet, ehe denn es mein war, die Figur, von der ich Ihnen gesprochen, die Muse; nur fehlt mir an sicherer Gelegenheit, sie Ihnen zu schicken. Zu dem werden Sie mir verhelfen, denn mir wär es leid, wenn sie sollte verloren gehen.
Befehlen Sie mir in allem, was ich Ihnen dienen kann, gönnen Sie mir doch das einzige Vergnügen, von Ihnen zu hören; wenn ich weiß, dass Sie wohl und vergnügt sind, so will ich versuchen, mit meinem Schicksal zufrieden zu sein.
Angelica

Rom, den 5. Aug. 88

Schon wieder Träume, werden Sie sagen – aber ich weiß, Sie verzeihen mir. –

Mir träumte verwichne Nacht, Sie waren wiedergekommen, ich sah Sie von ferne – und eilte Ihnen entgegen bis zur Haustüre, fasste Ihre beiden Hände, die ich so fest an mein Herz gedrückt, dass ich davon erwachte, und ich war böse auf mich, dass ich mein geträumtes Glück zu lebhaft gefühlt und mir selbst dadurch das Vergnügen abgekürzt. [...]
Ich lebe so das Leben, in Hoffnung eines besseren Lebens – nun etwas von der Kunst – – –
– – – Mein Porträt oder besser zu sagen das Gemälde, das ich für die Galerie in Florenz gemacht habe, ist gütigst aufgenommen worden, vor ein paar Tagen hat ich Briefe, dass man mich in sehr gutes Licht und neben einen ernsthaften Mann gestellt, nichts weniger als Michel Angiolo Buonarroti – ich wünschte, in Werken neben ihm stehen zu dürfen, aber er ist zu fürchterlich.

Rom, den 1. Nov. 1788

Wissen Sie wohl, mein treuer Freund, ich komme nach Weimar – [...] das glückliche Weimar, das, seitdem das Glück mir gegönnt, Sie zu kennen, ich so beneidet habe, wo ich mich mit Gedanken so oft und so gerne aufhalte. Sollte ich das sehen und Sie da sehen, o schöner Traum! Doch noch bevor die Reise angeht, hoffe ich, Sie noch einmal in Rom zu sehen. Indessen habe ich Ihnen zu danken, mein bester Freund, dass die Frau Herzogin [Anna Amalia] sich so gnädig gegen mich erzeigt. Diese gnädige Fürstin hat meine Wohnung schon verschiedene Male beehrt und erlaubt mir, zu ihr zu kommen. Wie oft wird von Ihnen gesprochen, und welche Freude fühle ich in meiner Seele. Vor einigen Abenden gingen Ihre Durchlaucht mit der ganzen Gesellschaft, nämlich Herr Baron von Dalberg, die Frau von Sedendort, Herr Herder nach dem Museum. Zucchi und ich hatten die Ehre, auch mitzukommen. Das war für mich ein großes Fest, aber mir fehlte noch etwas, mein Vergnügen vollkommen zu machen, Ihr Name erschallte im Saale der Musen, ich sah mich um und sehe Sie, aber nur im Geiste.

Rom, den 23. Mai 1789

--- Den 19. sind Ihre Durchlaucht wieder von hier abgereist, den Sommer in Neapel zuzubringen, mir scheint der Genuss so guter Nachbarschaft ein Traum zu sein, von dem ich zu früh erwacht. Und lebe wieder in meiner Einsamkeit so traurig – auch der gute und vortreffliche Herder ist abgereist, wünschte, er wäre schon bei den Seinigen, die ich ehre und liebe. Heute vor 14 Tagen war ich noch mit der respektabeln Gesellschaft in Tivolu, in der Villa D'este. Unter den großen Zypressen hat Herr Herder uns den übersandten Teil von Ihrem Tasso vorgelesen; mit welchen Vergnügen ich zugehört, kann ich Ihnen nicht sagen. Ich denke, es ist unter Ihren schönen Werken eines der schönsten, wer kann ein so vortreffliches Musterstück sehen, ohne begierig zu werden nach dem Ganzen – Herr Herder hat mir die Schrift gelassen. Habe ihm auch recht herzlich dafür gedankt.

Längstens hätte ich Ihnen danken sollen für Ihre Schriften, achter Band, denn längstens hatte ich im Sinne, an Sie zu schreiben. Verzögerte aber aus Furcht, Sie möchten etwa sagen, ich schreibe zu oft. Mein Stillschweigen ist nicht Vergessenheit, wie kann man einen Freund vergessen, den man ehret, wie ich Sie ehre und immer ehren werde. Was meinen Fleiß anbelangt, der ist so wie gewöhnlich, aber wer ist fleißiger als Sie. Das Untersuchen und Schreiben mag wohl nützlicher sein als das Bilden, es ist schön, von allem eine Wissenschaft zu haben, und wer das tun kann, der tut sehr wohl – fahren Sie nur fort, zu genießen von allem dem, was Sie glücklich machen kann.

Karoline Flachsland

spätere Herder (1750-1809)

an Johann Gottfried von Herder

Karoline Flachsland, die spätere Ehefrau von Johann Gottfried von Herder, hatte eine schwere Jugend. Der Vater verstarb bald und ließ die Mutter mit vier Kindern zurück. Als der Geheimrat Hesse eine der älteren Töchter der Witwe Flachsland heiratete, nahm er Karoline und ihren Bruder Sigmund bei sich auf, ließ die beiden aber immer spüren, dass sie nichts anderes waren als Almosenempfänger. Es war jedoch in seinem Darmstädter Haus, dass Karoline 1770 den 26jährigen Theologen Herder kennenlernte. Die beiden von Sorgen geplagten jungen Leute schenkten sich sehr schnell ihr Herz, es kam jedoch zu keiner offiziellen Verlobung. Herder hatte nicht die Mittel, eine Familie zu ernähren, und selbst als er die Stellung als Konsistorialrat und Hofprediger in Brückeburg annahm, konnte er sich lange nicht entschließen, Karoline zu sich zu holen, so unzufrieden war er mit seiner Existenz in dem ‚geistig armen' Provinzstädtchen. 1773 heirateten die beiden schließlich doch; unter den Hochzeitsgästen war Johann Wolfgang von Goethe, der das Paar dazu brachte, nach Weimar zu ziehen. Karoline von Herder, die ihrem Mann sieben Kinder schenkte, mag nicht die schillerndste der Weimarer Frauengestalten gewesen sein, und doch war sie eine der wichtigsten. Ohne ihre stille, aber tatkräftige Unterstützung ist der Dichter und Philosoph Herder, dessen Nachlass sie unermüdlich verwaltete, fast nicht denkbar. Am 15. Jahrestag ihrer Verlobung schrieb Herder an seine Karoline: „Heute ist der Tag unserer Verlobung im Geist, da ich Dir den ersten Brief brachte. Ich habe Dich tausendmal lieber, als da ich Dir ihn zitternd gab. O glaube es doch, glaube es mit Herz und Seele, Du vielgeprüfte, lieb-, aufopferungsreiche Heldenseele! Du hast mich zu allem gemacht." Aus Karolines eigenen Briefen spricht eine Frau tiefen Gemüts, aber auch voller Witz und praktischem Verstand, die sich nicht scheut, ihren Herder mit einem guten Schuss Ironie auf den Boden der Tatsachen zurückzuholen.

Frankfurt, gegen den 20. April 1771

--- Unsere Briefe sollten die Geschichte unseres Herzens, unserer Gedanken und unseres Bestimmungskreises enthalten.

Darmstadt, den 10. Mai 71

Endlich der lang erbetene Brief von Bückeburg! Sie können nicht so nach meinem Briefe geschmachtet haben als ich nach diesem. Das ist eine fatale Post! 10 ganze Tage unterwegs. Doch ist er da, und ich bin ganz, ganz zufrieden. – Das glauben Sie mir, edle, himmlische Seele, dass ich keine süßere Beschäftigung kenne, als an Sie zu denken, mich mit Ihnen zu unterhalten und mir noch all die kleinsten Züge Ihrer schönen Seele zu erinnern. Und hab' ich's Ihnen hier nicht genug gezeigt, wie ich Dich, mein Leben, liebe, so war ich nicht schuld daran; die elenden, erbärmlichen Menschen um uns haben ja alles verdorben. – Aber unser Briefwechsel soll uns bessere, süßere Stunden verschaffen als diese, worum wir so unverschuldet gekommen. Nur glauben Sie mich, liebster, bester Freund, nicht so schwach oder so ungeprägt, dass der Letzte, der mich mit seinem Finger anrührt, den letzten Eindruck machte. Das tun Sie nicht, dazu haben Sie mich zu lieb und können's nicht glauben, wenn Sie mich kennen. Noch viel weniger sprechen Sie von Unwert und allem diesen, wenn Sie mich nicht traurig machen wollen. O Gott, ich fühl's, was Sie sind und was ich bin. L. mag schwätzen, was er will, wie weit Sie in allem über mir sind, dass es mir zuweilen bange Augenblicke macht, aber ich jage sie fort, die garstigen Einnistler. – – –

Und nun wollen wir von Bückeburg reden. Aber darf ich Ihnen sagen, dass Sie ein kleiner Schwärmer sind? Ehe Sie nach diesem armen, guten Ort kamen, haben Sie Ihre Einbildungskraft ein wenig arbeiten lassen, haben sich den Ort und die Leute darin so schön gemacht als Sie es wollten, und nun kam der Herr Konsistorialrat und Oberprediger an, und sah – die Menschen und den Ort nur ein wenig anders als es ihm gefallen, sie in seiner Einbildung zu machen, so – in der Tat eine gute Ursache, den Koffer eingepackt gelassen, fortgereiset und andere Menschen gesucht. Aber Sie haben noch ein wenig Geduld, das weiß ich, und dann werde ich von Ihnen hören, dass es Ihnen recht wohl gefällt. [...] Ist es nicht ein wenig übereilt, ehe Sie nicht in Bückeburg recht ausgeschlafen haben, auszurufen: ‚Es fällt mir alles auf den Hals, und ich falle auf die Nase! Ich bin in einer kleinen Wüste! Ich habe nur anderthalb Frauenzimmer gesehen, und keine, die über meine Freundin geht!' Das Letzte ist allerliebst; aber Sie sind ein ganzer Schwärmer! Oder Philosoph! Oder – oder was Sie sein wollen; nur ein wenig mehr Geduld, mein lieber Freund, und die anderen armen Leute bei der Nähe betrachtet; man hat in die Ferne nicht immer ein gutes Gesicht.

Darmstadt, Mitte Mai 1771

Was machen Sie jetzt, liebster, allerliebster Freund? Sind sie zufrieden mit Bückeburg und allem, was Sie umgibt? Ach, warum muss ich diesen Brief mit einer Klage und Mitleiden über Ihre jetzige Situation anfangen! Denn ich gestehe es Ihnen, und Sie wollen meine Meinung darüber haben, ich fürchte, Bückeburg und der Kreis, in dem Sie sind und wirken, ist viel zu klein und unbedeutend für Sie; Sie sind, oder ich müsste Ihre Seele nicht kennen, die nichts Gemeines oder Unreines hat, Sie sind für keine kleine Sphäre gemacht. Beichte bei Staatsgefangenen und hundert solche Sachen zu hören und zu sehen, dazu schicken Sie sich freilich als wie das Storchennest auf dem Altar. Nur ein Haus zu Freunden und Gesellschaft, und darin nur ein Mann, das ist viel zu wenig für Sie, so sehr und so gern sie jetzt Einsamkeit lieben und Anwartschaft zu einer Landpriesterstelle zu haben glauben. Armer Freund! Dort sitzt er allein, muss Berge und Wälder für seine Freunde ansehen, hört um sich muntere, singende Nachtigallen, und er versenkt sich, täuscht sich mit Schatten, mit Schattenbildern, die schwinden und vielleicht immer bleicher im Schwinden werden! – O Freund, wie viel leide ich, wenn Ihr Zirkel nicht wenigstens so wird, dass Sie mit Vergnü-

gen in Brückeburg sind! Ist denn alles Trug und Täuschung in der Welt? Und müssen Sie sich auch da täuschen, wo das Glück Ihres Lebens anfangen soll? Kennen Sie nun den Grafen? Ich weiß nicht, welche böse Ahndung mich auch da für Sie fürchten macht! Doch weg mit allen bösen Ahndungen! Es ist hässlich, so die süßen Hoffnungen so zu verderben. Machen Sie sich einen Zirkel, der Sie mit sich selbst zufrieden und vergnügt macht, und wer kann das mehr als Sie? Und werfen Sie nicht alles Gute so schlechterdings in den Archipelagus! Dort nützt es nichts, aber Ihnen ist's doch immer Lebensstab, sich daran zu halten.
Und wieder einen Ruf nach Riga? Ich erstaune! Gestehen Sie es mir aufrichtig: Tat es Ihnen weh, ihn abzuschreiben? Mir ging's durchs Herz, da ich wieder hörte, die zerrissenen zarten Bande jener Freundin hielten Sie ab. Ich musste weinen und Sie bedauern. Aber sagen Sie mir, liebster, guter, redlicher Freund! Können Sie noch Tugend eines Frauenzimmers glauben, da Sie von dieser Freundin, die so viel ausgebildeten Charakter, Güte und Attachment für sie hatte, sind hintergangen worden? Oder, Sie sagten mir's nur mit halbem Worte, und mehr will ich auch nicht wissen, kurz, sie ist Ihre Freundin nicht mehr, es sei nun geschehen, auf welche Art es wolle. Aber sagen Sie mir aufrichtig, hat diese Trennung wieder Ideen gegen das Frauenzimmer bei Ihnen erregt? Ich erkläre mir jetzt tausend Dinge Ihres letzten Straßburger Aufenthalts und insonderheit das Lied an Merck: ‚Sympathie und Freundschaftswonne singen'. Ich gestehe es Ihnen aufrichtig, dies Lied hat mich zur äußersten Schwermut gebracht! O! wenn alles das nicht mehr in der Welt ist, nicht Sympathie, nicht Freundschaft, nicht Tugend, und der Glaube daran verloren wird, o Freund! Welch elende Kreatur wäre der Mensch! Und sei's Wahn! Süßer Wahn! - -

Darmstand, Ende Juni 1771

Sie [Sophie von La Roche] hat liebenswürdige Kinder, erzieht sie selbst, geht nicht von ihnen und ist gegen ihren Mann aufmerksam in den geringsten Kleinigkeiten, bis zum Erstaunen. Kurz die beste Mutter und beste Frau. – – –

Ach, wäre ich unter den Händen dieser Frau gebildet worden! Aber vater- und mutterlos irrt' ich umher! O verlass Du mich nicht, mein Erster, Einziger in der Welt, den ich so oft, oft an mein Herz drücke, der mir Freude und Trost und Aufmunterung gibt! Gott im Himmel wird's Dir belohnen! –

Darmstadt, Ende Oktober oder Anfang November 1771

– – – O der süßen Stunden, wenn ich Briefe von Dir, mein Einziger, bekomme! So wird Abschied und Trennung und alles ersetzt. Ach, es ist schon so viel Glückseligkeit für mich, dass ich in Deinem Herzen bin, dass ich nichts mehr wünschen darf. Komm, mein Lieber! Wir sind nicht entfernt, ich umarme Dich für Dein ganzes, edles, schönes Herz. Ach, ich bin's nicht wert! Es ist traurig für mich, dass Sie gegen mich so unwert sein wollen. Ach Gott, was verdienen Sie auf allen Seiten, und wenig kann ich Ihnen geben! Glauben Sie mir, Freund meiner Seele, wenn ich von einem gemeinen Menschen geliebt würde, es würde mir nichts einfallen, als dass ich nicht reich bin. Aber bei Ihnen – ach, Gotte, ich leide wirklich viel darum: Ich fürchte, ich fürchte, Du bist zu großmütig und liebst mich darum noch, weil Du mich das vorige Jahr lieb hattest. Ach, sollte das sein? Du würdest Dein ganzes schönes Leben zerstören. [...] Ach, lieber Herder, es schlägt mich alles nieder, wenn nicht Dein edles Herz Lichtstrahl und Sonnenbild für mich wäre. – – –
Die Gedichte von Claudius sind schön, unschuldig [...]. Aber wie mag sich Herder mit Claudius vergleichen? Bist Du ein Jungferchen worden, das gerne gelobt sein will? Wahrhaftig, ich kann Dich nicht loben; wenn ich alles sagen würde, wird's doch tausendmal weniger sein als mein Herz will, und so lass ich's. Sie selbst, edler Mann, müssen mehr Ihre Würde fühlen. [...]
Ich habe Ihnen Nachricht von meiner Beschäftigung versprochen, aber diesen Tag war sie ziemlich unfruchtbar. Es ist seit einigen Tagen Regenwetter und kalt [...]. So ist der Herbst vorbei und kein Wald- und Spaziergang mehr da; alles ist abgefallen, und ich möchte mit Ihnen als Knabe darüber weinen. Frohes, zartes, empfindliches Herz, wie lieb' ich Dich! Ach, wa-

rum konnte ich nicht meine Jugend mit Dir verspielen, da ich immer mit Knaben spielte!

Darmstadt, den 21. August 1772

– – – Tausend Dank für Ihren kleinen Lebenslauf, liebster Herder! Er hat mich in manchem Betracht für mich selbst beruhigt, ob er schon traurig genug für Sie ist. Geahndet hatte ich es schon lange, dass Du mit Deinem großen, wunderbaren Kopf niemals dachtest, Landpriester in Brückeburg zu werden, und der Jugendplan und Jugendseele zugleich bricht und brechen muss – das alles weiß ich, fühl's, klage, traure mit Dir, armer, guter Herder. Aber nun bist Du ein Mann, siehst, dass man überall Gutes tun kann: Großes freilich nicht überall, und dazu muss man vielleicht immer ein türkischer, russischer oder römischer Kaiser sein, und davor hat Dich der gute Gott (Dank sei ihm dafür gesagt!) in Gnaden bewahrt. Nicht wahr, liebster Herder, eine Hütte, ein gutes Weib und Kinder darin, ist doch allen menschlich und für das Herz gelebt. Du wirst überall glücklich sein. Du hast den goldenen Ring an Deiner Hand, bei drei Jugendfreunden oder einem Weib auf der Kanzel oder in der Stube, in Brückeburg oder in Riga. – Du wirst überall Gutes tun, überall glücklich sein. Ich will Dir nichts, ewiger Freund, aus Deiner Seele wegreden, keine Jugendpläne, Jugendträume – ich weiß, sie sind schön, glänzend – aber durchs Feuer müssen sie geläutert werden. [...] Lass Dir alles zerstören, edelster Mann, Deine große, männliche, menschliche Seele wird niemals geändert und zerstört werden können, und da wohnt allein der Schatz des Lebens, und da werd' ich ihn finden – da wohnt er allein und ewig. – – –

Darmstadt, den 7. Dezember 1772.

– – – Das ist aber gewiss, dass Sophie [Cornelia] Goethe einen ganz anderen Mann verdient als Herr Schlosser ist. Inzwischen, was tut der blinde Armor nicht! Er hat uns auch zusammengeführt, und Du musst nun zufrieden sein. Apropos. Dingen Sie nur eine Magd, die kochen kann; Deine liebe Haushälterin bin ich ja und will und kann und muss es sein.

Darmstadt, gegen Ende Januar 1773

– – – Glaubst Du, dass ich von unserem Aufschub so dumm und herzlos hingeschrieben hätte? O es tat mir in allen Gliedern weh, als ich's hinschrieb! Und es hat mich Tränen genug gekostet – aber für Dich könnt' ich mich selbst, mich ganz aufopfern, die paar Tränen und Schmerzen verachte ich.

Aber Du willst kommen, mich holen, und nur der Tod trenne uns! – Ich kann nichts darüber sagen, ich zittere und bebe zu sehr vor Freude. Fühlt's Dein mit mir gleiches Herz nicht auch? Ja, ja, Du meine Bruderseele – mich dünkt immer, Du holst's aus meinem Herzen, was Du sprichst. O wie schlägt mir's da im Innern! Die Welt soll es an uns noch sehen, dass es glückliche Ehen geben kann. Ich bin mit Bückeburg zufrieden, solang ich lebe und gelebt habe. Wenn ich einen andern Ort wünsche, so ist's bloß um Deinetwillen; denn für mich ist jeder Ort in der Welt recht, wo Du nur bist, und möge er auch so elend sein, als er wolle. Du weißt's ja schon lange, dass ich in einer Höhle mit Dir leben könnte!

Darmstadt, anfangs April 1773

Ich sitze mitten in meinen kleinen Brautgeschäften und arbeite so ganz *con amore*. Ich war noch nie in einer so süßen, heiteren Ruhe, und mich dünkt, Du bist schon ganz bei mir. Ach, warum hast Du mir nicht geschrieben! Ich habe drei Tage darauf gewartet, und es kommt kein Brief.

Wir sprechen von nichts anderem mehr als von Dir und dass Du bald kommen wirst. – Ach Gott, wann wird das sein? Welcher Tag? Kannst Du ihn schon bestimmen? Ich wünschte, dass Du zu Anfang der Woche nach Ostern hier wärest, oder wenn das nicht, ganz zu Ende des Aprils.

Brückeburg, April 1773

– – – Wir haben eine bang abgetrennte, unselige Brautschaft gehabt. Gott wird uns zu einem seligeren Leben nach ihr helfen!

Marie Antoinette

(1755-1793)

an den Dauphin Ludwig (XIV.) von Frankreich

Maria Antonia, die als Marie Antoinette in die Geschichte eingehen sollte, war die Tochter von Kaiserin Maria Theresia und Franz I. Berühmt-berüchtigt wurde die französische Königin für ihre Antwort auf die Beschwerde, die Armen hätten kein Brot: „Dann sollen sie Kuchen essen." Tatsächlich mag dieser Ausspruch allerdings nichts anderes gewesen sein als Propaganda; ‚die Österreicherin', die als Zwanzigjährige mit nur mangelhafter Vorbereitung in die arrangierte Ehe mit dem Dauphin Louis-Auguste und an den französischen Hof geschickt wurde, war beim Volk wie bei Hofe extrem unbeliebt, unter anderem wegen ihres ausschweifenden Lebensstils auf der einen und ihrer Verachtung für Etikette auf der anderen Seite. Über sie waren allerlei Gerüchte im Umlauf, unter anderen Liebschaften mit einer ganzen Reihe von Männern und Frauen betreffend. Im Zuge der Französischen Revolution wurde Marie Antoinette genau wie ihr königlicher Gatte Ludwig XVI. schließlich des Hochverrats angeklagt und 1793 hingerichtet.

Viele der angeblich aus Marie Antoinettes Feder stammenden Briefe sind Fälschungen. Auch die Authentizität des folgenden Briefes ist nicht gesichert, aber wahrscheinlich. Es handelt sich nicht um einen Liebesbrief im klassischen Sinne, sondern um die pflichtbewusste Annahme einer arrangierten Ehe. Doch auch solche Fälle sollten unter all den Zeugnissen von Sehnsucht, Leidenschaft und Liebe nicht vergessen werden.

Herr Dauphin und teurer Bruder! Ich danke Ihnen für die so überaus wohlwollenden Ausdrücke Ihres Gefühles gegen mich, von dem ich so tief gerührt, so überaus geehrt bin; und ich fühle wohl, welche Verpflichtungen mir die Güte, mit der Sie mich überhäufen, auferlegt. Das Beispiel und die Anleitungen meiner ruhmreichen und zärtlichen Mutter haben mich die stete Erfüllung aller meiner Pflichten gelehrt, und mit der Hilfe Gottes hoffe ich, mit eigener Kraft mich meiner Stellung würdig zu erzeigen.

Sie wünschen, zu wissen, ob auch meine Einwilligung zu Ihrer Wahl den Wunsch meiner Mutter, der Kaiserin und Königin, begleitet, und Sie müssen, sagen Sie, diese auch von mir erhalten; hierzu kann ich Ihnen entgegnen (und meine Mutter ermächtigt mich hierzu), dass ich mit ebensoviel Freude als Achtung die Befehle meiner Mutter erhielt. Sie werden in mir eine treue und ergebene Gattin finden, die keinen andern Gedanken kennen wird, als die Mittel, Ihnen zu gefallen, anzuwenden, Ihre Liebe zu verdienen und sich als würdige Tochter Ihrer erlauchten Ahnen zu zeigen.

Mit diesen aufrichtigen Gefühlen, die Ihnen zu schildern mich unendlich freut, bin ich, Herr Dauphin und teurer Bruder

Ihre wohl affektionierte und ergebene Schwester

Wien, den 27. März 1770

Marie Antionette.

Mary Wollstonecraft

(1759-1797)

an Gilbert Imlay und William Godwin*

Schon als junges Mädchen war Mary Wollstonecraft, Pionierin der Frauenbewegung, für die Rechte des sogenannten schwachen Geschlechts aktiv: Sie schlief nachts vor der Schlafzimmertür ihrer Mutter, um sie beschützen zu können, wenn ihr Vater betrunken nach Hause kam. Diese Erfahrung trug wahrscheinlich dazu bei, dass sie den Großteil ihres Lebens nicht die geringste Lust verspürte, selbst zu heiraten. Mary verließ die Familie, sobald sie 18 wurde, und verdiente nicht nur ihren eigenen Lebensunterhalt, sondern unterstützte außerdem ihre jüngere Schwester Eliza und ihre beiden Brüder, unter anderem mit den Einnahmen aus einer Schule, die sie zusammen mit ihrer besten Freundin, Fanny Blood, in London eröffnete. In ihren Briefen kommt immer wieder ihr großes Bedürfnis, finanziell auf eigenen Füßen zu stehen, zum Ausdruck. Mary schrieb gelegentlich, war aber zunächst als Hauslehrerin und Gouvernante tätig, die einzigen Berufe, die einer alleinstehenden Frau in ihrer Epoche offenstanden, bis sie schließlich von dem Verleger Joseph Johnson unterstützt wurde und für ihn arbeiten konnte. Bei ihm schrieb sie auch 1792 in nur sechs Wochen ihr berühmtestes Buch, A Vindication of the Rights of Woman. *(Zuvor hatte sie bereits eine Streitschrift mit dem Titel* Vindication of the Rights of Men *als Antwort auf Edmund Burkes Kritik an der Französischen Revolution verfasst, was sie praktisch über Nacht berühmt machte.) Durch Johnson lernte Mary den Maler Henry Füssli kennen und verliebte sich in ihn, woraufhin sie ihn bat, zu ihm und seiner Frau ziehen zu dürfen, weil ihre Liebe nur platonischer Art wäre. Füsslis*

---

* Übersetzung aus dem Englischen von Sabine Anders

Ehefrau lehnte ihr Ansinnen vehement ab, während Füssli selbst dazu schwieg, woraufhin Mary im selben Jahr, mitten in den Wirren der Französischen Revolution, nach Paris aufbrach, um über ihr gebrochenes Herz hinwegzukommen. Marys Briefe an Füssli wurden leider fast vollständig vernichtet.

In Paris lernte sie Gilbert Imlay kennen, der im amerikanischen Unabhängigkeitskrieg kämpfte. Sie heirateten nicht, aber er trug sie bei der amerikanischen Botschaft als seine Frau ein, und sie lebten zusammen in einem Cottage an der Seine. Mary brachte eine Tochter von Imlay zur Welt, die sie nach ihrer im Kindbett verstorbenen Freundin Fanny nannte, doch schon während ihrer Schwangerschaft verließ Imlay sie zum ersten Mal, um dubiosen Geschäften nachzugehen, von denen er sich schnellen Reichtum erhoffte. Nach Fannys Geburt zog er nach London, und als Mary ihm nach insgesamt zweieinhalb Jahren Aufenthalt in Frankreich nachreiste, teilte er ihr mit, dass sie in London nicht in wilder Ehe zusammenleben könnten, woraufhin Mary einen ersten Selbstmordversuch unternahm. Imlay schickte sie daraufhin mit ihrer kleinen Tochter Fanny nach Skandinavien, hatte aber anscheinend nicht den Mut, ihre Beziehung eindeutig zu beenden. Trotz ihrer Verzweiflung hörte Mary nie auf zu schreiben und hielt auch bei diesem Anlass ihre Reiseeindrücke schriftlich fest, woraus später eines ihrer schönsten Bücher entstand, Letters Written During a Short Residence in Sweden, Norway, and Denmark. *Von diesem sagte ihr zukünftiger Ehemann William Godwin einmal, wenn es je ein Buch gegeben hätte, das geschrieben wurde, damit man sich in die Autorin verliebe, dann sei es dieses. Als Mary 1795 nach London zurückkehrte und erfuhr, dass Imlay eine neue Geliebte hatte, bat sie ihn in einem Brief, sich um Fanny zu kümmern, und stürzte sich im Oktober von der Putney Bridge in die Themse, nachdem sie zuvor solange im Regen herumgelaufen war, bis sie vollkommen durchnässt war – um zu verhindern, dass ihre Kleider ihr Auftrieb geben würden. Trotzdem wurde sie gerettet.*

Sie begann wieder, für Johnson zu arbeiten, und traf 1796 auf einer Teeparty William Godwin, den sie bereits vor ihrem Frankreichaufenthalt flüchtig kennengelernt hatte und der inzwischen zu einem der berühmtesten politischen Autoren seiner Epoche geworden war. Wenige Wochen später wurden die beiden ein Liebespaar. Sie heirateten im März 1797 und lebten in zwei angrenzenden Häusern. Im September desselben Jahres jedoch starb Mary bei der Geburt ihrer Tochter, der zukünftigen Mary Shelley, Autorin von Frankenstein, *an einer Blutvergiftung, verursacht durch einen Bruch der Plazenta, im 18. Jahrhundert keine seltene Todesursache bei Frauen.*

AN GILBERT IMLAY

Paris, 9. Februar 1795

Seit einiger Zeit bedrückt mich die melancholische Vorahnung, dass wir für immer getrennt sein werden, und die Briefe, die ich heute erhielt, bestärken mich darin, dass mein Gefühl nicht grundlos ist. Du erwähnst andere Briefe, die wohl fehlgegangen sein müssen, denn die meisten, die ich bekommen habe, enthalten nur ein paar hingeworfene Zeilen, die absichtlich die beim Anblick der Unterschrift hervorgerufene Zärtlichkeit verwunden.

Ich habe jedoch nicht vor, mich zu beklagen – aber so viele Gefühle ringen um Ausdruck und erschüttern ein Herz, das vor Sorge fast zerspringt, dass es mir sehr schwer fällt, nicht vollkommen zusammenhanglos zu schreiben.

Du hast mich krank zurückgelassen, obwohl es Dich nicht kümmerte [...] ich bin wieder gesund geworden, aber eine verschleppte Erkältung und die unablässige Unruhe der letzten zwei Monate haben mich so sehr geschwächt wie nie zuvor. Diejenigen, die nicht wussten, welche Sorge an meinem Herzen nagte, warnten mich davor, mein Kind zu lange zu stillen – möge Gott sie am Leben erhalten und glücklicher machen als ihre arme Mutter!

Doch ich schweife vom Thema ab: Mir wird tatsächlich schwindlig, wenn ich bedenke, wie weit es gekommen ist mit all dem Zutrauen, das ich in die Zuneigung anderer hatte. Ich habe nicht mit diesem Schlag von Dir gerechnet. Ich habe meine Pflicht Dir und meinem Kind gegenüber getan, und wenn Du meine Liebe nicht belohnst und erwiderst, habe ich doch den schwachen Trost, dass ich ein besseres Schicksal verdient hätte. Meine Seele ist müde – mir ist weh ums Herz, und wenn mein kleiner Liebling nicht wäre, würde ich nicht mehr an diesem Leben festhalten, das jetzt jeden Reiz verloren hat.

Du siehst, wie dumm ich bin, mein Herz auszuschütten, wo ich doch nur vorhatte, Dir zur sagen, dass ich glaube, Deine Bitte, ich solle zu Dir zu kommen, beruht nur auf Deinem Ehrgefühl. In der Tat verstehe ich Dich kaum. Du willst, dass ich komme, und dann teilst Du mir mit, dass Du den Plan, wieder hierher zurückzukehren, noch nicht ganz aufgegeben hast.

Als ich mich dazu entschloss, mit Dir zusammenzuleben, wurde ich nur von meiner Liebe geleitet. Ich würde Armut mit Dir teilen, aber ich wende mich mit Schrecken von dem Meer an Schwierigkeiten ab, in das Du Dich stürzen willst. Ich habe gewisse moralische Grundsätze: Ich weiß, worauf ich mein Glück gründen will. Nicht auf Geld. Ich hoffte, dass es mit Dir zum Leben reichen würde – so wie es jetzt ist, komme ich auch mit weniger aus. Ich kann immer noch arbeiten, um das Allernötigste für mein Kind zu besorgen, und im Augenblick braucht sie noch nicht mehr. Ich habe zwei oder drei Pläne im Kopf, wie ich unseren Lebensunterhalt verdienen kann, denn Du brauchst nicht zu denken, dass ich Geld von Dir annehme, wenn Du mich so links liegen lässt! Nein, eher würde ich niedere Arbeit verrichten. Ich wollte Deine Liebe als Unterstützung – ohne sie ist alles vorbei! […]

Ich kann nicht schreiben. Ich lege einen abgebrochenen Brief bei, den ich kurz nach Deiner Abreise schrieb, und einen anderen, den ich aus Zärtlichkeit nicht abschickte, als ich ihn schrieb. Dann siehst Du die Gefühle einer ruhigeren, wenn auch nicht entschlosseneren Stunde. Beleidige mich nicht, indem Du sagst, dass ‚unser Zusammensein wichtiger ist als alles andere!' Wenn es so wäre, würdest Du nicht auf Kosten meines Seelenfriedens einer Luftblase hinterherlaufen.

Vielleicht ist dies der letzte Brief, den Du je von mir bekommen wirst.
Mary

Schweden, 1. Juli 1795

Ich bemühe mich vergeblich, zur Ruhe zu kommen – meine Seele ist von Trauer und Enttäuschung überwältigt. Alles ermüdet mich – ich führe ein Leben, das nicht mehr lange dauern kann. Du bist es, der über die Zukunft entscheiden muss, und wenn Du eine Entscheidung gefällt hast, werde ich mich entsprechend verhalten. Was ich damit meine, ist, dass wir uns entweder dazu entschließen müssen zusammenzuleben oder uns für immer zu trennen, diesen ständigen Kampf ertrage ich nicht. Doch ich will, dass Du Dein Herz und Deinen Verstand sorgfältig prüfst, und wenn Du die kleinste Chance siehst, dass Du ohne mich glücklicher wirst als mit mir, oder wenn Dich Deine Lust und Laune in diese Richtung drängen, dann mach mir nichts vor, sondern sage mir ehrlich, dass Du mich nie wieder sehen willst. Ich werde dann den Plan ausführen, von dem ich Dir erzählt habe – denn wenn wir nicht zusammenleben, muss ich vollkommen unabhängig sein.

Mein Herz ist so bedrückt, dass ich mich nicht klar ausdrücken kann – Du weißt aber, dass das, was ich so unzulänglich ausdrücke, nicht bloß die undurchdachten Gefühle eines kurzen Augenblicks sind. Du kannst nur zu meinem Wohlergehen beitragen (und das ist der Trost, den ich brauche), indem Du bei mir bist. Und wenn die zärtlichste Freundschaft irgendeinen Wert hat, warum suchst Du nicht bei mir eine Zufriedenheit, die Dir eine herzlose Liebe nie geben kann?

Sag mir doch, wirst Du mich nicht in Basel treffen? Ich denke, ich werde vor Ende August in [Hamburg] ankommen, und wenn Du Deine Geschäfte in Paris erledigt hast, könnten wir uns nicht dort treffen?

Gott segne Dich!
Deine Mary

Die arme Fanny hatte starke Zahnschmerzen auf der Reise.

Kopenhagen, 6. September 1795

Ich habe soeben Deinen Brief vom 20. erhalten. Ich schrieb Dir letzte Nacht einen Brief, in den unmerklich etwas von der Bitterkeit meiner Seele hineinfloss. Ich werde den geschäftlichen Teil daraus abschreiben. Meine Eitelkeit ist nicht groß genug, als dass ich mir einbilde, ich könnte Deine Lebensfreude länger als einen kurzen Moment trüben – und um selbst das zu verhindern, wäre es besser, wenn Du nie wieder von mir hörst und Dich auf dem Gedanken ausruhst, dass ich glücklich bin.

Gütiger Gott! Es ist ein Ding der Unmöglichkeit, etwas wie Groll zu unterdrücken, wenn mich neue Beweise für Deine Gleichgültigkeit erreichen. Was ich das letzte Jahr durchgemacht habe, kann man nie vergessen! Ich bin nicht im Besitz jenes glücklichen Ersatz' für Weisheit – Gefühllosigkeit – und die lebendigen Sympathien, die mich mit meinen Mitmenschen verbinden, sind alle schmerzhafter Natur. Sie sind die Todesqualen eines gebrochenen Herzens – Freude und ich haben uns voneinander verabschiedet.

Ich sehe um mich herum nichts als Trümmerhaufen, und ich habe ausschließlich mit Leuten Umgang, die nur Geschäfte und körperliche Freuden im Sinn haben.

Ich habe genug vom Reisen, und doch scheine ich kein Zuhause zu haben, keinen Ort, an dem ich mich ausruhen kann. Ich bin seltsam ausgestoßen. Wie oft, wenn ich in den Felsen wanderte, habe ich mir gedacht, ‚wäre dieses Kind nicht, würde ich meinen Kopf auf einem von ihnen niederlegen und nie wieder die Augen öffnen!' Trotz eines Herzens, das äußerst empfänglich für alle Gefühle in meinem Wesen ist, ist mir nie eines begegnet, das weicher war als der Stein, den ich gerne zu meinem letzten Kissen machen würde. Ich dachte einmal, ich hätte es getan, aber es war nur eine Täuschung. Ständig begegne ich Familien, die aus Liebe oder Prinzip zusammenhalten, und wenn mir bewusst wird, dass ich die Pflichten meiner Stellung erfüllt und dabei fast mich selbst vergessen habe, bin ich kurz davor, den Himmel leise zu fragen, ‚Warum wurde ich so verlassen?'

[...]

Ich verstehe Dich nicht. Du musst eindeutiger werden in Deinen Briefen, und Dich für ein Verhalten entscheiden. Ich kann diese Ungewissheit nicht ertragen – entscheide – hast Du Angst davor, mich noch einmal zu verwunden? Wir leben zusammen oder für immer getrennt. Ich werde Dir nicht mehr schreiben, bevor Du mir nicht darauf geantwortet hast. Ich muss meine gequälte Seele beruhigen, bevor ich über unwichtige Themen schreiben kann. [...]
Ich weiß nicht, ob ich mich verständlich ausdrücke, denn mein Geist ist in Aufruhr. Aber das solltest Du verzeihen, denn ich erkenne auch oft nur schwer, was Du sagen willst – Du schreibst, nehme ich an, nachdem Du bei Mr. *** beim Essen warst und Dein eigener Kopf nicht der klarste ist. Und was Dein Herz anbelangt, falls Du eines hast, sehe ich nichts, was es Deiner Feder eingibt, außer einen schwachen Schimmer davon, wenn Du das Kind erwähnst.
Adieu!

Hamburg, 25. September 1795

Ich habe gerade einen Brief zu Ende geschrieben, um ihn Captain *** mitzugeben. Ich habe mich darin über Dein Schweigen beklagt und meiner Überraschung Ausdruck verliehen, dass die Post schon dreimal gekommen ist, ohne dass ich eine Zeile erhalten hätte. Seit ich den Brief schloss, hörte ich von der nächsten, und immer noch kein Brief. Ich bemühe mich, gefasst zu schreiben – dieses Schweigen ist verfeinerte Grausamkeit. Wäre Captain *** ein paar Tage länger geblieben, wäre ich mit ihm nach England zurückgekehrt. Was hält mich noch hier? Ich habe Dir mehrmals in aller Offenheit geschrieben. Tu Du dasselbe – und zwar schnell. Lass mich nicht im Ungewissen. Das habe ich nicht verdient. Ich kann nicht schreiben, so verzweifelt bin ich. Adieu!
Mary

London, ca. 10. Oktober 1795

Ich schreibe Dir jetzt auf den Knien. Ich flehe Dich an, mein Kind und das Kindermädchen mit nach Paris zu schicken [...] Gib dem Kindermädchen all meine Kleider, egal welche.

Zahl bitte der Köchin ihren Lohn, und erwähne nicht das Geständnis, das ich von ihr erzwungen habe [die Bestätigung, dass Imlay eine neue Geliebte hatte] – ob ich es ein bisschen früher oder später erfahren hätte, macht keinen Unterschied. Nur meine extreme Dummheit konnte mir so lange die Augen verschließen. Doch solange Du mir versichert hast, dass Du nicht neu verliebt wärest, dachte ich, dass wir immer noch zusammenleben könnten.

Ich werde nichts zu Deinem Verhalten sagen oder in irgendeiner Form an die Welt appellieren. Soll das Unrecht, das mir angetan wurde, mit mir ruhen! Bald, sehr bald, werde ich Frieden finden. Wenn Du diesen Brief liest, wird mein brennender Kopf kalt sein.

Ich würde lieber tausend Tode sterben, als eine Nacht wie die letzte erleben. Wie Du mich behandelt hast, hat meinen Geisteszustand in ein Chaos gestürzt, und doch bin ich heiter. Ich gehe, um Trost zu finden, und meine einzige Sorge ist, dass mein armer Leichnam durch die Anstrengungen, meine verhasste Existenz in Erinnerung zu rufen, beleidigt wird. Aber ich werde mich an einer Stelle in die Themse stürzen, an der die Wahrscheinlichkeit am geringsten ist, dass ich dem Tode entrissen werde, den ich suche.

Gott segne Dich! Mögest Du nie am eigenen Leib erleben, was Du mir angetan hast. Sollten Deine Gefühle je erwachen, wird Reue ihren Weg in Dein Herz finden, und inmitten Deiner Geschäfte und Sinneslüste werde ich Dir erscheinen, das Opfer davon, dass Du vom Weg der Rechtschaffenheit abgewichen bist.

Mary

London, Sonntag Morgen, November 1795

Ich bedaure nur, dass ich, als die Bitterkeit des Sterbens bereits überstanden war, auf unmenschliche Weise ins Leben und

Elend zurückgeholt wurde. Aber ein fester Entschluss wird sich nicht von einer Enttäuschung beirren lassen, noch werde ich zulassen, dass man das eine Verzweiflungstat nennt, was eine der besonnensten Vernunftentscheidungen war. In dieser Hinsicht bin ich nur mir selbst Rechenschaft schuldig. Würde mich das kümmern, was man einen Ruf nennt, hätten mich andere Umstände längst entehrt.

Du sagst, ‚dass Du nicht weißt, wie wir aus diesem Elend herauskommen sollen, in das wir hineingeraten sind'. Du bist schon längst herausgekommen. Aber ich werde nichts weiter dazu sagen. Wenn ich dazu verurteilt bin, noch länger zu leben, ist es als lebende Tote.

Es scheint mir, das Du viel mehr Wert auf Anstand legst als auf Grundsätze, denn ich sehe nicht, welches Taktgefühl verletzt worden wäre, wenn Du einen verzweifelten Freund besucht hättest – wenn Du überhaupt irgendetwas wie Freundschaft für mich empfindest. Aber da Deine neue Liebe das einzige ist, was Dir heilig ist, werde ich schweigen – sei glücklich! Meine Klagen werden nie wieder Deine Freude trüben – vielleicht gehe ich falsch in der Annahme, dass sogar mein Tod es länger als einen Augenblick vermöchte. Das nennst Du Großherzigkeit. Es ist gut für Dich, dass Du diese Eigenschaft in hohem Maße Dein eigen nennen kannst.

Deine ständigen Beteuerungen, dass Du alles in Deiner Macht stehende tun wirst, um mir das Leben zu erleichtern (wobei Du nur finanzielle Unterstützung meinst), erscheinen mir als eine grobe Taktverletzung. Ich will keinen so gemeinen Trost, noch werde ich ihn annehmen. Alles, was ich wollte, war Dein Herz – da es verloren ist, hast Du mir nichts mehr zu geben. Hätte ich nur Armut zu befürchten, würde ich mich nicht vor dem Leben scheuen. Verzeih mir also, wenn ich sage, dass ich jeden direkten oder indirekten Versuch, mein Überleben zu finanzieren, als eine Beleidigung betrachten werde, die ich nicht verdient habe – und dass Du es eher aus Sorge um Deinen eigenen Ruf tust als mir zuliebe. Versteh mich nicht falsch, ich denke nicht, dass Du Wert auf Geld legst (deshalb werde ich nicht annehmen, was Dir nicht wichtig ist), obwohl ich noch weniger Wert darauf lege, weil gewisse Entbehrungen mir nicht wehtun. Wenn ich tot bin, wird Deine Selbstachtung dafür sorgen, dass Du Dich um das Kind kümmerst.

Das Schreiben fällt mir schwer – wahrscheinlich werde ich Dir nie wieder schreiben. Adieu!

Gott segne Dich!

Mary

London, Montag Morgen, November 1795

Zu guter Letzt sehe ich mich dazu gezwungen zu sagen, dass Du mich kleinlich behandelst. [...] Aber ich nehme die Unredlichkeit jetzt auf mich. Ich fürchte weder Armut noch Schande. Ich bin nicht stark genug zum Schreiben, und Erklärungen sind unnötig. [...] Mein Kind wird vielleicht einmal erröten, weil ihre Mutter so unbesonnen war, und wird vielleicht beklagen, dass die Rechtschaffenheit meines Herzens dazu führte, dass ich mich über gemeine Vorsichtsmaßnahmen hinwegsetzte, aber sie wird mich nicht wegen Niederträchtigkeit verachten. Du bist jetzt vollkommen frei. Gott segne Dich!

Mary

London, Samstag Abend, November 1795

Ich wurde von indirekten Fragen verletzt, die, wie mir scheint, überhaupt nicht auf irgendeinem Gefühl von Zärtlichkeit beruhen, das Du für mich hegst. Du fragst, ob es mir ‚gut' geht oder ich ‚ruhig' bin? Diejenigen, die denken, dass ich es bin, haben anscheinend kein Herz, um Gefühle einzuschätzen. Ich habe mich also entschlossen, selbst die Stimme meiner Gefühle zu sein.

Ich muss Dir sagen, dass mich Deine ständigen Angebote finanzieller Unterstützung überaus kränken, und da ich Deine Gänge zu dem neuen Haus als ein offenes Zeichen ansehe, dass Du mich verlassen hast, lass mich Dir sagen, dass ich eher zugrunde gehen würde, als irgendetwas von Dir anzunehmen, und ich sage dies jetzt, da mein erster Versuch, ein vorübergehendes Einkommen zu erlangen, fehlgeschlagen ist. Aber das freut mich sogar, eine Anhäufung von Enttäuschungen und Unglück scheint sehr gut zu meinem Geisteszustand zu passen.

Hab nur ein wenig Geduld, und ich werde mich dorthin begeben, wo es nicht nötig sein wird, dass Du mit mir redest, und natürlich, dass Du an mich denkst. Aber lass mich mit eigenen Augen sehen – geschrieben von Deiner eigenen Hand, denn ich werde es nicht von irgendeinem Vermittler akzeptieren – dass das Verhältnis beendet ist. Es ist eine Beleidigung anzunehmen, dass ich mich mit Dir versöhnen oder meine gute Laune zurückgewinnen könnte, aber wenn Du nichts von mir hörst, ist es Dir einerlei.

Mary

Sogar Dein Besuch bei mir war nur, um anderen Leuten entgegenzukommen, und nicht um mein aufgewühltes Gemüt zu beruhigen.

London, Donnerstag Nachmittag, November 1795

Da Mr. *** vergessen hat, Dich zu bitten, die Sachen von mir zu schicken, die noch im Haus sind, muss ich Dich bitten, sie von *** zu *** bringen zu lassen.

Ich werde das Haus heute Abend aufsuchen, also lass Dich nicht davon abhalten, dort Deine Geschäfte zu erledigen. Und was ich auch denke und fühle, Du brauchst nicht zu befürchten, dass ich mich öffentlich beschweren werde. Nein! Wenn ich irgendeinen Maßstab habe, um richtig und falsch zu beurteilen, bin ich sehr lieblos behandelt worden, aber da ich mich jetzt nur noch danach sehne, mich zu verstecken, werde ich so still sein wie das Grab, in dem ich mich so gerne vergessen würde. Ich werde mein Kind beschützen und für es sorgen. Ich will hiermit nur sagen, dass Du nichts von meiner Verzweiflung zu befürchten hast.

Leb wohl.

Mary

London, Dezember 1795

Da die Trennung von Dir für immer das schwerwiegendste Ereignis meines Leben ist, werde ich Dir einmal ins Gewissen reden, und sag nicht, dass die Sprache der Wahrheit und des Gefühls unaufrichtig ist!

Ich weiß, wie scharf Dein Verstand ist, und ich weiß, dass Du die Launen jeder wilden Eingebung nicht immer mit den Vorgaben männlicher Prinzipien bekämpfen kannst.

Du sagst, dass ich ‚Dich quäle'. Warum tue ich es? Weil ich Deinem Herzen nicht ganz und gar fremd werden kann, und weil Du fühlst, dass die Gerechtigkeit auf meiner Seite ist. Du beteuerst, ‚dass Dein Verhalten eindeutig gewesen ist'. War es nicht. Wann immer Deine Kälte mich verletzt hat, mit welcher Zärtlichkeit hast Du versucht, den Eindruck wieder gut zu machen! Und sogar bevor ich nach England zurückkehrte, hast Du Dir alle Mühe gegeben, mich zu überzeugen, dass mein ganzes Unbehagen nur in meiner körperlichen Erschöpfung begründet war, und Du hast Deinen Brief mit diesen Worten geschlossen: ‚Nur die Geschäfte haben mich von Dir ferngehalten. Lande in irgendeinem Hafen, und ich werde mit einem Herzen zu meinen beiden Mädchen fliegen, das ganz und gar ihnen gehört'.

Angesichts solcher Beteuerungen, ist es verwunderlich, dass ich glaubte, was ich mir wünschte? Ich könnte denken, und ich habe es gedacht, dass Du mit alten Neigungen zu kämpfen hattest, aber ich dachte immer noch, dass ich und die Tugend am Ende siegen würden. Ich dachte immer noch, Du wärst eine so großherzige Persönlichkeit, dass Du Dich selbst erobern könntest.

Glaub mir, es ist keine Schwärmerei, Du hast mir gegenüber solche Gefühle zugegeben. Du könntest mir Leben und Hoffnung zurückgeben, und die Zufriedenheit, die Du dabei fühlen würdest, würde Dich reichlich entlohnen.

Indem ich mich von Dir losreiße, durchsteche ich mein eigenes Herz, und die Zeit wird kommen, in der Du bedauern wirst, dass Du ein Herz weggeworfen hast, dass Du nicht einmal in den Augenblicken der Leidenschaft verachten kannst. Ich wäre Deiner Großherzigkeit alles schuldig, aber, um Gottes willen, lass mich nicht länger im Ungewissen! Lass mich Dich noch einmal sehen!

London, März 1796

Was das Kind anbelangt, so musst Du tun, was Du für richtig hältst. Ich würde mir wünschen, dass Du es bald erledigst, damit mein Name in Deiner Gegenwart nicht mehr erwähnt wird. Es ist jetzt vorbei. Überzeugt, dass Du weder Achtung noch Freundschaft für mich empfindest, verzichte ich darauf, Dir Vorwürfe zu machen, obwohl ich Anlass zu der Annahme habe, dass die ‚Rücksichtnahme', von der Du sprichst, nicht sehr taktvoll war. Aber das tut nichts zur Sache. Ich bin froh, dass Du mit Deinem Verhalten zufrieden bist.

Ich versichere Dir hiermit feierlich, dass dies der Abschied für immer ist. Und doch scheue ich nicht vor den Pflichten zurück, die mich an das Leben binden.

Dass auf einer der beiden Seiten ‚Spitzfindigkeit' im Spiel war, ist gewiss, aber es macht jetzt keinen Unterschied mehr, auf welcher. Für meinen Teil war es nie eine Frage von Worten. Aber Dein oder mein Verständnis muss seltsam verzerrt sein, denn was Du ‚Feingefühl' nennst, scheint mir genau das Gegenteil zu sein. Ich habe keinen Maßstab für Moral und dachte vergebens, dass die Gefühle, die Dich veranlassten, einen bestimmten Weg einzuschlagen oder einen Schritt zu tun, die heilige Grundlage von Grundsätzen und Liebe sind. Bei mir war es ganz anders, sonst hätte ich die volle Wucht Deines Sarkasmus nicht ertragen könne. Das Gefühl in mir ist nach wie vor heilig. Sollte irgendein Teil von mir die Leiden meines Unglücks überleben, ist es die Reinheit meiner Liebe. Das Ungestüm Deiner Sinne mag Dich verleitet haben, die Quelle von Grundsätzen bloße animalische Triebe zu nennen, und es mag Dir noch einige Jahre Eifer zum Leben geben. Ob Du immer so denken wirst, werde ich nie erfahren.

Es ist seltsam, dass trotz allem, was Du tust, mich so etwas wie Überzeugung zu dem Glauben zwingt, dass Du in Wirklichkeit nicht so bist, wie es scheint.
Ich trenne mich in Frieden von Dir.

an William Godwin

London, Donnerstag, 21. Juli 1796

Ich schicke Dir, wie Du verlangt hast, das abgeänderte Manuskript. Hättest Du mich gestern besucht, hätte ich Dir für Deinen Brief gedankt und Dir vielleicht gesagt, dass der Satz, der mir am besten gefiel, der letzte war, in dem Du schreibst, dass Du nach Hause kommst, um *nie wieder* wegzufahren. Aber jetzt, da ich schlecht gelaunt bin, werde ich meine Freundlichkeit einsperren, damit nicht etwas in Deinem Anblick, wenn ich Dich sehe, sie zum Ausbruch reizt, ob ich will oder nicht.
Mary

Den folgenden Brief schrieb Mary nach ihrer ersten gemeinsamen Liebesnacht:

London, Mittwoch Morgen, 17. August 1796

In der letzten Zeit habe ich keine Nacht mehr verbracht, die so schmerzvoll war wie die letzte. Ich habe das Gefühl, dass ich nicht in aller Klarheit mit Dir über das Thema reden kann, deshalb lass es mich kurz erklären, jetzt, da ich alleine bin. Und doch, da ich so lange Zeit darum kämpfte, Seelenfrieden (oder Gefühllosigkeit) zu erlangen, habe ich Angst davor, Gefühle zu ihrer Quelle zurückzuverfolgen, die an Agonie grenzen.
Reicht es nicht aus, wenn ich Dir sage, dass ich gründlich verstimmt bin? Gekränkt und erniedrigt, ich weiß kaum, warum – und doch, während ich falsches Feingefühl verachtete, so fürchte ich, habe ich das wahre fast aus den Augen verloren. Hätte ein Wunsch letzte Nacht ausgereicht, mich nach Frankreich

oder Italien zu versetzen, hätte ich mir meine Fanny geschnappt und wäre im Handumdrehen weg gewesen, obwohl ich überzeugt bin, dass es mein Gemüt ist, welches der Änderung bedarf, und nicht der Ort. Meine Vorstellungskraft führt mich immer wieder auf Abwegen in neues Elend, und ich sehe, dass ich bis zum Ende des Lieds ein Kind bleiben werde. Du redest von den Rosen, die zuhauf auf jedem Lebensweg wachsen – ich versuche, sie zu fangen, erwische aber immer nur die Dornen. Um nichts in der Welt will ich ungerecht sein. Ich kann nur sagen, dass es mir scheint, dass Du unklug gehandelt hast, und dass Du über der Fülle Deiner eigenen Gefühlen, so wenig ich sie verstehe, meine eigenen vergessen hast, oder Du mein Wesen nicht verstehst. Ich bin dran, heute Fieber zu haben, mir geht es nicht gut, ich bin verletzt, aber ich habe nicht vor, Dich zu verletzen. Betrachte das, was geschehen ist, als ein Fieber Deiner Fantasie, eine der leicht tödlichen Erschütterungen, für die Du anfällig bist, und ich werde wieder ein einsamer Wanderer werden. Adieu! Ich wollte hinzufügen, Gott segne Dich!

London, zwei Uhr, 17. August 1796

Ich mag Deinen letzten – darf ich ihn *Liebes*brief nennen? – lieber als Deinen ersten, und kann ich Dir einen besseren Beweis für meine Achtung geben als Dir zu sagen (der Stil meines Briefs wird es Dir verraten, ob ich will oder nicht), dass er meinen Geist beruhigt hat – einen Geist, der den ganzen Vormittag schmerzlich aktiv war, verfolgt von alten Kümmernissen, die neu hervorzutreten schienen, um die gegenwärtige Qual zu verschärfen – nun ja! Fast ist es verschwunden – ich meine, all meine unbegründeten Ängste, und eine ganze Schar von Quälgeistern, die Du in die Flucht geschlagen hast – ich kann Dir kaum ihre hässliche Gestalt beschreiben, so schnell verschwinden sie, und lass sie gehen, wir werden sie nicht zurückrufen, indem wir über sie reden. Du kannst mich treffen, wann immer Du willst. […] Du sagst, Du brauchst Beruhigung; beruhigt es Dich, wenn ich Dir die Wahrheit sage? Ich kann Dich nicht

hassen, ich glaube nicht, dass Du es verdient hast. Nein, mehr noch, ich kann Dir meine Freundschaft nicht entziehen, und ich werde versuchen, Deine zu verdienen, damit *Notwendigkeit* Dich an mich bindet. [...]
Wirst Du jetzt ein guter Junge sein und mir ein Lächeln schenken, ich esse um halb fünf – Du solltest kommen und meinen Appetit anregen, da Du ihn mir beim Frühstück genommen hast.
Mary

London, 22. August 1796
Ich bin manchmal schrecklich bescheiden – schreib mir nur eine Zeile, nur um mir zu versichern, dass Du ab und zu mit Zuneigung an mich gedacht hast – seit wir uns verabschiedet haben.

London, Mittwoch, 24. August 1796
Da Du heute mit Mrs. Perfection zu Abend isst, wäre es riskant, Dich nicht an meine Existenz zu erinnern. Vielleicht also ein Wort ins Ohr geflüstert, solltest Du für einen Augenblick Deine Treue vergessen – ein mögliches Versehen in Gegenwart der entzückendsten Frau auf der Welt – hab acht, dass Du nicht über Deine linke Schulter blickst, ich werde dort stehen.

London, Samstag Morgen, 27. August 1796
Der Wind pfeift in meinen Bäumen.
Was sagst Du zu unserem Spaziergang?
Sollte das Wetter weiterhin so unbeständig sein, was hältst Du von der *Idee*, dass Du Deine Tragödie mitbringst – wir hätten es so gemütlich hier. Doch Du bist so ein freundliches Wesen, dass ich ungern meine Vorlieben verrate, damit Du Dich nicht nach meinen Wünschen richtest anstatt nach Deinen eigenen – und ist nicht beides dasselbe? Denn ich bin nie so zufrieden mit mir, wie wenn ich Dir Freude bereite – ich bin nicht sicher, dass Freude das zutreffende Wort ist, um meine Gefühle zu be-

schreiben – kann ich mich darauf verlassen, dass Du in Deinem eigenen Herzen nach dem richtigen suchst?
Mary

London, 13. September 1796

Du sagst mir, William, dass Du nichts Gutes ahnst, wenn die Zeitung keine Nachricht enthält, oder Dir nicht wenigstens Fanny einen guten Morgen wünscht.

Jetzt lass mich Dir bei diesen Zeilen versichern, dass Du heute Morgen nicht nur in meinem Herzen bist, sondern auch in meinen Adern. Ich wende mich halb beschämt von Dir ab, und doch verfolgst Du mich, und ein Blick, ein Wort oder eine Berührung lässt meinen ganzen Körper erschauern – ja, genau in dem Augenblick, in dem ich mich bemühe, an etwas anderes, wenn schon nicht an jemand anderen, zu denken. Scher Dich weg, Du Eindringling! – obwohl ich gezwungen bin, ‚lieber' hinzuzufügen, was einem Rückruf gleichkommt.

Wenn Herz und Verstand sich einig sind, gibt es kein Entkommen vor sinnlichen Gefühlen, stelle ich fest, da kann eine Frau tun, was sie will – kann ein Philosoph mehr tun?
Mary

London, 4. Oktober 1796

[…] Ich hätte heute gerne mit Dir zu Abend gegessen, nachdem Du Deinen Artikel zu Ende geschrieben hast, damit meine Augen und meine Lippen, ich meine nicht ganz meine Stimme, Dir hätten sagen können, dass sie Dich in meiner *Achtung* gehoben haben. Was für ein kaltes Wort! Ich würde Liebe sagen, wenn Du mir versprichst, nicht darüber zu diskutieren, ob es angebracht ist, wenn ich eine wachsende Zuneigung ausdrücken will, die auf einer engeren Bekanntschaft mit Deinem Herz und Deinem Geiste beruht.

Ich werde meine Freundlichkeit einsperren, doch die zarte, flüchtige Essenz wird vielleicht entweichen, wenn ich spazieren gehe – Du weißt nicht, wie viel Zärtlichkeit für Dich in einem sinnlichen Seufzer entweichen kann, sollte die Luft, wie

es oft vorkommt, die Gefühle, die sich bei meiner Lektüre um mein Herz geschart haben, in eine gefällige Bewegung versetzen, wenn ich mich ab und zu daran erinnere, dass der Verfasser mich *liebte*. Sinnlich verleiht oft einer Bedeutung Ausdruck, die ich jetzt gar nicht meine. Ich will einen jener Augenblicke beschreiben, wenn die Sinne exakt mit der vom Herz aufsteigenden Zärtlichkeit übereinstimmen, und die entsprechende Vernunft einen dazu anregt, im gegenwärtigen Augenblick zu leben, ohne Rücksicht auf Vergangenheit oder Zukunft – Entzücken ist es nicht. Es ist eine erhabene Ruhe. Ich habe sie in Deinen Armen gespürt – still! Lass es nicht das Tageslicht sehen – ich wollte gerade schreiben, hören. Diese Geständnisse sollten nur geäußert werden – Du weißt, wo, wenn die Vorhänge zugezogen sind und die ganze Welt ausgesperrt ist.
Weh mir! Was soll ich heute tun, mir steht die unangenehme Aufgabe bevor, meine Freundlichkeit zu unterdrücken, dabei fließe ich vor freundlichster Sympathie über. Ich wünschte, ich würde Dich zu Hause antreffen, wenn ich diesen Brief in den Briefkasten werfe, damit ich ihn mit einem Kuss in Dein Herz werfen kann, wo er dann einbalsamiert liegt, bis wir uns näher begegnen [Mary strich ‚näher' durch und schrieb dann:] Lies das durchgestrichene Wort nicht, ich verbiete es Dir!

London, Donnerstag, 10. November 1796

Ich schicke Dir Deine Wäsche – ich bin nicht sicher, ob es mir nicht Freude bereitete, die Rolle einer Ehefrau zu spielen, obwohl ich so wenig Respekt für die Figur habe. In der Liebe wohnt so ein Zauber, dass mir der Griff Deiner Hände um meinen Arm in Gesellschaft anderer mehr Befriedigung verschafft hat als all die Bewunderung der Welt, obwohl ich eine Frau bin – und, um auf der Leiter der Eitelkeit eine Stufe höher zu steigen, eine Autorin.
Ich werde um eins bei Dir vorbeikommen, um die Welt an diesem erfrischenden Tag nicht um Deine hellen Gedanken zu bringen.
Mary

London, Sonntag Morgen, 13. November 1796

Wenn das Glück der letzten Nacht die gleiche Wirkung auf Deine Gesundheit hatte wie auf meine Gesichtsfarbe, hast Du keinen Grund, Deinen Mangel an Standhaftigkeit zu bedauern, denn ich habe selten so viel lebendiges Feuer durch meine Gesichtszüge rasen sehen wie heute morgen, als die Erinnerungen – sehr teure – eine Röte der Freude in meine Miene zauberten, während ich meine Haare richtete. [...]

Schreib mir eine Zeile zurück und, ich bitte Dich, schließ diese Nachricht weg, und, außer Du liebst mich wirklich sehr, lies sie nicht noch einmal.

London, 9. April 1797

Bitte, stell mir keine Aufgaben mehr – ich bin das unbeholfenste Geschöpf überhaupt, wenn es darum geht, Briefe zu schreiben.

Charlotte von Kalb

(1761-1843)

an Jean Paul Friedrich Richter

Im Alter von 22 Jahren wurde Charlotte mit dem Offizier Heinrich von Kalb vermählt, doch sie war nie glücklich in der Ehe. Nur ein Jahr nach ihrer Heirat lernte sie in Mannheim Friedrich Schiller kennen; in den darauffolgenden vier Jahren entwickelte sich eine Freundschaft zwischen den beiden, aus der ein leidenschaftliches Liebesverhältnis wurde, das dann aber abrupt unterbrochen wurde, als Schiller aus finanzieller Not Mannheim verließ und zu seinem zukünftigen Förderer Christian Gottfried Körner nach Leipzig ging. Die beiden Liebenden begegneten sich später in Weimar wieder, und es soll sogar Gespräche über eine mögliche Heirat gegeben haben, die aber nie zustande kam. Durch Schillers Vermittlung lernte Charlotte von Kalb Friedrich Hölderlin kennen, der auf Schloss Waltershausen, das Charlottes Ehemann gehörte, Hauslehrer für ihren Sohn wurde und dort seinen Hyperion *schrieb. Doch auch die Liebe zu Hölderlin endete damit, dass er aus ihrem Leben verschwand. Genauso erging es Charlotte mit Jean Paul, den sie als Fünfunddreißigjährige kennenlernte, und dem sie als Vorbild für die Linda in seinem Roman* Titan *diente. Er war auf ihre Einladung hin nach Weimar gekommen; sie führte ihn in die dortigen Dichterkreise ein, er hatte mehrere Affären und war nie zu einer Heirat mit Charlotte bereit. 1804 verlor sie ihr Vermögen, zwei Jahre später erschoss sich ihr Mann, wenig später auch ihr ältester Sohn Fritz; nicht einmal ihr jüngerer Sohn überlebte sie. 1820 erblindete Charlotte, und im Alter von 82 Jahren starb sie einsam und in Vergessenheit geraten. Erst nach ihrem Tod wurde ihr Briefwechsel mit Jean Paul, ihre Erinnerungen, ein Roman und mehrere Dichtungen veröffentlicht.*

Sommer 1796

Sind Sie Ihres Versprechens eingedenk? Kommen Sie heute und um welche Minute? Ich habe Ihnen viel zu sagen.
Charlotte K.
Ich werde um fünf Uhr zu Herders kommen. Die Erde trägt mich geduldig, und den Himmel, den fand ich im Äußersten wieder in Ihren Schriften und die Quelle des Ewigen in Ihnen. Sie sind kein Magnet; wer, wer darf so lästern? – Ich grüße den Unsterblichen!

Dezember 1798

Ich fange an zu zittern, und Todeskälte umfasst mich. Ich kann nichts tun, bis ich weiß, ob Sie den Abend kommen. Schreiben Sie bald, damit ich weiß, ob ich auch schreiben und arbeiten kann. Oder ob – ach – denke Dir das Widrigste, das ist es. Die Billette, die so spät kommen, sind immer Todesboten. Was ich zu sagen habe, ist sehr bedeutend. Mich hat ein Wort mit dem ganzen menschlichen Geschlecht bekannt gemacht und mich in ein anderes Verhältnis mit ihm gesetzt, bei dem es ewig bleibt. Deiner Seele darf es nicht verborgen bleiben.
Meine Seele wird ruhig sein. Ich werde aber auch diese Wahrheit sagen von mir und andern, und es wird, was ich einst sagte, ein Testament. Sie werden von nichts hören als was von der *Wahrheit*, der *Güte* kommt. Ich will dann auch lange keinen Besuch von Ihnen erwarten; so wollen, sollen Sie mich auch nie wiedersehen! –
Ch.

[undatiert]

Dass ich meine Lippen auf die Wunden Deines Herzens legen werde. Sei still, liebe Seele! Ich habe seit gestern um 10 Uhr nichts anderes gedacht.
Werde ruhig und hoffend! Bei der ewigen Wahrheit, bei meiner Seligkeit, ich will es werden. Prüfe Dich nur, was *Deine Liebe* für mich Dir ist. Ob sie Deinem Herzen unentbehrlich ist, ob

sie unendlich ist. Es ist mir, als hörte ich nur meine Liebe. Von einem mächtigen Geist vernichtet zu werden, ist viel erhabener als die höchste Ehre, Genuss und Fülle, so die Welt geben kann. O nimm mich auf, damit ich sterben kann, denn ich kann entfernt von Dir nicht leben und nicht sterben.
Heiliger Gott, gib Deinem Unsterblichen alles – alle die Seligkeit, die Deine Erschaffenen entbehrten, alle die Seligkeit, die sie verkennen! Gib ihm mein Herz, gib ihm meine Wonne! Lass mich nur in seiner Nähe, dass ich sein Antlitz schaue! Lass mir den Schmerz, lass mir die Tränen um ihn!
Ach, komme, ich beschwöre Dich um meine Seligkeit, komme jetzt, Du wirst Ruhe finden! Lass mich nicht in den fürchterlichen Leiden allein! Bis den Abend kann ich's nicht tragen. Lieber den Tod.
Ch.

16. Juni 1799

Als ich allein auf der Landstraße fuhr, war mein Gedanke mit wenigen Personen beschäftigt. Ich dachte an Paul zweimal, und den dritten Teil meiner Zeit erfüllten die anderen Bekannten meiner Seele. Ach, ich war mir eines solchen freien, ruhigen, voll Liebe und Gedanken erfüllten Gemütes bewusst, dass ich selbst von meinem willenlosen und hoffnungslosen Wesen innigst bewegt war. Ach nein, doch hoffnungsvoll, denn Du wirst mich immer lieben, und was fehlt mir dann zum höchsten Glück als Deine Gegenwart? Keine Gegenwart hat Bedeutung ohne die Liebe. Kein Wesen hört, keines versteht das andere ohne Liebe. Sie ist das Licht, ohne das kein sterbliches Wesen eine Seele erkennen kann. Es gibt nichts Schmerzlicheres als die gleichgültige Gegenwart eines Wesens, das sonst uns nahe war, das einst zu unserm Herzen sagte: Du bist mein.
‚Die Zeit ist vorbei, in der wir nicht liebten, uns nicht kannten – jetzt ist die Ewigkeit, in der wir's tun', das ist die schönste Zeile Deiner Hand, die ich besitze. Als ich neulich Deine Briefe wieder las, haben diese Worte einen hohen Mut mir gegeben,

und Du hättest schwören können, ‚ich liebe Charlotte nicht' – ich hätte geschworen, er liebt mich dennoch. Wir werden die Welt verlassen, in der wir uns nicht erkennen und lieben konnten. Du wirst die Geliebten Deines Herzens zu Dir rufen, und unter ihnen auch mich; meine Liebe wird erscheinen dürfen, leicht, gefällig, innig und tätig, huldigend und belohnend. Du wirst mich nicht mehr verkennen, und in dieser Stimmung liegt alles, was meine Seele verlangt [...]

17. Juni 1799

Du hast mir oft tiefe Schmerzen gegeben! Dichterbiographen wie Du, das heißt, wie Du allein bist, sehen, fassen, bilden, zeichnen und schaffen tief die Menschheit. Aber die Wirklichkeit eines festen, unzerstörlichen, liebenden Gemüts fassen sie nicht. [...] O, das Herz des Menschen, welch ein stolzes und verzagtes Ding! Ich verzage nicht an meinem Herzen, aber verstummen, erstarren wird es wohl müssen, denn das Herz, die Liebe bildet hier auf Erden nur den Geist zu höheren Begriffen, und mangelnd und unbeseligt wird mein Geist das Leben verlassen. Ja, mein Teurer, ich sage Dir jetzt nicht, wie oft ich gelitten habe, wie zerstörend, so dass ich mein Herz Deiner Gewalt entziehen *müsste* (wenn Du es nicht haben willst), als länger den Tod der Liebe so oft zu schmecken. Denn sie erwacht immer wieder in Deiner Gegenwart, ach, leider auch durch Deine Bücher [...]. Du bist nicht schuld daran, ich weiß es wohl, verzeih also meine Klage. – Du bist nicht schuld daran. – Du bist, das weiß mein Herz, und darum will es zu Dir! – Wenn einst glücklicher ich neben Dir ruhe, will ich Dir vieles erzählen, und dann wird die Träne der Wehmut sich mit den Tränen der Freude mischen, dann küssen wir die letzten Zeichen unserer vergangenen Leiden innig von den Wangen, und keine ähnlichen Klagen erpressen je wieder diese Zeugnisse einer ewigen Liebe! [...]

Caroline Schlegel / Schelling

(1763-1809)

an Friedrich Schlegel, A. W. Schlegel und Friedrich Wilhelm Joseph Schelling

Caroline Schlegel, spätere Schelling, geborene Michaelis, war eine der wichtigsten Gestalten der Jenaer Romantik; aus ihren Briefen kann man den Eindruck erhalten, dass sie der Dreh- und Angelpunkt dieser bedeutenden Gruppe von Philosophen und Literaten gewesen war. Sie war Muse, Mutter, kritischer Geist und empfindsames Gemüt in einem.

Als Einundzwanzigjährige hatte Caroline Michaelis ihrer kapriziösen Familie zum Gefallen den Arzt Johann Böhmer geheiratet. Aus der Ehe, die die leidenschaftliche wie bildungshungrige junge Frau in keinster Weise zufriedenstellen konnte, ging Carolines über alles geliebte Tochter Auguste hervor. 1788 starb Böhmer, und Caroline, der Fesseln ledig, zog nach Mainz, das 1792 von den Franzosen erobert wurde. Nach der Rückeroberung der Stadt durch die Preußen wurde Caroline, die nach einem ‚One-Night-Stand' von einem französischen Leutnant schwanger war, zeitweise als Sympathisantin der Französischen Revolution festgesetzt. Selbst nach ihrer Freilassung blieb Caroline persona non grata. *In dieser schwierigen Zeit stand ihr ein ehemals abgewiesener Verehrer zur Seite: der romantische Philosoph und Schriftsteller August Wilhelm Schlegel. Als Wilhelm nach Amsterdam aufbrechen musste, ließ er Caroline und Auguste in der Obhut seines jüngeren Bruders Friedrich zurück, der die unglückliche Mutter ebenfalls sehr bewunderte; zwischen den beiden entwickelte sich eine herzliche Zuneigung, aus der vermutlich mehr geworden wäre, hätte es den älteren Schlegel nicht gegeben. Nach dem frühen Tod ihres unehelichen Sohnes, dessen Existenz eine von der bürgerlichen Gesellschaft akzeptierte Ehe unmöglich gemacht hätte, heirateten Caroline und A. W. Schlegel und ließen sich in Jena nieder. Die zuvor von der Gesellschaft Ausgestoßene wurde Teil eines der wichtigsten literarischen Zirkel der deutschen Literaturgeschichte und stand in regem Kontakt mit zahlreichen Geistesgrößen der Zeit, wobei ihr Verhältnis zu Goethe ein besonders enges war.*

1798 trat der charismatische Schelling in das Leben der Schlegels. Der junge Philosoph fühlte sich gleichermaßen stark von der selbständigen Frau Caroline und dem erblühenden Mädchen Auguste angezogen; Mutter und Tochter, die einander ganz besonders nahestanden, erwiderten seine Gefühl beide. Kurioserweise war es Friedrich, der auf das seltsame Dreiecksverhältnis mit Eifersucht reagierte, und nicht sein älterer Bruder, der Schelling freundschaftlich zugetan war. Die Situation eskalierte, als die vielgeliebte Auguste, der auch die beiden Brüder Schlegel sehr zugetan waren, am 12. Juli 1800 überraschend an der Ruhr starb. Caroline und Schelling verband nun die gemeinsame Trauer; gleichzeitig sah sich Caroline nach dem Tod der ‚anderen Geliebten' vor die endgültige Entscheidung zwischen A. W. Schlegel und Schelling gestellt. Zunächst beschloss sie, bei ihrem Mann zu bleiben, und Schelling, den sie nie ganz aus ihrem Leben hätte verbannen können, nur noch als „den Bruder ihres Kindes" zu lieben. Der ältere Schlegel, so lässt es sich aus Carolines Briefen schließen, schien sich wenig an den unleugbaren Gefühlen zwischen seiner Frau und dem jungen Philosophen zu stören, und Caroline blieb ihm weiter in tiefer Freundschaft verbunden. Die Situation führte jedoch zum endgültigen Bruch mit Friedrich Schlegel – ein Bruch, der Carolines Ansicht nach von Friedrichs Geliebten und späteren Frau Dorothea Veit vorangetrieben wurde, die ihren Ehemann für den neun Jahre jüngeren Philosophen verlassen und sich schon immer an dessen glühender Bewunderung seiner Schwägerin gestört hatte. Verschärft wurde die Situation zusätzlich dadurch, dass Schelling Friedrichs Transzendentalphilosophie für gefährlichen Unfug hielt und selbiges auch kundtat. Die Entfremdung von dem jüngeren Schlegel, der nie ganz ihr Geliebter geworden war, schmerzte Ca-

roline sehr. Sie und Wilhelm, der Ende des Jahre 1800 nach Berlin berufen wurde, schienen dagegen fast natürlich auseinanderzudriften, und aller Entschlossenheit zum Trotz fühlte sich Caroline viel zu sehr zu ihrem Seelenverwandten Schelling hingezogen; im Mai 1803 wurde dem gemeinsamen Antrag des Ehepaars Schlegel auf Scheidung stattgegeben. Nur einen Monat später heirateten Caroline und Schelling und blieben bis zum Tode Carolines sechs Jahre später glücklich. Die hier abgedruckten Briefe dokumentieren die Liebesgeschichte einer ungewöhnlichen Frau, die viele große Männer in ihren Bann zog und alle ein wenig und nur einen wirklich geliebt zu haben scheint.

AN FRIEDRICH SCHLEGEL

[Ende August 1793]

Sie fühlen, welch ein Freund mir Wilhelm war. Alles, was ich ihm jemals geben konnte, hat er mir jetzt freiwillig, uneigennützig, anspruchslos vergolten, durch mehr als hilfreichen Beistand. Es hat mich mit mir ausgesöhnt, dass ich ihn mein nennen konnte, ohne dass eine blinde, unwiderstehlich Empfindung ihn an mich gefesselt hielt. – Sollte es zu viel sein, einen Mann nach seinem Betragen gegen ein Weib beurteilen zu wollen, so scheint mir doch Wilhelm in dem, was er mir war, alles umfasst zu haben, was man männlich und zugleich kindlich, vorurteilslos, edel und liebenswert heißen kann.

[August 1795]

Darin ist er [Wilhelm] verändert, dass er die französische Sprache den übrigen vorzieht, dass sie ihn fortreißt, und dass er allerliebste französische Briefe schreibt, die ich denn doch nicht mit den deutschen, die er mir geschrieben, eintauschen möchte. Auch denkt er etwas anders über meine Freunde, die Republikaner, und ist gar nicht mehr Aristokrat. […] Ach, ich werde

ihm noch Leidenschaftslosigkeit ablernen – und dann ist meine Erziehung vollendet.
Wahrlich, lieber Fritz, ich werde zuletzt wohl auf die Idee geraten, mich zu bilden und zu meistern, um alles, was geschieht, ruhig mit ansehn zu können. [...]

an A. W. Schlegel

[um 1797]

Dienstag, den 19.
Heute muss ich etwas von Dir hören. Mein guter Freund, wie lässt mich die Hoffnung des Tages Last so leicht ertragen. Gestern bin ich wieder mit 40 bis 50 Menschen zusammen gewesen, ohne des froh zu werden.

Caroline und Auguste an Schelling:

8. Juni 1800

Wir haben gestern Deinen niedlichen Brief bekommen, und er hat uns große Freude gemacht. Du bist recht artig, dass Du uns so bald geschrieben, wir sehnten uns schon recht. Mutter ist recht wohl, und die Kälte hat ihr nichts geschadet, wir sind auch alle Tage zusammen spazieren gegangen, wenn es das Wetter erlaubte. Aber mit mir armen Kinde geht kein Mensch des Abends spazieren. [...] So geht es uns Kinderchen, wenn Du nicht da bist, komm nur bald wieder. Von Deinem Schwesterchen hast Du doch auch nicht ein Wort geschrieben, wie sie Dir gefällt, ist das nun nicht recht schlecht?
Montag. Gestern konnte Dein armes Kind den Brief nicht fertigschreiben, denn es hatte solche Schmerzen in der Schulter, dass es nicht im Stande war, die Feder zu halten, und habe bei-

nah den ganzen Tag auf dem Bett liegen müssen. Heute ist es nun aber wieder vorbei.
Mutter will auch noch ganz viel schreiben. Leb recht wohl, Du Mull, und vergiss das Uttelchen nicht, das so gern mit Dir spazieren ginge.

Montag früh d. 9ten. Ich habe das kleine, zärtliche Gemüt zur Ruhe verwiesen denn trotz ihrer Versicherung ist sie doch nicht wieder besser und hatte Fieber gestern. [. . .] Wir haben Tag und Nacht zu sorgen gehabt, seit Du weg bist, und ich könnt ein Lied nach alter Weise mit einem doppelten Refrain dichten – ‚wenn er doch nur bei uns wäre!' und ‚gut, dass er nicht bei uns ist!'
[. . .]

Briefe aus Braunschweig, nach Augustes Tod:

an Schelling

15. Oktober 1800

[...] O Du Lieber, wenn ich nur erst wüsste, wie Du meinen armen Brief aufnimmst. Morgen bekömmst Du erst einen, diesen aber geschwinder.
Ich habe jetzt Augustens Bild nicht, es blieb zum Kopieren in Göttingen, und ich vermisse es sehr. Hättest Du es nur, damit es Frieden über Dich ausgösse, was meine Worte fast nie konnten. Ich bin auch so weit gekommen, dass mich deucht, ich habe keine Worte mehr, ich kann keine mehr brauchen, nur Zeichen. Wir können bloß über unsere Lage etwas verabreden, aber nicht reden. Wenn wir erst wieder beisammen sind, wo alles geordnet sein wird, dann lass uns einander auch viel mit andern Dingen beschäftigen und im Allgemeinen uns ver-

gessen. Du wirst sehn, dass ich noch lernen kann, obschon es mich gar nicht interessiert, dass ich es weiß, sondern nur, dass es überhaupt gewusst wird. – Wie hast Du denn Deine ökonomische Einrichtung getroffen? – Das Essen soll am besten bei Meders sein – und wie ist's mit dem Wein? Sobald [A. W.] Schlegel kommt, sollst Du Deine Bouteillen haben. Deine – In dem Moment kommt Dein Brief vom 13ten Oktober, an mich namentlich adressiert. Es ist etwas Beruhigendes darin, aber ich weiß ja freilich nicht, ob ich ihm trauen kann, und dass Du, schon so besorgt um mich und das Schicksal Deiner Briefe, noch immer warten musst, ehe Du Nachricht von mir bekommst – erst morgen Mittag – das macht mich fast unsinnig, ich habe diesen Morgen im Bett schon darüber geweint. Sei nur künftig nie bange, dass Deine Briefe nicht richtig ankommen. Du kannst versichert sein, dass niemand mich bewachen will. Das ist eine ganz falsche Idee, die Meinigen können nichts für und nichts gegen mich tun. Ich bin bloß bei ihnen, und sie lieben mich. [...]

Dienstag früh [Oktober 1800]

Ich habe den Himmel recht gebeten, mich zu erleuchten und mir gute Gedanken zu verleihen, ehe diese Post abginge, und er hat mich auch erhört. Wenn ich Dir wollte oder vielmehr vermöchte, alles hinzuschreiben, was in mir vorgegangen ist, es würde so tief und so wehevoll werden wie Deine Blätter, aber ich muss mich schonen und gebe Dir nur den Frieden von Gott, in dem sich mein Herz aufgelöset hat, voll steter Hoffnung, dass ich ihn Dir auch mitteilen werde. Ich habe Dich innig lieb, ich küsse Deine Stirn, Deine beiden lieben Augen und den süßen Mund. Das ist recht das selige Zeichen des Kreuzes.

Wenn ich Dir auch könnte lange Vorstellungen erwidern über Deine Vorstellung und eine Menge begeisterter Vernunft gegen Deine irrigen Ansichten setzen, es wäre eine bloße Redeübung – genug dass ich meinem Freunde verspreche, dass ich leben will, ja, dass ich ihm drohe, ich werde leben, wenn er so zur unwahren Stunde den Tod sucht. Du liebst mich, und sollte

die Heftigkeit des sich in Dir bewegenden Wehes Dich auch einmal mit Hass täuschen und mich damit zerreißen, Du liebst mich doch, denn ich bin es wert, und dieses ganze Universum ist ein Tand, oder wir haben uns innerlich für ewig erkannt.
Ich wiederhol es noch einmal, warum kann ich dem Goethe nicht sagen, er soll Dich unterstützen? Er wäre der Einzige, der das nötige Gewicht über Dich hätte. Gib Dich wenigstens seiner Zuneigung und seinen Hoffnungen auf Dich ganz hin, und denke, dass Du doch liebe Freunde hast – so gut, wie das Jahrhundert sie vermag. […] Friedrich[s] Querspiele haben mich sehr amüsiert. Ich habe hier beiläufig von Wilhelm vernommen, er sehe seine Vorlesungen aus einem sehr sublimen Standpunkt an, nämlich er könne sich der Ironie nicht haben enthalten, die Studenten wären gar zu dumm. Die Ironie ist doch zu allen Dingen nütze. Über die Veit [Dorothea] denkt Wilhelm nun nach und nach fast wie wir – ich habe ihm auch gesagt, dass sie über das Innre unsers Hauses geschwatzt und gelogen hat, was er als einen sehr schlechten Dienst gegen sich selber anerkannte.
Sei nur nie besorgt, was Deine Briefe betrifft; ich bekomme sie aus der Hand des Briefträgers immer zu eignen Händen, beantworte sie aber nur manchmal so überzwerch wie Friedrichs Philosopheme sind. Ich muss doch auch probieren, ob ich nicht aus

Leben und Frieden herausbringen kann. Woher mir die Ursätze kommen, darum wirst Du mich wohl so scharf befragen. Es ist doch arg, wenn man etwas gewiss hat und soll nun auch noch Rechenschaft abgeben, woher man es nimmt.
[…] Ich habe viel gelebt in diesen wenigen Tagen, und das ist mein innerstes Wesen, dass ein Lächeln grenzen kann an die unsäglichste Not. Du hast mich wieder geweckt, und gewiss,

wir quälen uns nun wohl recht mit hin und her schreiben, und tausend Widersprüche fallen vor, aber am Ende werden wir doch uns etwas bilden, das alles löset. Verlass mich nicht, ich liebe Dich, ich wollte, ich könnte Dir sagen, wie sehr, aber in Deinen Armen selbst würde ich es Dir nicht ausdrücken können.

[Ende Dezember 1800]

Mein lieber Freund, mein Schelling, Du hast die Abrede gehalten und ich nicht. Am Abend des nämlichen Tags, wo ich Dir zuletzt schrieb, bekam ich Dein Geschenk noch. O Du lügst, Dein Ring ist stark und stärker wie Ketten, es ist der Ring, an dem die Kette hängt, die mein Leben festhält. Ich suchte gleich nach dem Namen Joseph und fand ihn durch die Tränen hindurch, die mir die Augen verdunkelten. Du hast nichts vergessen. Denke auch nicht, dass ich etwas vergessen hätte, und wenn ich Dir den Ring, der zu diesem gehört, niemals geben sollte, so wie ich es bis jetzt nicht getan habe. Wie leicht hättest Du ihn in derselben Stunde erhalten, denn ich habe den Gedanken oft gehabt. Du hast ihn nicht erhalten, und das ist unser Schicksal. Du darfst es nicht meine Schuld nennen. Ja, dies ist der erste, der einzige echte Trauring für mich, und er bleibt einzeln. Er sagt sich von der Zukunft los und bindet uns nur an eine kurze Vergangenheit. O Du liebes, treues Herz, er ist gediegen von Deinen Schmerzen, ich erkenne sie alle und habe sie mit Dir auszutauschen. Aber ich habe noch welche zurück, die immer nur mein bleiben müssen. Wie kannst Du doch das Wehe der Mutter ganz in Dich aufnehmen? Sei nicht betrübt, wenn Du Dir denkst, wie das Deine Freundin zerreißen müsse, was sie in diese Worte ausbrechen lässt – ja, so eben zerreißen müsse. Dieses alles muss mir zu Freude werden, glaubst Du es nicht? […]

Mein lieber Freund, ich habe eben einige von den Sonetten [Wilhelms über Augustes Tod] für Dich abgeschrieben, von denen ich Dir letzthin sagte. Das mittelste ist besonders von sehr großer poetischer Schönheit. Du wirst Dich erinnern, dass der *König von Thule* ihr letztes Lied war. Die Wahrheit machte sich bei diesem Kinde oft schon von selbst zu einem lieblichen Gedicht.

Ich hoffe nicht, Dich hart zu unterbrechen in Deinen jetzigen guten Tagen. Nein, das ist eben gut, wenn Deine Erinnerungen gleichsam durch einen Sonnenstrahl ziehen, in dem auch die dunkle Farbe helle erscheint.

[Januar/Februar 1801]

[Anfang fehlt]

Damit habe ich Dir mein Geheimnis ausgesprochen, Du musst es nicht missbrauchen, mein Herzensfreund. Du musst redlich versuchen, ob Du mich entbehren kannst, aber ich traue Dir langsam darüber. Wir gehören einander an, wir sollten innig Eins sein. Habe ich Dir je misstraut, Du meine Seele? Warum denn Du mir?

Du wirst mich fragen, ob mir denn der Ausgang gleichgültig ist? Ja, muss ich antworten, und wenn die süße Liebe mich auch zurückhalten will. Ich bin meines unzerstörbaren Glücks, meines unheilbaren Unglücks gewiss. Das ist mein Vorrecht.

[…] Liebe mich, ich knie vor Dir nieder in Gedanken und bitte Dich darum.

Der Genius, der mich leiten wird, das ist Dein Genius. Er wird gewiss gut sein.

Du nimmst es doch nicht übel, dass ich die Einlage einlege? Ich hatte es Wilhelm angeboten. Er ist mit 3 Akten des Shakesp. fertig und macht nun einen Aufsatz über Bürger, den Dichter, in die kritische Sammlung [von A. W. und Friedrich Schlegel]. Ohne Frost kann er nicht reifen, wenn Friedrich auch ungehalten würde; der bezeigt indessen nichts davon. Ich habe seine letzten Briefe alle gelesen, auch den heutigen an ihn. Sollte er in seinen jetzigen Verhältnissen das Herz haben, Wilhelm abgeneigt zu sein? […]

Englischer, lieber Freund, leb wohl, ich umarme Dich, so fest, so treu, so voll Liebe und guten Geistes, Du kannst nicht unempfindlich dagegen bleiben.

[Februar 1801]

Mein lieber Freund, und ich nenne Dich so mit Liebe, vielleicht bin ich wirklich schwer zu einer Entscheidung zu bringen, allein ich habe sie doch stets gefasst, ehe es zu spät war, und mich unverrückt an ihr gehalten. Ich sage nicht heut – ich will das tun – und morgen – ich will ein andres, und jedes Mal so zuversichtlich, als wenn es ewig gelten würde – nein, es malt sich wohl sehr deutlich in meinen Äußerungen, dass ich nicht weiß, was ich tun soll – bis der Moment kommt. Der ist *da*, und ich bitte Dich, nimm es so an.

Ich schreibe nicht von Dir, mein Alles auf Erden, das Mittel, das die Seele ergreift, um sich der Entweihung des Bundes zu entziehen, stellt alles her, ihn selbst in seiner ganzen Schöne und Zärtlichkeit, die ihn unterhält.

Ich bin die Deinige, ich liebe, ich achte Dich – ich habe keine Stunde gehabt, wo ich nicht an Dich geglaubt hätte, es sind Umstände gewesen, die Deinen Glauben an mich trübten, es wird nun heller werden. Ich sehe Dich wieder, vermutlich so bald, als ich mir kürzlich vorstellte. Als Deine Mutter begrüße ich Dich, keine Erinnerung soll uns zerrütten. Du bist nun meines Kindes Bruder, ich gebe Dir diesen heiligen Segen. Es ist fortan ein Verbrechen, wenn wir uns etwas anders sein wollten. Meinen süßen Freund bitte ich innig um ein endliches Verstehen mit seiner Caroline, ich beschwöre ihn, mir nicht die letzte Hoffnung zu nehmen.

Ich bete zu Gott, dass er diese Blätter segnen wolle.

[März 1801]

Eine Weile war ich zweifelhaft, ob Du mir heute schreibest, und dachte, wenn nicht, so will ich mich nicht betrüben, besser nicht diesmal als etwas, das Dich schmerzt bei Deinem vollen Herzen. Du hast mir nun geschrieben und freilich Gram und Liebe gehäuft. Doch stille. O ich bitte Dich, nimm mich an Deine Brust und tröste mich.

Ja, ich habe ein Verbrechen begangen, da ich mich der Liebe überließ, aber, was ihr Fesseln angelegt, war und ist heilig, und

nicht ein Mangel an freier Gesinnung und nicht eine Halbheit der Liebe. Willst Du mir nie verzeihen, dass die unwiderstehliche Neigung zu Dir sie durchbrach? Nichts ist unheilbar für Seelen wie die unsrigen, und ich war kühn, aber nicht frevelhaft. Vergib mir.
[…] Weise nun Deine Caroline nicht zurück. Überdenke alles, mein Dasein liegt in Deiner Hand. Verwirre mich nicht, fühle, dass ich Dich liebe, dass Du meine einzige Freude bist. […] O Schelling, liebe mich, vertraue.

an A. W. Schlegel in Berlin:

5. März 1801

Ich will Dir nur diesen Abend noch ein wenigen auf Deinen lieben, langen, materiellen, das heißt materialvollen, Brief erwidern. Apropos, ich habe mich schon sehr geängstigt, dass Du keinen Regenschirm hast und vielleicht nicht so klug bist, darauf zu fallen, dass man sich einen kaufen kann. –
Wilhelm, Wilhelm, lass Dich nicht gelüsten! Von wegen Fröhlichs [Wilhelms Verleger] gelinden Vorschlägen. Der Wieland kostet Dir ein Vierteljahr Zeit und drei Monden im Sommer können Dir drei Gesänge von Tristan einbringen, der den Oberon am besten widerlegt. Bedenke, mein Freund, und lass es nicht immer wieder aus der Acht, sobald die Angel erscheint und sie Dich locken wollen.
[…] Lieber, ich habe *Tancred und Grismonda* übersetzt und muss es nur erst noch weiter ausbilden; es ist mir aber so sehr dabei aufgefallen, wie es mir an Grammatik fehlt, dass ich mir auf diesen Monat eine Stunde bei dem Professor Köchy nehmen werde, was schon eingerichtet ist, sonst wollte ich Dich gern um Deine Einwilligung dazu bitten. Es ist doch eine Stunde mehr, wo ich vergessen kann, dass im Dachstübchen kein Freund mehr für mich wohnt – obwohl Du nicht denken musst, dass ich so kleinlich im Entbehren verfahre. Das Dachstübchen

hast Du Dir wohl fast wieder gewünscht, ehe es heimatlich in Deinem jetzigen großen, kostbaren Gemach geworden ist.
Gute Nacht. Es regnet heftiglich.

Freitag früh. Lieber Freund, Du erwähnst Niethammers Vorschlag wegen des Hauses so, dass ich ohne die ganz kleine Note, die ich kaum lesen kann – denn ich bin noch nicht gewiss, ob es heißt: Mein Plan mit Euch dünkt mich recht gut oder nicht gut – nicht wissen würde, was ich damit machen sollte. Gewiss tu ich keine Schritte ohne Dich – wie kannst Du es glauben? Aber Du musst mir mehr sagen, lieber Wilhelm. Was ich Dir zu sagen habe, ist jetzt bloß das – ich kann niemals Schelling als Freund verleugnen, aber auch in keinem Falle *eine* Grenze überschreiten, über die wir einverstanden sind. Dies ist das erste und einzige Gelübde meines Lebens, und ich werde es halten, denn ich habe ihn angenommen in meiner Seele als den Bruder meines Kindes.
Dadurch, dass ein verräterisches Geheimnis zwischen uns wegfällt, gewinnt alles eine andere Gestalt, zuerst für uns selbst, und diese Sicherheit geht in die Umgebung über. Ich glaube daher, nach Jena gehen zu können.
Fällt es Dir nicht auf, dass mir Friedrich nicht antwortet? Mangel an Zeit und dergl., Du fühlst es gewiss, kann in einem solchen Fall nicht gelten, und gegen mich nicht. Es wird ihm sehr schwer, und schwerer noch selbst, scheint es, als mein unwilliger Verdacht reichte. Er muss es sich selbst bewusst sein, dass er mich hat unter einen Gesichtspunkt stellen wollen, dem sein eignes Innres widerspricht. Wenn er nicht bald antwortet, so wünsche ich, dass er Dir meinen Brief an ihn versiegelt zurückschickt, und werde Dich bitten, es zu begehren.
Mein bester, lieber Freund, ich will Dich nicht gern stören, aber Du musst es nicht scheuen, mir auch einmal aus dem Gemüt zu schreiben – denn, nicht wahr, es gibt doch ein Gemüt, ob Du schon die törichte Leidenschaft verspottest?

Briefe von der Reise nach Jena:

an A. W. Schlegel

10. April 1801

Hardenberg [Novalis] ist also in Ruhe, wohin meine Seele auch so gern gelangen möchte. Er ist sehr glücklich, aber die arme Julie [Novalis' Verlobte].

Mein Freund, bleibe doch ja gesund. Sei nicht böse auf mich und nur so gerecht gegen mich als nachsichtig gegen andere. Sei mir gut, lieber Freund, ich bin wahrlich recht gut. – Ich will keine langen Briefe, nur Nachricht von Dir. Geld brauche ich auch nicht früher als in Jena. Bloß gute Worte. Adieu, Du Bester.

an Schelling

12. April 1801

Wenn Dir meine Sehnsucht Freude machen kann, so darfst Du triumphieren, denn sie zerreißt, sie verzehrt mich, ich muss eilen, dieses zu enden. Drum sind auch alle weiteren Pläne dahin abgekürzt, dass ich vor Ablauf des 24ten in Jena bin. Wenn es Dich nur nicht eben im Anfang der Kollegia stört. Sei stark, mein Freund, ich will Dich nicht anders sehen, anerkennen, lieben.

Hardenberg ist hinübergegangen, sehr sanft. Schlegel schreibt es mir, Friedrich hat ihn sterben sehn.

Gott behüte Dich, bis ich Dich behüten kann, Du über alles geliebter Freund.

Briefe aus Jena an A. W. Schlegel:

24. April 1801

Sieh dieses Datum, mein lieber Schlegel, ich bin seit gestern Abend hier. Wie hätte es mich aufgerichtet, Dich hier zu finden. Ich habe mich stark gemacht auf alle Weise, aber diese Bemühungen zehrten auch alles in mir auf, selbst die traurige Freude, Schelling wiederzusehen. Er sieht sehr übel aus, aber er ist sanft und vernünftig. Erst diesen Morgen ließ ich ihm meine Ankunft wissen, ob wir schon ziemlich früh gestern kamen, um 7 Uhr. Zu Friedrich musste ich noch in Geschäften schicken. Die Veit ist in Leipzig. Fr. schrieb mir diesen Morgen beikommende Zeilen. Ich nahm ihn an, er fand Schelling bei mir, der kurz zuvor gekommen war. Für eine gleichgültige Konversation war alles auf dem besten Fuß, wir haben den Modum der Ermordung Pauls [des Ersten von Russland] abgehandelt. Eine Gelegenheit, die ich ihm gab, mit mir allein zu reden, wenigstens zu sagen, dass er es wünschte, nutzte er nicht, vielleicht weil er sich nicht recht besann, denn er war so träumend, gar seltsam nach seiner Weise. […]
Wenn ich Zeit hätte, Du liebster Freund, so wollte ich es gar nicht erwähnen, aber es ist mir in der Eile und Wirblichkeit aus der Feder gelaufen. Lass es wieder laufen. Aber bleib nicht lange weg, sei Deiner Freundin gut, ich will alles tun, um Dir eine angenehme Existenz zu machen, bleibe jetzt stille und hoffe auf Dich.
[…] Aber ein schöner Frühling wird kommen und viele Hänge grünen schon, wo Du den Tristan dichten kannst.

27. April 1801

Ein wenig komme ich zu Atem, aber es ist noch nicht recht viel. Zu einer großen Herzensstärkung würde es mir gereichen, bald von Dir zu hören. Ich schreibe Dir heut besonders deswegen wieder, damit Du Dir nur wegen des Geldes keine übereilte Sorge machst nach meinem letzten Schreiben. Ich kann we-

nigstens so viel ich brauche von Schelling bekommen, was ich damals noch nicht wusste und fast bezweifelte, da es im Anfang des halben Jahrs war.
Wir haben gestern, Sonntag nachmittags, Deine letzten Gedichte zusammen gelesen. Das Feenkind hat ihn sehr bezaubert [...]. Übrigens gibt es keinen lebhafteren Verehrer Deiner Muse als Schelling. Ich musste [Deine] Kotzebuiade zum hundertsten Mal hören; er behauptet, eine eigene Form im Vorlesen einiger Stücke derselben zu haben, die er auch Goethen vorgelesen. [...]
Friedrich kommt nicht zu mir, und ich begreife es wohl. Wir sind in einer höflichen Korrespondenz offener Zettelchen miteinander über Tische und Betten und Feuerzangen etc., etc., die ich alle erst dort hervorlocken muss. Es tut mir recht leid, ihn damit zu behelligen, aber ich warte mit Willen nicht, bis sie [Dorothea] wieder da ist, um bloß mit ihm zu tun zu haben. [...]

31. Mai 1801

Viel Zeit habe ich zwar, aber lange nicht so viel, wie Du denkst. [...] Wir haben für den sonnenklaren [Text fehlt] ein Motto ausgefunden:

Zweifle an der Sonne Klarheit,
Zweifle an der Sterne Licht,
Leser, nur an meiner Wahrheit
Und an deiner Dummheit nicht.

Das Fundament des Einfalls ist von Schelling, die letzte Zeile von mir. S. hat es Goethen mitgeteilt, der, sehr darüber ergötzt, sich gleich den Sonnenklaren geben ließ, um sich auch ein paar Stunden von Fichte malträtieren zu lassen, wie er sich ausgedrückt hat.
Wenn Friedrich sich rechtfertigen kann, so tut er den Mund recht ordentlich auf, wie aus der Einlage zu ersehen. Du hast Dich wirklich etwas verrechnet. Lass Dich's nicht kümmern.

Schelling grüßt Dich – er liest wieder und ist gar nicht gesund – eine doppelte Ursache bloß zu grüßen für diesmal. Wenn Schelling mit Goethe nach Pyrmont hätte gehen können, das wär etwas.
Lebe recht wohl.

Caroline an Schelling drei Jahre nach der Eheschliessung:

12. Mai 1806

Du teuerster Freund, ich schreibe Dir nur, mitten unter tausendfachen Besorgungen und Geschäften, ein Wort, um Dir Nachricht und mir Trost zu geben, denn fast überwältigt mich nun Sehnsucht und Ungeduld. Ich habe keinen Schlaf mehr, und die Unnatürlichkeit meines bisherigen Zustands bricht über mich herein und drückt mir das Herz zusammen. Dabei muss ich das Äußerste tun, um mich zu schonen, was leider eine Anstrengung mehr ist. Aber es wird nun bald gut werden, habe ich doch diesen Morgen alle Kutscher der Stadt bei mir gehabt, um mich wegzuführen; immer wollte ich dem Meistbietenden die Fuhr geben, weil ich bloße im Sinn hatte, wie viel ich darum gäbe, um bald bei Dir zu sein.

Christiane Vulpius

spätere von Goethe (1765-1816)

an Johann Wolfgang von Goethe

Christiane Vulpius, die Frau, mit der Goethe eine lange Zeit seines Lebens verbringen sollte, kam aus einer einfachen Familie, die jedoch akademische Ambitionen hatte. Ihr Vater war Amtsarchivar in Weimar, der ihrem Bruder, der als populärer Schriftsteller bekannt und zu Zeiten sogar häufiger gelesen werden würde als sein großer Schwager, unbedingt ein Studium ermöglichen wollte. Eines Tages im Jahre 1788 ging Christiane in den Park an der Ilm, wo Goethes Gartenhaus stand, um ihm ein Bittgesuch um Unterstützung ihres Bruders zu überreichen. Der Rest ist Geschichte. Goethe holte Christiane bald als seine ‚Lebensgefährtin' zu sich – ein Status, der ihr in der Weimarer Gesellschaft nur Verachtung einbringen konnte und sie zum Großteil auf das Haus am Frauenplan beschränkte, wo sie den Haushalt für Goethe zu dessen großer Zufriedenheit leitete. Erst 1806 heiratet Goethe, der nicht viel von der Institution der Ehe gehalten zu haben schien, seine Christiane; vielleicht, weil er die Weimarer Gesellschaft endlich dazu bringen wollte, sie zu akzeptieren, vielleicht aus Dankbarkeit. Christiane hatte nämlich im selben Jahr durch ihr beherztes Auftreten verhindern können, dass die in Weimar einfallenden französischen Soldaten das Haus am Frauenplan plünderten, ehe Goethe sich den Schutz des französischen Kommandanten sichern konnte; die Geschichte ist geradezu zur Legende geworden. Christiane und Goethe hatten zusammen fünf Kinder, wovon allerdings nur das erste, der Sohn August, überlebte. Am 6. Juni 1816 starb Christiane unter qualvollen Schmerzen an Nierenversagen.

Weimar, den [24. Mai 1793]

Mein Lieber, Du erhältst nun schon den 2. Brief von mir, und ich habe noch keinen von Dir, das betrübt mich: Übermorgen ist es doch schon 14 Tagen, dass Du weg bist. […] Es ist doch nirgends besser als zu Hause, in unserem Häuschen, nur Du fehlst mir, alsdenn wär ich sehr glücklich. Aber meine Schwester kam mir mit der schönen Nachricht entgegen, dass Du bald wiederkämst, da will ich recht ruhig sein. Mit der Arbeit im Hause geht es sehr geschwinde; ich habe mich gewundert, wie ich wiederkam, dass so viel fertig war.

Mit dem Garten und Acker geht es auch gut, im Hausgarten ist es sehr angenehm, ich komme nicht heraus. […]

Leb recht wohl und behalte mich recht lieb, ich liebe Dich unaussprechlich. Gehe ja nicht in Krieg und denke an mich. Adieu, mein Bester.

Weimar, den 7. Juni [1793]

Lieber, ich habe das schöne Tuch und alles erhalten und mich herzlich gefreut, aber der Gruß von der lieben Mutter [Catharina Elisabeth Goethe] ging mir über alles, ich habe vor Freuden darüber geweint. Ich habe was ohne Dein Wissen getan, ich habe an die liebe Mutter geschrieben und mich bei ihr bedankt, mein Herz ließ mir es nicht anders zu, ich musste schreiben, Du wirst doch nicht böse darüber? Der Brief wird nun freilich nicht recht fein, aber bitte die liebe Mutter, dass sie nicht böse auf mich wird, und sage ihr, dass ich es nicht besser kann. Auch, Lieber, wenn Du nur hier wärst und sähest, wie ich mich über alles das freue, aber am meisten freu ich mich, dass die liebe Mutter nicht böse auf mich ist, das macht mich sehr glücklich, denn das hat mich noch mannichmal betrübt. Im Stillen habe ich darüber nachgedacht. Jetzt fehlt mir nichts als Du, mein Lieber, dass ich mich mit Dir freuen könnte, wie ich Dich immer herzlicher liebe und Du mein einziger Gedanke bist, denn jede Freude ist nur halb, wenn Du nicht dabei bist. Komm nur recht bald wieder. Im Hause geht alles gut, der Tapezierer fängt an, mein Kämmerchen ist fertig und künftige Woche werde ich in Ordnung kommen; ich komme nicht viel weg, es gibt immer im Hause herum zu gräbeln, ich sehne mich auch nicht aus dem Hause. […] Am Sonntag habe ich das neue Negligé [Kleid] angehabt und in [der] Kirche gewesen, weil Herder predigte. Nach Mittage sind wir auf den Baurhall, da wurde das schöne Kleid bewundert und gelobt. […] Bald hätte ich Dir vergessen zu schreiben, dass der Kleine [August] sich sehr freut über sein ABC-Buch und will das ABC lernen, er sagt: ‚Dass ich auch was kann, wenn der liebe Vater wiederkommt'. Aber Du sollst ihm ja einen Säbel und eine Flinte mitbringen. Leb wohl und gehe nicht in Gefahr und denke an uns und behalte mich lieb, ich liebe Dich über alles. Leb wohl, Du Liebster.

[Weimar, Mitte Juli 1793]

Dass Dir meine Briefe Freude machen, macht mich recht glücklich, und da will ich Dir recht oft schreiben. Und Du bist auch recht gut, dass Du mir so oft schreibest. Ich danke Dir von ganzem Herzen für Deine lieben Briefe, die trösten mich noch. Dass es sehr traurig bei Dir aussieht, kann ich mir denken, ich denke immer an Dich und an das alles, man wird beinahe hier nicht frohe. Mein einziger Wunsch ist nur, wenn Du nur hier wärst. Wir wollen uns nur recht lieb behalten, das ist noch das Beste auf der Welt, und wenn wir wieder zusammen sind, uns es einander recht oft sagen, wie hübsch es ist, einander treu zu sein. Im Hause ist nun alles fertig. […] Habe recht viel Gänse und Hühner angeschafft, und habe meine Freude so an dem Wesen. Über meine Gurken bin ich schon etwas ruhiger, ich habe spät welche gelegt, die sind recht gut, und wenn wir einen guten Herbst kriegen, so hoffe ich, soll alles gut werden. Es wird überhaupt heuer alles etwas später, auch der Weizen steht gut, und im alten Garten ist es jetzt ganz herrlich: Die Rosen blühen und die Kirschen wollen reif werden. Etwas kriegen wir dies Jahr noch, wenn es bleibet. Das Abendbrot wird meist im Garten verzehrt. Wenn Du nur wiederkömmst, wenn noch schöne Tage sind, dass wir noch mannichmal im Garten am Hause schlampampfen können, da freue ich mich darauf. Der Kleine

spricht immer: ‚Der Vater kommt ja noch nicht!' Er spricht immer von Dir, wie er Dir alles sagen will, was er kann. Jetzt ist er sehr glücklich, wenn er im Garten eine reife Kirsche sieht, da freut er sich so, dass ich mich freuen muss. [...]
Herr Meyer will den Brief zumachen, da muss ich schließen. Leb recht wohl und behalt mich lieb, mein Einziger.

Weimar, den 2. Oktober [1797]

Lieber,
heute frühe war mein erster Gedanke, ich würde einen Brief von Dir bekommen, aber ich habe diesmal vergebens gehofft. Des Abends ist mein letzter Gedanke an Dich und des Morgens ist es wieder der erste. Es ist mir heute so zumute, als könnte ich es nicht länger ohne Dich aushalten. Es hat auch heute alles im Hause schon über meinen üblen Humor geklagt. Ich weiß gar nicht, was ich vor Freuden tun werde, wenn ich von Dir hören werde, dass Du wieder auf der Rückreise bist. Ohne Dich ist mir alle Freude nichts; ich habe, seit ich von Frankfurt weg bin, keine recht vergnügte Stunde mehr gehabt. Ich habe Dir es seither verschwiegen, aber länger will es nicht gehen. Ich habe mir auch alle möglichen Zerstreuungen gemacht, aber es will nicht gehen; selbst das Schauspiel will nicht recht schmecken. Sei ja nicht böse auf mich, dass ich Dir so einen gramselichen Brief schreibe, er ist ganz aus dem Herzen raus. [...] Von der guten Mutter habe ich wieder einen Brief bekommen, das hat mich recht gefreut. Aber sie schrieb mir, dass sie keinen Brief von Dir hat und alle meine Briefe noch ganz ruhig bei ihr liegen, weil sie nicht wüsste, wo sie sie hinschicken sollte. Angekommen an Dich ist gar nichts, kein Globus, kein Aal, keine Seeschnecken, gar nichts; an mich keine *Horen*, kein *Hermann und Dorothea*. Dieses nur zu Deiner Nachricht. Kurz, wenn Du nicht da bist, ist alles nichts. Und wenn Du nach Italien oder sonst eine lange Reise machst und willst mich nicht mitnehmen, so setze ich mich [mit] dem Gustel hinten darauf; denn ich will lieber Wind und Wetter und alles Unangenehme auf der Reise ausstehen, als wieder so lange ohne Dich sein. Es ist, als wäre

es gar nicht möglich. Im Hause ist alles in Ordnung, Du magst kommen des Tages oder die Nacht. Und der gute Meyer soll auch alles auf das Beste finden. Komm nur bald und hab mich so lieb wie ich Dich haben will.
Leb wohl

Charlotte von Lengefeld

spätere Schiller (1766-1826)

an Friedrich Schiller

Es war Goethes Muse Charlotte von Stein, die ihre junge Patentochter Charlotte von Lengefeld in den Kreis des Weimarer Hofes einführte und später zu einer Gönnerin des jungen Ehepaares Schiller wurde, das in ausgesprochen einfachen Verhältnissen lebte. Über Frau von Stein lernte Charlotte auch ihre erste große Liebe kennen, den jungen englischen Kapitän Heron; die Verbindung zwischen den beiden scheiterte jedoch am Widerstand der Lengefelder Familie. Friedrich Schiller hatte Charlotte bereits zuvor als Studienfreund eines Bekannten kennengelernt; ihr Herz entbrannte für ihn aber erst bei der zweiten Begegnung im Jahre 1787. Schiller selbst fühlte sich gleichermaßen zu Charlotte und ihrer älteren Schwester Caroline hingezogen. Er trat mit beiden Schwestern in Briefkontakt, mietete sich in ihrer Nähe ein, und zwischen den dreien entwickelte sich ein inniges Verhältnis. Schließlich jedoch heiratete Caroline Wilhelm von Wolzogen, jenen Studienfreund, der Schiller den beiden Schwestern vorgestellt hatte; sie unterstützte tatkräftig die heimliche Verlobung von Charlotte mit Schiller und vermittelte zwischen dem jungen Paar und ihrer Mutter, die schließlich in die Eheschließung einwilligte. Charlotte blieb stets treu an Schillers Seite; ihre Liebe überstand Armut und Krankheit. Ihre Briefwechsel mit ihrem Bräutigam und Mann gehört zu den schönsten Zeugnissen der Liebe zwischen Mann und Frau und verraten eine gedankliche Tiefe und ein poetisches Talent, das die Weimarer Gesellschaft der als ‚langweilig' verschrienen ‚Hausfrau' Charlotte von Schiller wohl kaum zugetraut hätte.

Weimar, den 22. [Januar 1790], gegen 4

Du wirst heute früh auf einen Brief von uns gewartet haben. Es tut mir gar weh, dass wir nicht schrieben, mein Lieber, aber der unglückliche Postzettel war nicht bei der Hand, und wir sahen erst heute, als wir dachten, wir wollten Dir heute etwas sagen, dass es zu spät war. Morgen, denke ich, kommt das Botenmädchen von Jena. Es wird mir gar unheimlich, wenn ich denke, Du hast heute einen Brief erwartet. Morgen kommt Nachricht von Dir; mein Herz bedarf ihrer. […]

Gestern hat uns Knebel gar schön einladen lassen, ein Mädchen zu hören, das auf der Harfe spielt. Die beiden Kalbschen Familien waren dort, Herders, die Stein und G. […] Ich dachte fast, ich würde ein Gespräch mit der K.[alb, Charlotte von, Schillers ehemalige Geliebte] haben müssen, aber die Unterhaltung war immer allgemein, und wir waren alle friedlich und einträchtig zusammen. Nein, gewiss, Lieber; sie ist nicht gemacht, Dir zu gehören, sie hat so viele Härten in ihrem Wesen, die Dich nicht glücklich gemacht hätten. Unsere Verbindung wäre bei einem näheren Verhältnis mit Dir ganz zerstört worden; Du wärst gar nicht mehr für uns da gewesen. Wir wären uns fremder geworden und zuletzt ganz getrennt, denn sie hätte uns nicht in Deinem Herzen wissen mögen. Ein guter Genius bildete mein Wesen, um einst wohltätig auf das Deine wirken zu können. Meine Stimmung, meine Art, die Dinge anzusehen, wird Dich nie anstoßen, Dir nie widrige Gefühle geben; dies weiß ich gewiss; es ist nicht eine Hoffnung, die mich täuschen wird und kann.

Abends, gegen 8.

Guten Abend, teurer Lieber; was machst Du jetzt? O, es wird schön sein, wenn ich Dir diese Frage tun kann und nur eine Tür zu öffnen brauche. […] Die Natur sprach mir lange nicht ans Herz; jetzt, da ich glücklich und ruhig sein werde, weiß sie mir viel zu geben. Seit zwei Jahren war ich immer zu viel mit meinem Herzen beschäftigt, und ich vernahm ihre Schönheit nicht so. Warst Du mit mir, so vergaß ich gern das andere um mich her; warst Du fern, so erfüllte nur Sehnsucht mein Herz. Jetzt, da ich weiß, dass wir einander gehören und Trennung nicht mehr uns immer nachfolgt, so wird es ganz anders sein, und die Welt wird in neuen Gestalten vor mir auftreten.

Mittwochs Nachmittag 2 Uhr [Juli 1790]

Mein Herz sehnt sich nach diesem Abend. Nur ein Laut von Dir, mein Liebster, und es wird mir wohl!
Was machst Du bei der entsetzlichen Hitze? Mir ist so warm; ich bin so kraftlos; aber Kräfte des Geistes bedarf man hier nicht, und ich bin so stille und lasse mich gehen und lasse die andern reden. Welch ein anderes schönes Leben ist es mit Dir, Du Liebster! O dass Du immer fühlen könntest, wie viel Du mir gibst! Ich kann dies so wenig sagen, denn meine Gefühle sind so still; ich denke oft, wie viel ich Dir zu sagen hätte, Dich zu fragen, und ich sage doch so wenig, aber ich lebte immer so einsam; was ich dachte, teilte ich nur mit aus Furchtsamkeit, und daher wird es mir oft schwer, über die Dinge zu sprechen; es wird sich aber geben, der längere Umgang mit Dir wird mir mehr Selbstvertrauen geben.

R., den 27. Juli 90, gegen 12

Alles schläft schon um mich her, aber ich kann nicht eher ruhen, bis ich Dir, teurer Liebster, einen guten Abend gesagt habe, jetzt schläfst Du wohl; ach, mir ist's immer, als müsste ich Dich aufsuchen, als hörte ich den Laut Deiner Stimme. Ohne Dich ist das Leben mir nur ein Traum; ich bin nie da, wo ich scheinbar bin, sondern meine Seele, meine besten, wärmsten Gefühle sind nach Dir hin gerichtet. Wie lebst Du? Um unsrer Liebe willen strenge Dich nicht zu sehr an, mein einziger Lieber, arbeite nicht *zu viel*; es kann mir so Angst werden, dass Du Dir doch wirklich schaden könntest.

Germaine de Staël

(1766-1817)

an Adolf Ludwig Ribbing und Benjamin Constant

Es war Mme de Staël, selbst bekannte Schriftstellerin, die mit ihrem Buch De L'Allemagne *den Ruf von Deutschland als dem ‚Land der Dichter und Denker' begründete. Die Schweizerin ist wohl eine der eigenwilligsten Gestalten der französischsprachigen Literatur und wusste in den Zeiten von Revolution und Napoleonischen Kriegen gekonnt auf sich aufmerksam zu machen. Napoleon, den sie leidenschaftlich verabscheute, war sie ein steter Stachel im Fleisch; er muss sie als eine Art penetrante Nervensäge empfunden haben, die er mehr als einmal versuchte, mundtot zu machen, und schließlich aus Paris exilierte. Die Baronin Germaine de Staël, die über ihren Mann den offiziellen Status einer Botschafterin und damit diplomatische Immunität genoss, war eine einflussreiche Frau in ihrer Zeit, sowohl politisch als auch intellektuell. Ihr Salon im heimatlichen Coppet am Genfer See war eines der intellektuellen Zentren Europas. Ihr Vater, Jacques Necker, war unter Ludwig XVI. von Frankreich ein bedeutender Staatsmann gewesen; Germaine selbst vergötterte ihren Vater, und sie würde ihr Leben lang alle anderen Männer an diesem ihren Ideal messen. Ihre Ehe mit dem Botschafter Eric Magnus Staël von Holstein war eine Verbindung, die aus Vernunftgründen geschlossen worden war; beide schienen mit dem Arrangement zufrieden. Sie verbrachten wenig Zeit miteinander, schon bevor sie sich 1797 offiziell trennten.*

Ihr Status als Botschafterin verschaffte Germaine de Staël nicht nur Zugang zur, sondern auch Einfluss in der Pariser Gesellschaft, den sie auch nach der Französischen Revolution beibehielt. An ihrer Seite war der Comte Louis de Narbonne, mit dem die Bot-

schafterin eine leidenschaftliche und skandalträchtige Affäre hatte; Narbonne, selbst angeblich illegitimer Sohn von Ludwig XV., war möglicherweise der Vater der beiden ersten Söhne Madame de Staëls. Er verdankte es dem Einfluss seiner Geliebten, dass er 1791 zum Kriegsminister ernannt wurde; Marie Antoinette soll darauf mit folgendem Ausruf reagiert haben: „Welche Freude für Mme de Staël, dass sie nun die gesamte Armee unter sich hat!" Am Vorabend der Septembermassaker 1792 schließlich floh Germaine aus Paris; die Geschichte ist, nicht ohne ihr eigenes Zutun, zur Legende geworden. Von da an unterstützte sie die französischen Exilanten tatkräftig. Narbonne seinerseits hatte sich nach London geflüchtet; Germaine reiste ihm nach, doch der Comte distanzierte sich mehr und mehr von seiner Geliebten und brach ihr dabei das Herz. Zurück in der Schweiz fand sie Trost in den Armen des jungen, ausgesprochen gut aussehenden Grafen Adolf Ludwig Ribbing, ein schwedischer Exilant, der in Germaines Augen das Ideal des romantischen Heros verkörperte. Die Beziehung dauerte nicht lang, war aber sehr intensiv. 1794 begegnete Germaine de Staël dem Mann, der die Liebe ihres Lebens werden sollte: Benjamin Constant. Literat und Politiker zugleich, schien er mit der Botschafterin auf einer Wellenlänge zu sein, und sie waren nicht nur ein Liebespaar, sondern formten auch eine sehr fruchtbare intellektuelle Partnerschaft. Auch ging vermutlich Mme de Staëls viertes Kind, die Tochter Albertine, aus dieser Verbindung hervor.

1803, nachdem Mme de Staël zwischenzeitlich nach Paris zurückgekehrt war, schickte Napoleon die ‚Nervensäge' endgültig ins Exil. Zusammen mit Constant brach sie zu ihrer Deutschlandreise auf, während der sie die großen Geister der deutschen Klassik und Romantik treffen sollte und aus der ihr berühmtes Buch hervorgehen würde. Von persönlicher Warte aus war die wichtigste Bekanntschaft, die sie zu dieser Zeit schloss, wohl die mit dem romantischen Philosophen und Dichter A. W. Schlegel, der ihr sehr ergeben war und dessen Geist sie sogar noch mehr bewunderte als den Constants. Schlegel wurde zum Reisebegleiter des Paares und später zum engen Vertrauten Germaines. Weitere Reisen folgten. Als Mme de Staël 1807 von einem Aufenthalt in Österreich nach Coppet zurück-

kehrte, musste sie zu ihrem Schock feststellen, dass Constant in der Zwischenzeit eine alte Flamme geheiratet hatte. Zwar erkämpfte sie sich ihren Geliebten zurück, aber nur für kurze Zeit. Germaine konnte Constant lange nicht loslassen. Trost fand sie in ihren engen Freunden Mathieu de Montmorency, dem Sohn der Ehefrau ihrer alten Liebe Narbonne, und A. W. Schlegel, in ihren Kindern – und in dem jungen Offizier John Rocca, der sich unsterblich in die dreiundzwanzig Jahre ältere Germaine verliebte. 1812 heirateten die beiden heimlich, und der gemeinsame Sohn Louis-Alphonse wurde geboren. Obwohl die Beziehung ein Geheimnis blieb, waren die beiden glücklich miteinander. Rocca überlebte Germaine de Staël nur um sechs Monate.

an Adolf Ludwig Ribbing*

Bern, Mittwoch um 2 Uhr [April 1794]

Ach, wie fühle ich, dass mein Leben an das Ihre gebunden ist! Wenn ich Sie erblassen sehe, dann weicht mir das Blut aus dem Herzen, und ich fühle, dass wir, moralisch wie physisch, denselben Lebensquell teilen. Ja, ich liebe Sie, und Sie zweifeln nicht mehr daran; es gab ein Gefecht, und Sie haben triumphiert, und ich bin an den Streitwagen des Siegers gebunden. Unsere Rollen haben sich verkehrt, aber gehen Sie sanft mit mir um in meinem neuen Zustand der Sklaverei. Sie wissen noch nicht, welche Verpflichtungen Sie sich da aufgeladen haben. Mein ganzes Leben ist Ihnen gegeben, und Sie haben mit angesehen, wie beständig mein Herz ist. Ach, da es sich doch für so lange Zeit der alleinigen Vorstellung verweigert hat, keinen anderen als Sie zu lieben, einen andern zu vergessen, wer kann es da je von Ihnen loslösen? Lassen wir diese unseligen Gedanken und sprechen Sie zu mir von nichts anderem mehr als von dem Tag, von der Stunde, da wir uns wieder vereinen.

---

* Übersetzung aus dem Französischen von Katharina Maier.

Montag, 4. August

Welch schönen Brief habe ich gestern des Abends von meinem Adolphe erhalten! Ich hatte auf einen weiteren heute Morgen gehofft, aber ich muss mich über das freuen, was ich habe. Deine ganze Seele breitet sich vor mir aus. Ach, mein Adolphe liebt mich, denn es ist seiner unwürdig, sich solchermaßen auszudrücken, wäre er nicht entschlossen, zu mir zurückzukehren und mein Leben an das seine zu binden. Du kannst mich vergessen, eines Tages meine ergebene Seele von Dir stoßen, aber die Wahrheit verraten, dazu bist Du nicht fähig, niemals! Fragen Sie mich nicht mehr, mein lieber Adolphe, ob ich seit Ihrer Abreise nicht einen Sinneswandel hatte. Diese meine scheinbaren Launen sind aus meinen Kämpfen geboren, doch es gibt auf der ganzen Welt kein Herz, das anhänglicher, beständiger ist als das Deiner Freundin. Mein Innerstes schmerzte, als Sie mich verlassen haben. M. de Narbonne hat sich schon genau der Sprache befleißigt, die ich fürchtete; aber weißt Du, wie ich mich dabei gefühlt habe? Ich fühlte mich gestärkt bei dem Gedanken, dass ein anderer ein Recht auf mich hat, und ich habe mich darüber verwundert, dass mir das Glück beschieden worden ist, in dem Ersten unter allen Männern Gefühle für mich erweckt zu haben. […] Doch mein Herz, das so viel ums Leiden weiß, mein Herz, das nun mehr liebt als es jemals zuvor geliebt hat, dieses Herz muss sich Ihrer aufs Neue versichern, Ihres Wesens und des neuen Bandes, das Sie so gütig sind, zwischen uns zu knüpfen. Sie haben mir einen heiligen Namen gegeben, einen Namen, den ich vielleicht erlangen werde, einen Namen, dessen ich bereits würdig bin.

Coppet, 30. November

Du hast ganz recht, mein einziger Freund, mein engelsgleicher Adolphe, wenn Du Dich über meine wilden Wutanfälle lustig machst. Und Du hast sogar noch mehr recht, wenn Du Dir sicher bist, dass der Frühling, wenn er Dich mir wiederbringt, jede Spur meiner Ressentiments verwischen wird. Dich wiedersehen, Dich wiedersehen! Ach, soll dieses Glück mir tatsächlich beschieden sein? Das Blut stockt mir in den Adern, wenn meine Fantasie, die doch so oft so düster ist, sich für einen Moment daran versucht, sich auszumalen, wie mein Adolphe die Tür zu einem Zimmer öffnet, in dem ich sitze, wie jenes himmlische Angesicht dann alles erleuchtet, was mich umgibt – dass er da wäre! Ach, mein Gott! Dass das Wissen um diese Deine Macht Dir die Sorge um alles nehmen möge, nur um meinen Schmerz nicht! Es kann doch nicht in Deinem Sinne sein, dass ich mich gräme! Du kannst doch nicht wirklich närrisch genug sein, von mir zu verlangen, dass ich meinen Freund nicht in eine *Schreibmaschine* verwandle! Ich würde ja eher meine Literatur aufgeben, die mich so auszeichnet, und der Behauptung zustimmen, Achilles wäre kein Homerer! Aber ist einer eine Maschine, wenn er an seine Freundin schreibt? Ist es *eine Qual für ihn*, zwei Stunden in der Woche zu opfern, um ihr großen Schmerz zu ersparen und ihr eine ganz außerordentliche Freude zu machen? Ich wüsste doch nicht, was sonst im Leben eines jedweden Mannes mehr Wert trüge, als einem zarten Wesen tiefe Pein zu ersparen! […] Ich wünschte, es wäre Ihnen ein Bedürfnis, mir zu schreiben; ich akzeptiere, dass Sie es für mich tun. […] Es ist unerlässlich für mich, dass Sie mich lieben – und ich brauche jeden einzelnen Beweis, dass Sie es auch tatsächlich tun.

3. März [1795]

Sie hatten mir ein Wort zu sagen den M. de Narbonne und Benj. Constant betreffend. Diesen beiden Themen wende ich mich jetzt zu. Was M. de Narbonne anbelangt, ich glaube, den hat – ich bitte Sie! – Mme de Laval für sich gewonnen, und diese Verbindung hat den alten Hass, den diese Frau gegen mich hegt, aufs Neue entflammt; sie hat ihn dazu angestiftet, sich unmöglich gegen mich zu verhalten, überall herumzuerzählen, dass ich Sie liebe und dass ich Sie sogar heiraten wolle. […] Ach, was für ein Ende für eine Beziehung, für die ich mich so aufgeopfert habe, wie ich es tat! Er sagt, dass meine Gefühle für Sie an allem schuld seien. […] Und was Ben. Constant angeht: Das ist eine unsinnige Leidenschaft, und er stellt mir ganz furchtbar nach. Er stößt sich den Kopf an meinem Rocksaum, wenn ich ihn anhebe, um aus meinem Zimmer zu gehen. Er treibt mich noch nach Paris, gegen meinen Willen, *wenn Sie nicht kommen.* Er ist ein ungeheuer geistvoller, und außerordentlich hässlicher, Narr, aber eben doch ein Narr. Er auf der einen und M. de Narbonne auf der anderen Seite treiben mich soweit, nicht länger mit Ihnen in der Schweiz bleiben zu wollen. Sei dem, wie es wolle – Es ist mir alles gleichgültig, wenn ich Sie nur sehen kann.

an Benjamin Constant aus London

Den 20. Mai 1813

Seit zwei Wochen habe ich nichts von Ihnen vernommen, seit zwei Jahren habe ich Sie nicht gesehen – erinnern Sie sich Ihrer Behauptung, wir würden nicht von einander getrennt sein? – Ich kann wohl sagen, Sie haben sich, abgesehen von allem Übrigen, eine schöne Karriere entgehen lassen, und ich, was soll aus mir werden in der Vereinsamung meines Geistes? Mit wem kann ich reden, und werde ich mich selbst erhalten? […] Meine Tochter ist reizend, sie wird Ihnen von Goth[enburg] schreiben. Es wird ihr letztes Lebewohl sein, wie auch das meine; aber ich hoffe noch, dass Sie das Bedürfnis empfinden, uns wiederzusehen und nicht umkommen zu lassen, was Gott Ihnen geschenkt hat.

[…] Ich reise zu den Dorat, und dort bleibe ich und warte oder sterbe vielleicht; wer weiß, was Gott von uns begehrt. – Ich habe immer Briefe von Ihnen bei mir, ich öffne nie mein Schreibzeug, ohne sie in die Hand zu nehmen, ich betrachte die Adresse; alles, was ich durch diese Schriftzüge gelitten habe, macht mich schaudern, und doch wünschte ich deren wieder zu erhalten. – Mein Vater, Sie und Mathieu weilen in einem Teil meines Herzens, der für ewig geschlossen ist – ich leide dort immer und durch alles hindurch – ich bin dort gestorben und lebe dort – und wenn ich in den Wellen umkäme, würde meine Stimme diese drei Namen rufen, von denen ein einziger unheilvoll war. – Ist's möglich, dass Sie so alles zerbrochen haben! Ist's möglich, dass eine Verzweiflung wie die meine Sie nicht innehalten ließ? Nein, Sie sind schuldig, und Ihr bewundernswerter Geist spiegelt mir noch Illusionen vor. – Leben Sie wohl, leben Sie wohl! – Ach, könnten Sie fassen, was ich erleide! – Senden Sie Fanny einige Zeilen – es ist schrecklich, so gar nichts von Ihnen zu wissen. – Leben Sie wohl –

London, den 8. Januar 1814

Nein, fürwahr, ich vergesse Sie nicht; ich wollte, dass ich es könnte, denn ich trage einen Schmerz tief in der Seele, den die Zerstreuung wohl eine Weile beschwichtigen kann, aber der wieder aufwacht, sooft ich allein bin – es ist das unwiederbringlich verfehlte Glück! Hätten Sie den Charakter des mir ergebenen Freundes besessen, so wäre ich allzu glücklich gewesen; ich verdiente es nicht. – Sie wiedersehen wäre die Auferstehung meines Geistes und einer Fähigkeit, zu hoffen, die mit allem Übrigen in mir erloschen ist. – Ich werde nach dem Kontinent reisen, wenn Sie nicht hierher kommen; mir scheint, dass man es gegenwärtig kann – aber wer weiß, was aus der Welt werden wird! […] Ich habe ein Memoire, das Schlegel mir gesandt hat, den Ministern hier übergeben. – Es war geschrieben wie alles, was von Ihnen kommt – ich glaube nicht, dass dieser Stil, diese Festigkeit, diese Klarheit der Sprache sich irgendwo anders finden kann. – Sie wären für den höchsten Rang geboren, wenn Sie die Treue gegen sich selbst und andere gekannt hätten –
[…] Ach, Benjamin, Sie haben mein Leben verschlungen! Kein Tag ist seit zehn Jahren verflossen, an welchem mein Herz nicht durch Sie gelitten hätte – und ich liebte Sie doch so sehr! Es ist grausam – lassen wir das, aber nie kann ich Ihnen vergeben, weil ich nicht aufhören kann zu leiden. – Der arme Herr von Narbonne! Er war nur leichtsinnig, aber er hat sich auch ins Verderben gestürzt –

Suchen Sie mir Ihre Pläne bestimmt mitzuteilen – die meinigen hängen sehr von Albertinen ab; was soll aus ihr werden? Bis jetzt gefällt ihr das nicht, was sich geboten hat, und dies Land ist wunderlich. – Ach, das Sandgebäude des Lebens ist ein mühselig Ding, und nichts hat festen Bestand als der Schmerz. – Schreiben Sie mir!

London, den 22. März [1814]

Was machen Sie? Werde ich sie hier, in der Schweiz oder in Berlin sehen? Ihr Buch wird von Kennern sehr bewundert, aber die Simpel verlangen mehr Eigennamen – man will es übersetzen, und, wie alles in diesem Lande, wächst sein Ruf jeden Tag – Albertine schreibt Ihnen in 8 Tagen –
Schicken Sie mir Schlegel zurück, ich kann nicht ohne ihn leben.

Charlotte Carpenter

spätere Scott (1770-1826)

an Sir Walter Scott*

Charlotte begegnete Sir Walter Scott, dem produktiven schottischen Romancier und Autor des Beststellers Waverley – or: 'Tis Sixty Years Since, *als dieser im September 1797 einen Schulfreund im Lake District in England besuchte. Sie sahen sich bei einem Ausritt und wurden noch am selben Abend bei einem Ball einander vorgestellt. Danach trafen sie sich jeden Tag. Charlotte war damals 27, Sir Walter Scott ein Jahr jünger. Sie war französischer Abstammung, hatte schon als Kind beide Eltern verloren, kam nach England und wuchs dort in der Obhut von Lord Downshire, einem Freunds ihres Vaters, auf. Nur drei Wochen nach ihrer ersten Begegnung machte Scott ihr einen Heiratsantrag. Seine Eltern nahmen zunächst Anstoß daran, dass so wenig über ihre Familie bekannt war – Charlotte selbst wusste nicht viel über ihre Eltern – und dass sie aus Frankreich stammte, gaben aber schnell ihr Einverständnis, sobald feststand, dass Charlottes finanzielle Verhältnisse in Ordnung waren. Nachdem auch Lord Downshire in die Heirat einwilligte, wurden die beiden noch im selben Jahr am Weihnachtsabend in Carlisle getraut, und noch in derselben Nacht brachte Scott seine Braut in sein neues Zuhause in Edinburgh, wo sie die nächsten dreißig Jahre, bis zu Charlottes Tod, glücklich zusammenlebten.*

Carlisle, 25. Oktober 1797

Wirklich, Mr. Scott, mir gefällt diese ganze Schreiberei überhaupt nicht. Ich habe Ihnen bereits gesagt, wie sehr sie mir missfällt, und doch drängen Sie mich weiterhin, Ihnen zu

---

* Übersetzung aus dem Englischen von Sabine Anders.

schreiben, und zwar postwendend. Oh! Sie sind wirklich von Sinnen. Ich hätte dieser Laune von Ihnen nicht so nachgegeben, hätten Sie nicht angedeutet, dass mein Schweigen einen mysteriösen Anstrich hat. Es gibt keinen Grund, weshalb ich Ihnen verheimlich sollte, dass mein Vater und meine Mutter französisch waren, sie hießen Charpentier. Er hatte einen Posten in der Regierung, sie wohnten in Lyons, und wenn Sie dort nachfragten, würden Sie hören, dass sie einen guten Ruf hatten und sehr stilvoll lebten. Leider verlor ich meinen Vater noch bevor ich den Wert eines solchen Elternteils kennen konnte. Nach seinem Tod kamen wir in die Obhut von Lord Downshire, der ein guter Freund von ihm war, und sehr kurz darauf wurde mir das Unglück zuteil, meine Mutter zu verlieren.
Wir nahmen den Namen Carpenter an, als mein Bruder nach Indien ging, um etwaige Schwierigkeiten zu vermeiden. Ich hoffe, Sie sind jetzt zufrieden. Lord Downshire hätte Ihnen das auch alles sagen können, da er meine ganze Familie kannte.
Sie sagen, Sie lieben *ihn* fast, aber bis aus diesem fast ein *ganz* wird, kann ich *Sie* nicht lieben.
Bevor ich diesen berühmten Brief schließe, gebe ich Ihnen einen kleinen Hinweis – nämlich nicht so oft das Wort müssen in Ihren Briefen zu verwenden – Sie fangen schon viel zu früh damit an. Und eine andere Sache ist, dass ich mir die Freiheit nehme, nicht sonderlich darauf zu hören, aber ich erwarte, dass Sie auf mich hören.
Sie *müssen* auf sich acht geben, Sie *müssen* an mich denken und Sie *müssen* mir glauben, Ihre
C.C.

Carlisle, 27. November 1797

Du hast mich heute sehr traurig gemacht. Bitte beklage Dich nie wieder über Deine Armut. Bist Du nicht zehnmal so reich wie ich? Verlass Dich auf Dich selbst und Deinen Beruf. Ich zweifle nicht daran, dass Du es sehr weit bringen und ein großer, reicher Mann werden wirst. Aber wir sollten nicht so weit sehen, sondern mit unserem Schicksal zufrieden sein und alle unliebsamen Gedanken verscheuchen. Wir werden es sehr gut haben. Es tut mir sehr leid, dass es Deinem Kopf so schlecht geht. Ich hoffe, ich werde all Deine Schmerzen wegpflegen. Ich glaube, Du schreibst zu viel. Wenn ich Deine Frau bin, werde ich es Dir nicht erlauben. Wie wütend wäre ich, wenn Du Dich von *Lenore* trennst [Scotts erste Veröffentlichung, eine Übersetzung]. Glaubst Du wirklich, ich fände es eine unnötige Ausgabe, wenn Deine Gesundheit und Deine Freude betroffen sind? Du bist in meiner Meinung gestiegen, und ich bin sehr froh, dass Du die Kavallerie nicht aufgibst, da ich alles liebe, was Stil hat. Vergiss nicht, einen Platz für die alte Kutsche zu finden, ich würde sie gerne behalten, falls wir eine Reise machen; sie ist so viel bequemer als die Reisekutschen, und wir werden sehr gut damit auskommen, bis wir uns eine richtige Kutsche leisten können.

Was für ein Gedanke von Dir, mir zu sagen, wo Du gerne begraben wärst. Wären wir schon verheiratet, hätte ich den Eindruck, Du wärest meiner überdrüssig. Ein sehr nettes Kompliment *vor* der Heirat. Ich hoffe ernsthaft, dass ich diesen Tag nicht erleben werde. Wenn Du immer so fröhliche Gedanken hast, wie freudig und lustig musst Du sein!

Auf Wiedersehen, mein liebster Freund. Pass auf Dich auf, wenn Du mich liebst, da ich nicht den geringsten Wunsch verspüre, Du möchtest Dich an diesen *schönen* und *romantischen* Ort, die Grabstätte, begeben. Noch einmal auf Wiedersehen, und glaube, dass Du aufrichtig geliebt wirst von

C.C.

Rahel Levin

spätere Varnhagen (1771-1833)

an Karl Graf von Finckenstein, Raphael d'Urquijo, Alexander von der Marwitz und Karl August Varnhagen von Ense

Rahel Varnhagen, geborene Levin, oft als ‚geistreichste Frau Europas' und von Goethe als ‚schöne Seele' bezeichnet, kämpfte ihr Leben lang für die Rechte der Frauen und die Gleichberechtigung der Juden. Als Kind lernte sie nur Hebräisch schreiben, die deutsche Sprache eignete sie sich erst als Jugendliche an, was zu ihrer gewagten, eigentümlichen und originellen Ausdrucksweise beitrug. Wie viele Schriftstellerinnen ihrer Zeit beschränkte sie sich als Frau auf die intimen Formen des Tagebuchs und Briefwechsels. Einen Teil ihres Briefwechsels mit ihrem Mann, der sich mit Goethe befasste, gab sie noch zu Lebzeiten heraus, weitere Ausgaben ihrer Schriften wurden durch ihren Mann und ihre Freunde nach ihrem Tod veranlasst. Ihre erste große Liebe war allerdings der junge Adelige Karl Graf von Finckenstein, dem sie im Winter 1795/96 in der Berliner Oper zum ersten Mal begegnete; sie war 25 Jahre alt, er knapp zwei Jahre jünger. Obgleich ihre Familie nicht reich war, und Rahel selbst der Zugang zu den höheren Kreisen der Gesellschaft wegen ihrer Abstammung verwehrt war, führte sie damals im Haus ihrer Familie (der Vater lebte nicht mehr, der Bruder führte die Geschäfte) einen literarischen Salon, in dem die wichtigsten Geistesgrößen der damaligen Zeit sich trafen – Schauspieler, Beamte, Diplomaten und Schriftsteller, darunter Humboldt, die Brüder Schlegel, Tieck und Jean Paul, gingen dort den ganzen Tag aus und ein, und als Rahel Karl dorthin einlud, stellte er sich wenige Tage später ebenfalls ein.

Karl, der zum ersten Mal für längere Zeit von seiner Familie getrennt war und unter Heimweh litt, fühlte sich von Rahel verstanden; überhaupt war sie so beliebt, weil sie andere zum Reden brachte und sich als Vertraute anbot. Zudem teilten Rahel und Karl ein Verständnis für Kunst und Musik, das Karl in den Diplomatenkreisen, in denen er sich sonst bewegte, nicht fand. Doch so sehr Karl Rahels Liebe erwiderte, fühlte er sich als ältester Sohn seiner Familie und seinen adeligen Verpflichtungen zu sehr verbunden, um sie trotz ihres Standesunterschieds zu ehelichen. Karl zog niemals auch nur in Erwägung, sich gegen seine Familie zu stellen; er verhielt sich Rahel gegenüber genauso fügsam, willen- und kraftlos wie gegenüber seinen Eltern und vertraute darauf, dass die Zeit das Problem von alleine lösen würde. Er sprach dieses Hindernis, das ihrer Liebe im Weg stand, Rahel gegenüber nie offen aus, aber natürlich wusste sie darum und litt sehr unter der Erniedrigung, obwohl sie ihrerseits nie die Forderung eines Eheversprechens klar äußerte. Ende 1799, als Rahel merkte, dass der erwachsener gewordene Karl sie nur noch als Geliebte ausnutzte, beendete sie das Verhältnis und ging nach Paris, um über ihn hinwegzukommen. Als Karl 1811 mit Frau und Kindern noch einmal nach Berlin kam und Rahel besuchte, musste sie feststellen, dass sie ihn gegen ihren Willen immer noch liebte. Wenige Wochen nach der Begegnung erkrankte Karl an Typhus und starb.

In Paris lernte Rahel den spanischen Gesandten Raphael d'Urquijo kennen, mit dem sie ein kurzes aber leidenschaftliches Liebesverhältnis hatte, bevor sie schließlich 1808 eine Beziehung mit August Varnhagen, einem vierzehn Jahre jüngeren Medizinstudenten, einging, dem sie schon zuvor mehrmals flüchtig begegnet war. Sie überredete ihn zunächst, sein ihm verhasstes Medizinstudium wieder aufzunehmen, doch ein Jahr später trat er der österreichischen Armee bei und zog mit in den Krieg gegen Frankreich. Varnhagen machte Rahel auch mit seinem Freund Alexander von der Marwitz bekannt, der 16 Jahre jünger war als sie, dem sie aber ebenfalls zahlreiche leidenschaftliche Briefe schrieb, bis er im Februar 1814 im Krieg fiel. Rahel sorgte im Krieg für Verwundete, im September 1814 konvertierte sie zum Christentum, wurde auf den Namen

Antonie Friederike getauft, und heiratete im September Varnhagen trotz mehrerer vorausgegangener Zerwürfnisse (unter anderem über einen Brief Clemens Brentanos). Varnhagen war im preußischen Staatsdienst tätig, das Ehepaar reiste viel umher, besuchte auch mehrmals Goethe in Weimar, und kehrte 1819 wieder nach Berlin zurück, wo Rahel ihren zweiten Salon aufbaute, in dem diesmal Heinrich Heine, die Mendelssohns, Ludwig Börne und Fürst Hermann von Pückler-Muskau verkehrten; ihr Mann betätigte sich als Publizist und Schriftsteller. Rahel starb 1833, Varnhagen 25 Jahre später.

an Karl Graf von Finckenstein

Berlin, 8. Januar 1799

Wie ist Dir, lieber K. Da Schweigen tausend anderem Schweigen so ähnlich ist, als sich die Worte sind, die nichts von dem ausdrücken, was in mir vorgeht, so will ich wieder reden. Ich will Dich bloß fragen, wie es Dir möglich ist, mir nicht mehr zu schreiben – (Kennst Du den Unterschied nicht, dass es gar nichts wäre, wenn ich *Dir* nicht geschrieben hätte? Du bist überhaupt der handelnde Teil; Du bist *angebetet* –). Meine Existenz kannst Du nicht vergessen haben; aber wie ich bin! – Warum bist Du denn so verstockt? Das schriebst Du mir in so vielen leeren, düstern Monaten – oder erinnerst Du Dich nicht, dass sie *für mich* so sind? Weißt Du, ich kann mir gar den Eindruck nicht denken, den dieser Brief auf Dich machen mag: denn ich glaubte nicht, dass Du Dich so von mir entfernen könntest, und da ich einmal falsch glaubte, nun weiß ich nichts mehr. Ich führe hier ein schönes Amt; ich schreibe eigentlich einen desolierten Liebesbrief; das war mir nur noch übrig gelassen! Aber sei ruhig, ich schreibe ihn nur mir, nicht Dir. Ich zeig Dir nur, was ich leide: was einem einmal besorgten Weibe (*Du* weißt, ob ich kleinmütig, misstrauisch, gewöhnlich, weibischweiblich bin) durch die Seele gehen muss (ach nein, glaub es

nicht, ich zeig es Dir nicht, das vermag keiner), was Du mich hast leiden machen, ohne dass es in Dir so war. Hättest Du bei allen Diners nicht *eine* Migräne vorschützen können, und mir *ein* liebendes Wort haben schreiben können, wovon ich gelebt haben würde: so starb ich. Besinne Dich einmal: *das* kannst Du nicht für mich tun? Nun was denn? Sag mir einmal, an was soll ich denken – um *nicht* zu verzweifeln. Du sprichst doch immer von Sehnsucht; ich sag Dir, ich sterbe aus Sehnsucht, aus reiner Sehnsucht. Keine Hoffnung, kein Ruhepunkt, keine Aussicht. Weißt Du, ich wünsche Dich sogar *hier*: ich will all diese Leiden (was ich, so wahr Gott lebt, für unmöglich hielt) noch einmal tragen, nur Dich sehen. Bist Du hier, so bist Du's nicht für mich; und wirst bald wieder weg: und dann – dann bring ich mich um, das ist das Einzige, was Du für mich tun kannst. Ich bitte Dich! schreib mir, ich soll so nicht mit Dir reden, sag mir kalt, Du könntest den Ton nicht leiden, weis mich von Dir: und es wird *etwas* sein; ich werde von Dir bleiben *müssen*. Tu mir etwas ganz Schlechtes.
Wann kommst Du? Schreib es mir ungefähr; damit ich etwas denken kann. Ich werde unsinnig.
Wie geht's Dir? Wie denkst Du denn an mich? Ich kann Dir nichts schreiben, Du kennst mein Leben. Wie es war, wie es ist. Ich lebe *gar* nicht. [...] Alles was mich umgibt, will ich nicht, und was ich will, hab ich nicht; nichts, nicht das Geringste, in nichts. Neujahr war ich auf einem Ball bei der Fl., Ihrem Schwager gegen uns über, da macht ich Dein Halsband um, es fand großen Beifall; mir gefällt's, und ich behandle es mit Leidenschaft, weil Du es mir geschickt hast: und ich trug es mit Stolz. [...] Leb wohl! Wenn Du noch ein Mensch bist, schreibe mir gleich; dann werde ich Dir auch ordentlich antworten, und wir wollen uns wieder en rapport setzen. Dann schreib ich allerhand. Schreib mir auch, ob ich Dir mit Sicherheit schreiben kann. Ich weiß recht viel: mir ist recht viel begegnet, nämlich die Menschen haben's mir erzählt. Ich stand in mancher Verbindung in und außer Berlin, das erzähl ich Dir alles mündlich. Wenn wir zusammenlebten! Du denkst wohl, es wäre für Dich

nicht gut? Vague Frage! Ich weiß schon. Hier erwarten wir Goethe mit dem Herzog, von Tag zu Tag. Ich glaub es nicht und freu mich auch nicht; ich kann ihn doch nicht aufnehmen. [...] Adieu! Leb wohl, geliebter Karl! Denk noch einmal deutlich an mich. Dann wirst Du mir wenigstens schreiben. Adieu! O! Lieber K., was soll ich im langen Leben denken und tun? Ich liebe Dich mehr als jemals, und so wird's immer sein. An was muss ich alles denken! *Alles* fällt mir ein. Und die Sehnsucht! – So erwarten Dich Deine *Lieben* nicht. Nur ich, nur ich.

[Berlin, undatiert]

Die Nacht nach Deinem Weggehen. Du kannst nichts für mich tun? – Du willst doch, ich soll Dir die Wahrheit sagen; nun so will ich sie Dir einmal auf der Stelle sagen – Du hast den Mut nicht, etwas für mich zu tun. Es gäbe kein *Mittel*, keine *Ursach*, von einer simplen Visite wegzubleiben? Dergleichen ist noch nie geschehen? Um der lumpigsten Intrigue! Nachdem Du mich in diesem Zustand *gesehen* und *verlassen* hast, fiel Dir nichts ein. Nicht der Gedanke, mitten oder vor der Visite zu mir zu kommen? Da Du die Gewalt Deiner Gegenwart kennst. – Du führest Deine Brüder ein oder es sei ein Konzert! Also eine einzige kleine Ausrede oder incommodité meinetwegen macht, dass Du Dich über mich beruhigst? Du sahst, wie still auch ich war. Aber das ist einer von den Augenblicken, wo mir das Herz zerdrückt wird, die ich nie vergesse, wo ich mein Los wie in einem Spiegel sehe, und die Du nicht merkst. Ich bin noch nicht gewiss, ob ich Dir das schicke, doch glaube ich's. Sagen kann ich so etwas nicht, und heute musst Du Wahrheiten hören. [...]

Den folgenden Brief schrieb Rahel, als von Heiratsplänen zwischen Karl und einem Fräulein von Berg die Rede war:

Berlin, 4. September 1799

Möchte die ewige Gerechtigkeit mir vergönnen, dass ich vernehmlich die Wahrheit sage, wie ich sie stark in meiner Seele fühle! Einmal habe ich dem, was ich für Recht erkenne, das ungeheuerste Opfer gebracht, welches Menschen zu bringen fähig sind. Nur ich kann es beurteilen, und ich wünsche einen Gott an meiner Seite, der es auch kann: Menschen wissen voneinander nichts. Es ist mir nicht gelungen: dem Schicksal selbst schien es nicht zu gefallen, es nahm es nicht an; und ganz schleuderte es mich auf die Stelle zurück, wo ich Kraft in mir aufgeregt hatte, es bringen zu können. Nie tue ich dergleichen wieder: das gelobe ich bei dem, was Dir das *furchtbar Heiligste* sein mag! So wie ich es mir gelobt habe. Nur einmal kann es den Göttern gefallen, wenn man sich vernichtet aus Achtung für das Heiligste; zum zweiten Mal kann es nie der Ruf von einem Gotte sein! Zum zweiten Mal *tue ich es nie*! – So wahr ich mir meine Existenz nicht ableugnen kann, so wahr als ich es einmal getan habe! Ich werde nie wieder die Erste sein, die sich von Dir trennt, und wenn Himmel und Hölle, die Welt und Du selbst gegen mir über steht. Tätig – werde ich nie mehr sein; leiden will ich alles. Dieser Brief ist das letzte Tätige, was je Deine Augen von mir sehen oder ein Sinn von Dir soll ergründen können. Es ist ein Vorschlag. Es spricht ihn die Vernunft, die Klugheit, die Tugend sogar. Mein Herz, mich selbst, vernehme ich nicht dabei: dies schweigt, und ich kann ihm selbst nicht nachspüren, wenn ein höheres Interesse spricht. Ich beschwöre Dich beim Glück von Karolinen [Karls Schwester] – Höheres kenne ich Dir nicht – sei stark und wahr. […] Fühlst Du, weißt Du in irgendeiner Tiefe Deiner Seele den Wunsch, den Vorsatz, den Gedanken, Dich mit ihr vereinigen zu wollen, so kehre ihn heraus; und tue es gleich. Das bleibt Dir für mich zu tun übrig. Dazu fordere ich Dich zum letzten Mal auf. In ein, in zwei, in drei Jahren, wäre es niedrig und schlecht. Dann hielt ich mich für eine vom Schicksal Angespiene und stehe nicht mehr für mich selbst – was Menschen immer können sollten. Dann bin ich keiner mehr. Untersuche Dich, habe Mut! Stehe nicht mit jedem Fuß auf einem anderen Ufer. Schreite über. Ich kann nicht mehr für Dich handeln. Einmal konnte ich es. Noch ist es Zeit. […] Halte es für keine Drohung. Kenntest Du meine Seele! Den Kelch, den mir mein Gott reicht, ich will ihn leeren; selbst nur nehm ich ihn nicht wieder. Ich habe tief in Deine Seele gesehen, und jedes Wort von Dir senkt sich tief in die meinige, jede leise Zuckung Deines Herzens weiß ich zu deuten. […] Du dachtest an den Anfang unserer Bekanntschaft und fühltest Dich geschlossen durch sie: Du bist es nicht. Frei bist Du, wenn Du den Mut hast, es zu sein. – Ich habe beim ganzen Brief nicht geweint; keine Träne, kein Wort, keine Nachricht solltest Du von mir hören. Jetzt sprach ich zu Dir wie etwa eine Verwandte von ihrer lieben Angehörigen; ich will für mich sorgen. Es sprach Deine Freundin nicht. Ich will Dich ermahnen, mich nicht so unglücklich zu machen, als es Dir möglich ist. Nicht erst in zwei, drei, vier Jahren tue es. Sei stark und erschrecke nicht; und verstehe jedes Wort. Mehr habe ich Dir nicht zu sagen. O! Verstehe es! Keinen zweiten Gedanken, keine Alternative weiß ich in meiner Seele aufzubringen. Dies ist das Letzte, und es ist nicht schlecht. Habe Mut. Ich empfehle mich Dir nicht! keinem Gott! Nichts. Kein Gebet ist in meiner Seele. Ein völliger Stillstand.

Berlin, 30. Oktober 1799

Vor einer Viertelstunde brachte mir V. Deinen Brief und Wiesels Einlage. Du hast mich nun völlig vernichtet – möchte ich gern sagen – aber mein Fluch ist, nur zu vergehen. Selbst die *Klugheit* hätte Dir verbieten sollen, die elende Klugheit, mir *solch* einen Brief zu schicken! …
Den wagst Du mir mit Wiesel zu schicken? Mit eines fremden Menschen Brief, der besser ist? ‚*Ratest*' Du mir wirklich, nach Wien zu kommen? Nun, ich bedanke mich! Der elendsten, abgelegtesten Maitresse, die man aus der vierten, fünften Hand eine Zeitlang genommen hat, lässt man sich herab, sich mehr zu verstellen, wie Du es gegen mich getan hast, wenn sie übermäßige Prätensionen machte. Fürchte nichts: Meine Armut verbietet mir zu kommen, und hab ich je das Vermögen – ich meine nicht Geld, die Kraft dazu mein ich überhaupt – so käm ich, weil ich *wollte*, weil ich Dich sehen wollte, von Dir ließ ich

mich nicht abhalten: ob ich mir gleich nicht einbilden könnte, Deinetwegen zu kommen. Du hast wieder einmal auf mich getreten. […] O, er war so kalt, so herzerdrückend. Er tat mir *so* weh! Ach Gott! ich will und mag nicht mehr mit Dir richten noch klagen, diesen Eindruck schrieb ich Dir medizinisch, damit Du mir nicht wieder wehtun sollst: und weil es mich soulagiert, dass Du den Schmerz kennst, den Du mir machst. Aber bald – ich fühle, werd ich schweigen – denn unser Verhältnis ist ein abgetragenes, und wer merkt dies mehr und mehr als ich. Ich schrieb gleich, damit der Brief mir ähnlich sei. Adieu. […]

19. Januar 1800

[…] An einem Zweig hielt sich noch mein ganzes Wesen. Deine zwei vorletzten Briefe haben es zerrissen. […] Ich wollte gar nicht mehr schreiben. Es ist mir aber zu atroce und zu sehr im Schein des Feindseligen, nicht zu antworten. Wisse also: Ich überlasse mich nun ganz der Welt, den Umständen (nichts ergreife ich mehr von Dir, was Du mir nicht zu Händen gibst); und sollt ich in dieser Welt wahnwitzig werden. Das werd ich aber nicht. Die Jahre, die Du weg bist, will ich dazu anwenden, unbekannt mit Dir zu werden. Überreden kannst Du mich nicht mehr. *Sei* etwas, und ich werde Dich erkennen. Du kannst keine Freude an mir finden. Ich imponiere Dir; und darum kann ich auch kein Glück bei Dir finden. Es liegen drei halbe Briefe an Dich fertig; woraus Du vielleicht ungefähr sehen würdest, wie ich zu diesem Entschluss langsam und schrecklich gedrängt wurde. Wozu aber das! Er ist da. Die Briefe würden Dich erschrecken und mit Dir selbst verlegen machen. […] Erschrecke nicht über diesen Brief; es ist mir eben so, auch wenn ich ihn nicht schreibe, und überdem hast Du ihn selbst komponiert und bist auch nicht zum Schreck gemacht, weil's beim Schreck bleibt. Ich konnte Dir diesen nicht ersparen, das bedenke. Es war der letzte Akkord eines üblen Konzerts. Wenn ich etwas Gutes zu melden habe, werde ich Dir schreiben. Lebe wohl.

An Raphael d'Urquijo

4. Dezember 1803

Lass mich, o lass mich dem Drange, der Neigung meiner Seele folgen! Ich muss mich ausdrücken, meine Gefühle benennen, vieles zur Sprache bringen! Glaub es, der größere Teil bleibt doch verborgen. Auch bringt es unsere Situation mit sich. Dürft ich, könnt ich Dir den ganzen Tag durch die Tat zeigen – wärst Du bei mir, und fielen nie Missverständnisse vor – dass ich für Dich, *durch* Dich, in Dir, mit Dir lebe, so spräch ich vielleicht weniger. *Vielleicht* sag ich. Denn viel sprechen würd ich immer, weil ich viel denke. Hierüber mündlich: dass das nämlich ein Irrtum ist, zu glauben, dass die, welche viel denken, *schweigen*. Wer *plappert*, freilich, der hat keine Zeit zum Denken. Aber wer Ideen hat, muss sie mitteilen.

Welche Wonne! Du hast an mich gedacht! mitten in dieser Gesellschaft. O ja! Du wirst es mehr und mehr erkennen, dass unser Leben voller Seele ist, und das einzig wahrhafte. Voll Gefühl, Herz, Ehrlichkeit, diese gibt es auch in den Empfindungen und den Gedanken. Ehrlich sein im Denken, dann ist man wahr. Und nur bei Wahrheit ist Heil! Wer ohne sie ist, altert; die Runzeln allein machen nicht altern. Daher auch kommt es, dass ich die nicht altern sehe, die ich liebe. Ich werde Dir das einmal erklären. Ich habe große Glückesgunst in dieser Art! Immer gefällt mir, was mir einmal gefallen hat, aber es muss dies auch recht wahr, recht *eigentlich*, gewesen sein.

[undatiert]

[…] Ja, ja! Ich fühlte mich mit ungeheuren Banden an Dich gefesselt. O! wer sagt es, was ich fühlte. Ich gebe Dir den größten Beweis meines unzuveräußernden Herzens. In welchem Augenblick des Zerreißens wirft sich mein *ganzes Wesen* in Deine Arme; ganz!!! abhängig von Dir. So *ist* wahre Liebe, so wirkt der heftige Zauber. […] ich bin jetzt gieriger als je! Du hast von diesem Sehnen keine Vorstellung! Ich würde es sonst nicht wa-

gen, Dir so lästig zu sein; es ist aber, als ob Du mich von einem Schmerzensgefühl durch Deine Gegenwart rettetest! Und ach! Nur zu bald wird Dir das nicht immer möglich sein! Leb wohl, zu geliebter Sterblicher!
Wie es auch sein möge, und was immer werden könne, mein Herz gehört für das ganze Leben Dir! Ich kenne es besser als Du, ich fühle es, es ist ja meines. Und ich habe auch nachgedacht! Ewig, ewig, schöner Gegenstand, bezauberst und besitzest Du es. *Mon* Urquijo! Adieu.
R.L.

AN ALEXANDER VON DER MARWITZ

16. Mai 1811

‚Mehr und Besseres kann Ihnen mein beunruhigtes, zerrüttetes Gemüt nicht geben'. Diesen Schreck muss ich von Marwitz haben, das von meinem geliebtesten Freund erleben! Wie oft könnte ein von Wunden zerrissenes Herz heilen, genesen, zum Leben berührt werden, in seiner Not, von einem einzigen Blicke, von einem Worte, von einer Bewegung, einer Inflexion der Stimme des geliebten Menschen, auf den der Ringende harrt; nicht aus Schwäche, aus Menschenelend harrt, und harren muss. Vergebens! Nicht Blick, nicht Wort, nicht Ton kommt zu uns; wir verschmachten, vergehen, leben *nicht*, und Welt, und wir selbst manchmal, wähnen uns getröstet. ‚Die Menschen verstehen einander nicht', sagt Werther. Sogar die Jammertöne werden nicht erkannt, die aus eines jeden Brust geschlagen werden; vom andern nicht! Dies ist wahr und schrecklich! Das andere Schrecknis besteht darin, dass wir auch nicht heilen, nicht helfen können, wenn der von uns Geliebte leidet! Wir verstehen ihn ganz, sein Leid reißt in unserer Brust, und einsam ist er, einsam sind wir. Diese Klause, worin jede Menschenseele haftet, und wo Liebe *dann* und *wann* Leben und Leben vermählt, wie Licht, vom Himmel geschenkt nur, hinüberträgt – dies ist der Graul, wovor der Mensch erstarrt (des Denkers Geschäft in Gebet übergehen muss), und ich verzweifle. Mit mir ist es aus. Sie erschienen mir, den ich lieben kann. Jung und gut dotiert, wie ich es nur wünschen mag, stehen Sie vor mir; ich lerne Sie auch genau kennen. Sie erkennen mich, ich bin Ihre Freundin; das meiste und Beste der Welt, des Lebens, sehen wir mit gleichen Augen, mit gleichem Geiste an, fühlen, sind überzeugt, jeder vom andern, dass er ein lebendiges, unschadhaftes Herz im Busen trägt, besitzen und lieben unsere fünf Sinne. Ich tröste mich – wie man sich an einem Kinde etwa trösten kann – eine ähnliche Natur in ihren besten Vermögen, in ihren geheimsten, feinsten Nuancen zu kennen, auf der Erde zu wissen, der es glücklicher gehen soll als mir, kurz – die Worte sind alle dumm, und drücken plumpe Gedanken und Absichten und Verhältnisse und regrets aus! – Ich kenne, durchschaue und empfinde Sie so, dass mein Glück und Ihr Glück *einen* Strom geht! Sie wissen, ich halte *nur* auf Beieinanderleben; aber Sie sind der Erste, den ich nie wieder sehen, wieder hören noch besitzen will, wenn es *Ihnen* nur gut geht, wenn *Ihre* Natur mit ihren Bedürfnissen sich nur deployieren darf! Eins wissen Sie nicht, Marwitz, wie über alles zu fassende Maß dies bei mir viel ist. Wissen Sie dabei, dass Ihre Gegenwart mir wie das Auge der Welt geworden ist? Ich sehe Sie, auch wenn Sie nicht da sind; aber in die Augen sehe ich ihr nicht: ich weiß auch nicht, ob sie mich sieht. Ich habe viel geliebt, aber nie einen Menschen wie Sie. Und musste auch mein wahnsinniges Herz mich bis zu den Grenzen meines eigenen Seins reißen, so war mein Geist nie irre: und einem wirklichen Gegenstande war es aufbewahrt, mich zu lehren, dass das Maß nicht in mir, sondern in ihm abgesteckt ist. (So habe ich Goethe geliebt in seinen Werken.) […] Einsam steht jeder, auch liebt jeder allein, und helfen kann niemand dem anderen. Halten Sie kein Wort, keinen Unmut, keine Stimmung zurück: beehren Sie mich damit: ich will Ihr Leben wie meines ertragen, doppelt leben ist ja schön; so wie es dem Menschen möglich ist, will ich es gerne annehmen, dahinnehmen. […] Mir tut der Frühling auch *vielfach* weh. Ich kann nicht allein leben, und bin es; nicht ohne Beziehung, und habe keine. Reger und reger nur wird mir Sinn und Herz, bestimmter und schärfer der Geist, und dieser Frühling zaubert mir, zieht mir alle verflossenen durchs Herz; macht es mir erklommen stillstehen, vor Angst, vor allem Künftigen! *Auch* nur *Worte*! *Gott* weiß, wie bange, erstockende, zum Tode erstarrte, betrübte Momente ich durchfühlen, durchleben muss. Schreiben Sie mir nur! Wenn auch nur noch so wenige, noch so trübe Worte. [...]

25. Juni 1812

Mein sehr lieber, teurer Freund, ich habe wohl gefühlt, dass ich Ihnen gestern Abend nicht genug zeigte und sagte; ich zeigte Ihnen nur eine kluge, tätige Ruhe: es war aber, um ihre Bewegung zu mildern, *pour ne pas augmenter votre trouble et votre embarras**, um denen keine Nahrung zu geben, denn ich litt mit, wenn Sie litten. Lassen Sie sich nichts gereuen oder ängstigen, Liebster! Es wird sich Ihnen zur Freude entwickeln. Warum sonst wäre ich heute ganz anders erwacht, gestern ganz anders zu Bette gegangen als sonst, der Erde neu vermählt, mit ganz anderen Lebensbanden? Eine voreilende Zärtlichkeit und Sorge lagern sich schon jetzt zu des Geschöpfes Empfang in und um mich. Ich erfahre dadurch, auf welche Weise ich Sie liebe. Mit Ihnen muss es ja ebenso und noch besser sein. Nicht wahr, keine gemeine Rücksicht wird Sie abhalten, es mir zu geben? Bei mir findet es Bergstrom, Äther und alles. Ich verstand jede Bewegung gestern in Ihnen, seien Sie dessen sicher. Und aus wahrer Emotion wollte ich Ihre nur nicht vermehren. Jede innere und äußere Unannehmlichkeit davon, von dieser Sache, teile ich mit Ihnen, fühle ich Ihnen und in Ihrem Sinne nach, aber kein Dritter wird je Sorge und Freude mit Ihnen teilen wie ich. Haben Sie geschlafen? Ich sonderbar geträumt. Ist es Ihnen auch so? Ich kann von Kindheit an die größten Momente meines Gemütes, seine größten Bewegungen und élans nur

* *um Ihre Unruhe und Ihre Verlegenheit nicht zu erhöhen*

verbergen, und nie zu seiner Glorie zeigen; dass dies gestern geschah, wollt ich Ihnen nur sagen, und dass ich nun erst weiß, dass sie eine Freundin haben wie keiner. Mein ganzes Herz ist eingenommen, ich ganz beschäftigt. Seien Sie vergnügt, Lieber!
R.R.
Nun ziehe ich mich an.

an Karl August Varnhagen von Ense

28. Juni 1808

Du glaubst es nicht, Varnhagen, wie rasend leid es mir tat, Dich so weggehen zu sehen; so wie Du gingst. Einen Schritt von Dir, nahm ich mir schon vor, Dir zu schreiben. Ich wandte mich noch um; Du nicht. Fast ist es mir lieb, dass ich einmal lieber gegen Dich war als Du gegen mich. O! Lieber, könntest Du mit einem Blick in mein Herz sehen! Ich bin verdrießlich und gemartert: und dabei beschämt und betrübt. Ich weiß es, ich sehe es, dass Du mir eine Seelevoll – wie eine Handvoll – Liebe reichst, wovon ich mit verliebtem Herzen trunken werden müsste: und nur Deine Lieblichkeit empfindend, und Deinen Wert auffassend, steh ich dabei! – so müssen Zerrungen entstehen: keiner sieht den anderen weder mehr natürlich, noch unbefangen, durch unbefangene Augen. Und wenn ich nicht mehr unbefangen und frei bin, *bin ich hässlich*. Das weiß ich: jeden Augenblick fühl ich's. Ich fühle mich beengt und geängstigt: weil ich leisten soll; beschämt und verdrießlich, weil ich nicht leisten kann. Dabei hab' ich Dich wahrhaftig lieb; denn wer kennt Dein Liebes, Stilles, innerlich Sanftes besser als ich! wem wohl hast Du's – zu seiner Schmach – wohl mehr gezeigt als mir, der Unwürdigen. Wo entwickelt sich Deine Geduld, die nicht feige Weichheit gegen Dich selbst ist, sondern *Einsicht*, die in ein sanftes Gemüt fällt, Dein Reflektieren über die Lage, in der Du bist, besser als gegen mich? Wo mehr Verdrießlichkeit und Hässlichkeit aus meiner Seele als gegen Dich, Du Lieber! Ich verdiene es nicht; sagte ich gleich, und wiederhole es noch, und immer. Nicht das, was ich für Dich zu empfinden vermag, noch meine Person. Und wenn ich mich auch selbst und meinen Tag gebe, wer weiß es besser als ich, so ist das wenig. Ein von Dir entzückter Blick müsste Dich ja mehr beglücken als Monate, die ich mit Dir zubringe. Dir dies zu sagen, Teurer, Lieber, wie weh! wie hässlich. Und leugnen kann ich Dir nichts, und möchte es und will es nicht. Das, was von mir abhängt, sollst Du ja haben! So ist's mit unserer Neigung: und wenn auch Deine nicht lebeneingreifend ist! Vier Wochen ist ja auch zu große Ehre für mich, wenn ich Dich nicht darin, wo nicht übertreffe, Dir doch gleichkomme! Das liebste, hübscheste Mädchen müsste ja der Liebe danken, wenn sie sie für Dich entzündete, und Du sie annimmst. Dein lieber, sanfter, innigst bescheidener Charakter gegen eine Frau, Dein natürliches Wesen bietet ihr ja Seligkeit und Sicherheit! Nun bliebe unser Umgang in geistiger Hinsicht: Dein Geist, die Wendung desselben erlaubt dem meinen kein freies Spiel; *dies* kann nur ich wissen. Du kannst es nie gemerkt haben, weil Du mich nie ohne Dich gesehen hast, Du musst die Dürre dem Mangel oder der Verdrießlichkeit zuschreiben, mich aber drückt sie, und macht sie verdrießlich. Und dieser Punkt, Varnhagen, tut, und tat mehr, als Du denkst. Du warst oft hart gegen andere und gegen mich in dieser Rücksicht. Das drückte mich sehr zusammen. ‚Ich kann nur dem die Wahrheit sagen, der mir glaubt'. So kann ich mich nur dem in unzähligen Wendungen zeigen, der mich goutiert. Sage ja nicht, dass Du's tust! Das fühle ich. Und so kann ich mir auch Deine Neigung zu mir oft gar nicht erklären. Mein Brief ist hart und ernst geworden und lang. Und in einem Überströmen von Liebe zu Dir, und von Einsicht, die Dich mir lieb zeigte, ist er angefangen; – und so endige er auch! Ich umarme Dich herzlich! und drücke Dich! Ich sehe Dein Gesicht! Ehrlich, und etwas traurig und ernst, und ganz klar; und daher ruhig und heiter! Adieu, Lieber. Schlafe! Ich bin ganz ermüdet vom Schreiben. Leb wohl! Ich liebe Dich.

R.L.

Nun esse ich und gehe zu Bette. Adieu, Alter Lieber!

15. September 1808

Ich habe geschlafen, mein Lieber, Lieber. Könnte ich es von Dir doch auch hören! Du hast gestern mein ganzes Herz gestärkt! So kann ich das Scheiden, die tolle harte Trennung ertragen; und *ein* Gedanke: der Gedanke, dass sie auch Dir bitter ist, dass sie nicht ewig dauern soll, rüstet mich ganz aus weiterzuleben, sie zu ertragen. Den Augenblick erträgt man ja immer, nur den Gedanken nicht, dass alle folgenden öde sein werden, je weniger man sie unwürdig macht, wenn man Leben spürt, und einmal weiß, wie das wirken muss, und drängt! Dein Betragen, obgleich ich es nicht nennen kann, so gut als wäre es das Gegenteil, und auch nicht zu bezeichnen – hat mich unsäglich gestern getröstet; darum fühle ich mich so gedrungen, es Dir zu sagen. Merktest Du es? O! könnt auch ich mit dieser Eisenkraft Deine Seele berühren! Nicht für mich allein, auch für Dich, *Lieber*, Bester! Lasse nicht leicht von mir los; Du verlierst eine Welt an mir. Nie, nie findest Du vielfältigeres, leichteres Leben mit dieser innersten, innigsten Treue, mit dieser Sicherheit und diesem Maße zusammen. Ich bin sonst in nichts etwas; ich weiß es, wie ein anderer es wissen kann; aber mein Gutes ist doch einzig, das fühl ich, wie man seine Existenz fühlt. Es ist ja doch genug, dass wir uns jetzt gerade trennen müssen: zerstäuben wollen wir uns nicht! Ach! ich habe gar keine Lust dazu! [...] Ich scheue mich etwas, Dir meine Briefe an Urquijo zu geben! Weil darin meine größte Türpitüde ans Licht gebracht ist: so erniedrigend darf man sich auch in der größten Leidenschaft nicht von Schmerz auseinanderzerren und herum*schleppen* lassen: jetzt weiß ich es, und dies ist die eine Hälfte der ganzen Ursache, warum ich wohl lieben, aber nie wieder einer langwierigen Leidenschaft im Bösen – im Guten wird es immer nur Liebe – in mir Nahrung geben werde, und kann. Ich habe das Feige und Verderbte immer darin erkannt, aber redlich, erlaube *hier* das Wort, geübt: man ergibt sich der Liebe, guter oder schlechter, wie einem Meere, und nun bringt Glück, Kräfte oder Schwimmekunst Dich über, oder es verschlingt Dich als sein. Drum sagt Goethe: ‚Wer sich der Liebe *vertraut*, hält er sein

Leben zu Rat?‘ Bedenke aber, wenn Du die Briefe liest, dass er nie sagte, er liebe mich nicht, ewig bei mir war, nur meine Liebe nicht glaubte, sie aber durch seine nie zu erfassende Eifersucht bis zum Grade der Raserei reizte. ‚*Je t'aime, mais je ne t'estime pas*‘, sagte er tausend und tausend Mal.* Und so konnte er meine Leidenschaft bis zur Durchsichtigkeit auseinanderzerren. ‚*Je t'estime, mais je ne t'aime plus*‘, sagte er den letzten Monat**: und da packt ich mordgewaffnet mein eigen Herz, mit meiner Hand, und ging wie aus dem Leben. Denn ich wusste, es war wie zu einem schwarzen Tod: und schrieb selbst: Ich *wähle* die Verzweiflung, die ich nicht kenne! Es war ein langes Morden. Und es entstand eine *Wüste*, die schrecklicher als Schmerz, Riss und Vermissen des Geliebten ist. Tadle mich, wie ich die feige Niedrigkeit tadle. Aber dies bedenke: und dass die Natur in ihm – und in mir zu diesem Zauber – einen Zauber für mich gelegt hatte, wogegen das hellste Bewusstsein des Denkens nicht *schnell* genug arbeiten konnte. Der *Eindruck* war stärker. Dies *ist* Liebe: und dass doch nur die Ehrfurcht vor dem Würdigen, das Verabscheuen des Unsinns und der Niedrigkeit, also ein Eid in Zorn, mir den Mut zum Mord gab; der allmächtige Gott, wenn er mein Bewusstsein kennt, weiß, dass es einer war. Sieh das schöne Wetter! Ich wundere mich über alles, wenn ich *davon* spreche; dass ich mich freue, dass ich noch liebe. Adieu, Du Lieber. Doppel und mächtiger drücke ich Dich nach dieser Erzählung an mein Herz! ‚Ja wohl die Liebe unsterblich ist‘. Solange man lebt, gewiss. Liebe mich auch
Rahel

---

* *Ich liebe Dich, aber ich achte Dich nicht.*

** *Ich achte Dich, aber ich liebe Dich nicht mehr.*

Luise von Mecklenburg-Strelitz

spätere Königin von Preussen (1776-1810)

an Friedrich Wilhelm (III.) von Preussen

Die Heirat zwischen Luise von Mecklenburg-Strelitz und dem Kronprinz von Preußen, Friedrich Wilhelm, war eine Liebesheirat, wurde aber natürlich aus politischen Gründen geschlossen. Vom ersten Tag ihrer Ankunft in Berlin an wurde die schöne, ungezwungene Luise zum Liebling des Volkes. Das änderte sich auch nicht, als Friedrich Wilhelm 1797 den Thron bestieg und Luise im Alter von 21 Jahren zur Königin wurde. Das Verhältnis zwischen den Eheleuten war liebevoll und ungezwungen; sie nannten sich beide ‚Du', was zur damaligen Zeit in den höchsten Kreisen ungewöhnlich war. Luise brachte insgesamt zehn Kinder zur Welt, darunter der spätere deutsche Kaiser Wilhelm I. Auf politischer Bühne wusste sie zu beeindrucken. Ihre Ehebriefe verraten, wie regen Anteil sie an Regierungsangelegenheiten nahm, und ihr Mann war für ihren Ratschlag immer offen. Die Königin war etwa federführend darin, dass Preußen – fatalerweise – in den Krieg gegen Napoleon eintrat, den sie leidenschaftlich verabscheute, und ein Bündnis mit Russland unter Alexander I. einging. Der junge Zar und die preußische Königin bewunderten sich gegenseitig glühend; ihnen wird sogar ein Verhältnis nachgesagt. Friedrich Wilhelm III. schien sich aber weder an der tatsächlichen gegenseitigen Verehrung noch an den Gerüchten zu stören. Legendär geworden ist die Begegnung zwischen Napoleon und Luise während der Friedensverhandlungen in Tilsit nach der Niederlage Preußens. Beide, die zuvor nicht gezögert hatten, den jeweils anderen in der Öffentlichkeit zu verunglimpfen, zeigten sich von der Begegnung beeindruckt; mildere Bedingungen für das besiegte Preußen konnte Luise Napoleon trotz aller bewussten Koketterie allerdings nicht abringen. Luise wurde schon zu Lebzeiten, vor allem aber nach ihrem Tod zu einer preußischen Ikone, ja sogar einer Kultfigur.

Darmstadt, den 7. Juni 1793

[…] Die Früchte, hoffe ich, werden bald reif sein; ich wenigstens, wenn ich eine Kirsche wäre, würde in einem Tage reifen, meine Wangen sind schon ganz feuerfarben. […] Ich esse eben beim Schreiben köstliche Klöße, mit Brot und Butter; wenn Großmama das bei Tische merkt, so wird Luise, obgleich sie eine Braut ist, einen tüchtigen Wischer kriegen […]. Papas Läufer ist an der Tür und quält mich zu schließen. Was soll ich tun, Königliche Hoheit? Ist es nicht das Beste, jetzt zu schließen, um zu Tisch fertig zu sein, den Läufer und die Sehnsucht meines lieben Freundes zufrieden zu stellen, der mich gern noch heute lesen will? Es ist also die buchstäbliche Wahrheit: Ich schließe meinen Brief, um Ihnen Vergnügen zu machen.

Den 18. Juni [1793]

[…] Ihr Bruder ist seit gestern Morgen hier und wird bis Freitag bleiben, wie ist Friederike glücklich! Wir haben gestern ziemlich heiter bei Papa zu Abend gegessen, ich dachte viel an Sie, an Ihr Zelt und an die der armen Soldaten, die offenbar die beste Kühlung der Welt genossen haben. Großmama und Papa haben mich beauftragt, Sie zu fragen, ob es gefährlich sei, bis zur Ginsheimer Brücke zu gehen. Wenn es das nicht ist und Sie dorthin kommen können, wollen wir, d. h. Friederike, Prinz Louis, Großmama, Papa und ich morgen früh um 10 Uhr an der Brücke sein, um Sie dort zu sehen. Papa tritt soeben ein und sagt mir, er sei morgen bei Ihnen und würde mit Ihnen sprechen, deshalb wird die Partie morgen früh nichts werden und wir werden bis zu Papas Rückkehr nichts beschließen. Der Bote ist beauftragt, Ihnen einen Kirschkuchen und eine Schachtel mit Kirschen […] zu übergeben, ich wünschte, dies alles möge Ihnen Freude machen. […] Ich habe soeben einen sehr gnädigen Brief der Königin erhalten. Leben Sie wohl, mein lieber

Prinz; wenn Sie nicht zu schlechter Laune sind, dann denken Sie recht oft an mich.
Luise, ganz die Ihrige

Darmstadt, den 21. Juni 1793

[…] und ich, ich möchte vor Dankbarkeit um den Hals fallen und Ihnen recht herzlich küssen. Ich habe großes Behagen dazu.
*Adieu, mon cher, mon unique, mon bon ami. Soyez bien persuadé de l'amitié sans égal de votre ami de votre bien tendrement altesse** nebst guten Kirschen
Luise

Darmstadt, den 24. Juni 1793

[...] Ich habe das Medaillon mit Ihrem Bildnis erhalten. Tausend Dank, lieber Prinz, für dieses Geschenk, das mein einziger Trost seit Ihrer Abreise ist. Ich trage es alle Tage, und wenn ich es ablege, lege ich es so, dass ich es beim Erwachen immer sehen kann. Möge das meinige Ihnen auch manchmal mich ins Gedächtnis zurückrufen, die ich Ihnen so treu zugetan bin.
Luise

als Kronprinzessin

Steinhöfel, den 15. Mai 1794

Dies ist nun das Einzige, was mir bleibt, um mich mit Dir zu unterhalten, mein teurer, geliebter Freund: Eine Feder soll Dir sagen, was Dir mein Mund millionenfach versichert hat: dass Du mir unbeschreiblich teuer bist. Wie hart ist es für mich, Dich nicht mehr bei mir zu sehen, verlassen und einsam gebe

---

* *Adieu, mein lieber, mein einziger, mein guter Freund. Seien Sie der unvergleichlichen Freundschaft versichert, die Ihre Freundin Ihnen entgegenbringt, Ihre sehr zärtliche Durchlaucht*

ich mich ganz meinem Schmerze hin und habe nur den einen Trost, auf dem Sofaplatz zu sitzen, wie Du immer gesessen hast. O Gott! Wenn Du mich sehen könntest, wenn Du Deine unglückliche Frau sehen könntest, wie sie über Deine Abreise seufzt, wie sie unglücklich und verlassen ist; die Tränen sind mein einziges Labsal, und dieses Labsal ist bitter. Vergiss mich nicht, mein teurer Freund, denke an Deine Luise, die nur für Dich lebt und ohne Dich unglücklich ist. Die Tränen ersticken mich fast. Wenn Du doch sehen könntest, wie traurig hier alles ist; es herrscht Totenstille, eine wahre Friedhofsruhe, man hört nichts als meine Seufzer, die Dir nachziehn, mein lieber Engel. Ich kann Dir nicht schildern, was ich beim Abschied von Dir gelitten habe; als Du nachher unten auf Deinen Bruder wartetest, da stand ich am Fenster, um noch einen wohltuenden Blick zu erhaschen. Aber umsonst, und ich war zu schwach, um Dir ein Lebewohl zuzurufen; ich fürchtete, Du könntest gerührt werden. […]

Karoline von Günderrode

(1780-1806)

an Clemens Brentano und Friedrich Creuzer

Karoline von Günderrode ist eine der größten deutschen Lyrikerinnen überhaupt. Sie, das ‚Stiftsfräulein', das an einen bestimmten weiblichen Verhaltenscode gebunden war, veröffentlichte unter dem Pseudonym ‚Tian' Gedichte, in denen sie die Geschlechtergrenzen sprengt und die zum Teil selbst der progressiven Romantik weit voraus waren. Stets trieb sie die Sehnsucht nach einem anderen, einem ‚bedeutenden' Leben, wie es den Frauen selbst dieser Umbruchszeit verwehrt blieb, außer sie erstritten es sich selbst. Es war ihre erste Liebe, Friedrich Carl von Savigny, der die Günderrode in den Kreis der Romantiker einführte, zu dem auch die Geschwister Clemens und Bettina Brentano gehörten, die Karoline beide verehrten. Clemens konnte allerdings nie wirklich ihr Herz erobern, wie der untenstehende ‚Nicht-Liebesbrief' zeigt; die innige Freundschaft mit Bettine brach die Günderrode schließlich ab, wohl auf Wunsch Friedrich Creuzers, der großen und tragischen Liebe Karolines. Die Dichterin lernte den Philologen und dessen um einiges ältere Frau 1804 kennen, und Creuzer und Karoline verliebten sich unsterblich ineinander. Creuzers Frau drohte mit Selbstmord, sollte er sie verlassen, und der Philologe entwarf den Plan eines gemeinsamen Lebens zu dritt. Dann jedoch erkrankte Creuzer schwer und seine Frau pflegte ihn gesund. Aus Dankbarkeit löste er das Verhältnis zu Karoline, die sich daraufhin am 26. Juli 1806 am Ufer des Rheins erdolchte. Die Briefe Creuzers an Karoline von Günderrode füllen ein ganzes Buch; von den ihren an den Philologen sind fast nur Fragmente übrig geblieben.

an Clemens Brentano

d. 10ten Juni

Ehe ich zur ernstlichen Beantwortung Ihrer ernstlichen Fragen komme, muss ich Sie recht dringend bitten, mir die fatale Perücke abzunehmen, die Sie mir aufgezwängt haben, die ich eigentlich nicht trage, weil sie mich sehr beengen würde; also gleich am Eingang meines Briefes, hinweg mit ihr, dass ich mich frei bewegen kann.

Wie ich auf den Gedanken gekommen bin, meine Gedichte drucken zu lassen, wollen Sie wissen? Ich habe stets eine dunkle Neigung dazu gehabt, warum? und wozu? frage ich mich selten; ich freute mich sehr, als sich jemand fand, der es übernahm, mich bei den Buchhändlern zu vertreten, leicht und unwissend, was ich tat, habe ich so die Schranke zerbrochen, die mein innerstes Gemüt von der Welt schied; und noch habe ich es nicht bereut, denn immer rein und lebendig ist die Sehnsucht in mir, mein Leben in einer bleibenden Form auszusprechen, in einer Gestalt, die würdig ist, zu den vortrefflichsten hinzuzutreten, die sie grüßen, und Gemeinschaft mit ihnen zu haben. Ja, nach dieser Gemeinschaft hat mir stets gelüstet, dies ist die Kirche, nach der mein Geist stets wallfahrtet auf Erden.

Da ich heute sehr aufrichtig gegen Sie sein will, so muss ich Ihnen das noch sagen, dass in mir noch kein eigentliches Verhältnis zu Ihnen ist, wenn es werden kann, so soll mich's freuen, es wird von Ihnen ausgehen müssen; doch wenn es nicht sein könnte, so würde mich das kaum betrüben, meine Beziehung zu Ihnen ist nicht Freundschaft, nicht Liebe, meine Empfindung bedarf daher keines Verhältnisses; sie gleicht vielmehr dem Interesse, das man an einem Kunstwerk haben kann; aber verworrene, missverstandene Verhältnisse könnten mir dies Interesse trüben.

[…] Grüßen Sie Ihre Frau freundlichst von mir, auch ich freue mich, sie zu sehen und Ihr Kind, das ich mir gar lieblich vorstelle. Mit *Ponce de Leon* haben Sie mir viel Freude gemacht.

Brieffragmente an Friedrich Creuzer

[Oktober 1804]

Ich bleibe Dir ja doch, und wenn alle Dich verraten und missverstehen und verlassen, so vertraue auf mich, ich bleibe treu.

Du warst nicht unglücklich, eh' Du mich kanntest.

[November 1804]

Ich freue mich an Deiner Kühnheit, da Du keck das Opfer begehrst, wie des Achilles Geist den Tod der Jungfrau.

[Januar 1805]

Wenn ich sterbe, mein Freund, so werde ich Dir erscheinen, wenn Du nachts allein bist, dann trete ich leise an Dein Bett und drücke einen Kuss auf Deine Stirne. Wenn Du stirbst, so komme auch zu mir. Versprich es!

Sonntags [November 1805]

Möchte doch auch Dir der Frieden zuteil werden, der mich schon seit mehreren Tagen beseligt, und doch liebe ich Dich, wie ich Dich kaum in der Blüte unserer Hoffnungen liebte, und reiner und seliger zugleich.

[April 1806]

Ich liebe Dich bis zum Tode, süßer, lieber Freund, Du mein Leben: Ich wünsche, Dir zu leben oder zu sterben … Unser Schicksal ist traurig, ich beneide mit Dir die Flüsse, die sich vereinigen. Der Tod ist besser, als so zu leben. Eine Hoffnung erhält mich, aber diese ist Torheit.

Bettina Brentano / von Arnim

(1785-1859)

an Johann Wolfgang von Goethe und Achim von Arnim

Bettina Brentano, spätere von Arnim, ist eine der schillerndsten Gestalten der deutschen Romantik, die an charismatischen Persönlichkeiten nicht gerade arm ist. Sie, ‚der kleine Kobold', wurde von manchen schon als Kind für ein natürliches Genie gehalten, von anderen für verrückt erklärt. Bettine, wie sie von allen genannt wurde, machte sich in einer Gesellschaft, die Frauen immer noch enge Grenzen setzte, ihre eigenen Regeln und kämpfte stets dafür, danach zu leben, auch wenn es ihr oft teuer zu stehen kam. Sie muss ein eigenartiges Wesen gewesen sein, die Enkeltochter von Sophie La Roche und siebtes von zwölf Kindern des italienischen Adligen und Großkaufmanns Peter Brentano, das viele bezauberte und viele irritierte – oft zur selben Zeit. Berühmt ist sie als Dichterin, politische Schriftstellerin, die sich unermüdlich für die liberale Sache einsetzte, aber vor allem für die Briefbücher Clemens Brentanos Frühlingskranz, Die Günderode *und* Goethes Briefwechsel mit einem Kinde, *die alle drei eine einzigartige Mischung aus ästhetisch gestalteter Biographie und Autobiographie darstellen. Vor allem die junge Bettine, die sich selbst von der Gesellschaft missverstanden und ausgegrenzt fühlte, versuchte die Selbstfindung über den geliebten Anderen – und die drei Personen, denen sie in ihren Briefromanen ein Denkmal setzte, spielten dabei wohl die wichtigste Rolle an ihrem jungen Leben. Ihr sieben Jahre älterer Bruder Clemens, den Bettine zum ersten Mal traf als sie dreizehn oder vierzehn war, war ihre erste Liebe, die durchaus auch die Grenzen der Geschwisterlichkeit hinter sich ließ. In der jungen, zutiefst bewunderten Dichterin Karoline von Günderrode glaubte*

Bettine, ihre Seelenverwandte gefunden zu haben; die zunehmend ablehnende Haltung der geliebten Freundin und schließlich deren Selbstmord wegen unglücklicher Liebe im Jahr 1806 verletzten Bettine zutiefst. Im selben Jahr begann die enge Freundschaft der jungen Frau mit Goethes Mutter, kurze Zeit später begegnete sie dem von ihr glühend verehrten Dichter selbst. In dem über dreißig Jahre älteren Goethe glaubte Bettine, endlich den Geist gefunden zu haben, an dem sich der ihre bilden konnte; liest man ihre Briefe, so fällt es schwer, nicht zu glauben, dass der ‚Dichterfürst' für immer ihre große Liebe geblieben ist. Was ‚der kleine Kobold' Goethe war, ist in den Wirren der Geschichte (im doppelten Sinne) untergegangen. Böse Zungen behaupten, die ganze Beziehung hätte nur in Bettines Einbildung bestanden, andere wiederum meinen, dass die Reize der jungen Frau Goethe durchaus nicht unbeeindruckt gelassen haben. Tatsache ist, dass es 1811 nach einem öffentlichen Streit Bettines mit Goethes Frau Christiane zum Bruch zwischen dem ‚Dichterfürsten' und dem Ehepaar von Arnim kam; Bettines Versuche über die Jahre, wieder in Kontakt zu treten, blieben wohl erfolglos, auch wenn die Entfremdung tatsächlich weniger stark gewesen sein mag, als es nach außen erschien.

Clemens, die Günderrode, Goethe – sie alle hat Bettine auf ihre besondere, hingebungsvolle Art und Weise geliebt. Und so musste Achim von Arnim, den Bettine schon 1802 als Studienfreund ihres Bruders Clemens kennenlernte, sich gegen deutliche Widerstände den Weg in das Herz des ‚kleinen Kobolds' zugleich erschleichen und erkämpfen. Arnim, in dem Clemens seinen Seelenverwandten sah, war zwar romantischer Literat, aber deutlich nüchterner als die schwärmerischen Brentanos. Bettine fand in ihm weniger einen Geist im Gleichklang, wie sie ihn in den andern dreien suchte und immer wieder gefunden zu haben hoffte, sondern einen Spiegel, der sie nicht selten kritisch reflektierte und sich von ihr ebenso kritisch beleuchten ließ. Ganz im Gegensatz zu ihrer sonstigen Euphorie schien die Liebe zu Arnim in Bettine erst langsam zu reifen, ja, sie erweckt sogar den Eindruck, das zarte Pflänzchen ganz bewusst heranzuziehen und zu einem Baum machen zu wollen. Im Jahr 1811 schließlich trug die lange Zeit der Brautwerbung Früchte: Bettine heiratete Arnim, zog mit ihm nach Berlin und schenkte ihm im Laufe der Jahre sieben Kinder. Es gibt die verschiedensten Ansichten darüber, ob die Ehe der Arnims glücklich gewesen war oder nicht; Tatsache ist, dass Arnim einen Großteil der Zeit auf seinem Gut Schloss Wiepersdorf weilte, während Bettine und die Kinder in Berlin lebten. Die Jahre ihrer Ehe hindurch ging Bettine vor allem in ihrer Rolle als Mutter auf; erst nach Arnims Tod im Jahr 1831 trat sie als Literatin aus eigenem Recht ans Licht der Öffentlichkeit, gab jedoch auch die nachgelassenen Werke ihres Mannes heraus.

an Johann Wolfang von Goethe

[Undatiert]

Heute erzähle ich Dir, wie Du mich in dunkler Nacht unbekannte Wege führtest, das war in Weimar auf dem Markt, als wir an eine Treppe kamen und Du zuerst niederstiegst und, als ich unsicher zu folgen versuchte, mich in Deinen Mantel gehüllt dahintrugst; Herr! Ist es wahr? – Hast mich in beiden Armen schwebend getragen, wie schön warst Du da, wie groß und edel, wie leuchtete Dein durchdringender Blick dunkel im Glanz der Sterne mich an. Da oben mit beiden Armen Dich umschlingend, wie war ich selig! Wie lächeltest Du, dass ich so selig war, wie freute es Dich, dass Du mich hattest, über Dir schwebend mich trugst, wie freute ich mich, und dann schwang ich mich hinüber auf die rechte Schulter, um die linke nicht zu ermüden. Du ließest mich durch die erleuchteten Fenster sehen, eine Reihe friedlicher Abende von Alt und Jung bei Lampenschein oder hellem Küchenfeuer, auch der kleine Hund und das Kätzchen waren dabei. Du sagtest: ‚Ist das nicht eine allerliebste Bildergalerie?' – So kamen wir von einer Wohnung zur andern, aus den finstern Straßen hervor unter hohen Bäumen, ich reichte an die Äste, da rauschten die Vögel auf, da freuten wir uns, wir beide! – Kinder, ich und Du. Und nun? – Du ein Geist aufgefahren zu den Himmeln, und ich? – Unerleuchtet, unerfüllt, unerwartet, unverstanden, ungeliebt; ja, sie könnten mich fragen: Wer bist und was willst du? Und wenn ich Antwort gäbe, würden sie sagen: Wir verstehen dich nicht. Du aber erkanntest mich und öffnetest mir die Arme und das Herz und jede Frage war gelöst, und jeder Schmerz beschwichtigt. – Dort im Park zu Weimar gingen wir Hand in Hand unter den dichtbelaubten Bäumen, das Mondlicht fiel ein, Du gabst mir viele süße Namen, es klingt noch in meinen Ohren: Lieb' Herz! Mein artig Kind! Wie war ich erfreut, zu wissen, wie ich Dir heiße; dann führtest Du mich an die Quelle, sie kam mitten aus dem Rasen hervor, wie eine grüne kristallne Kugel, da standen wir eine Weile und hörten ihrem Getön zu. ‚Sie ruft der Nachtigall', sagtest Du, ‚denn die heißt auf persisch Bulbul, sie ruft dich, du bist meine Nachtigall, der ich gern zuhöre'. Dann gingen wir nach Hause, ich saß an Deiner Seite, da war's so stille, nah an Deinem Herzen; ich hörte es klopfen, ich hörte Dich atmen, da lauschte ich, und hatte keine Gedanken, als bloß Deinem Leben zuzuhören! – O Du – – –

Kassel [Ende November oder Anfang Dezember 1807]

Warum muss ich denn wieder schreiben? Einzig um wieder mit Dir allein zu sein, so wie ich gern kam in Weimar, um mit Dir allein zu sein; zu sagen hab ich nichts, damals hatte ich auch nichts zu sagen, aber ich hatte Dich anzusehen und innig froh zu sein, und war Bewegung in meiner Seele. – Und wenn ein Dritter meine Briefe sähe, er würde sagen, hier ist einzig von Liebe die Rede, es ist ein Herz voll Liebe, das hier geschrieben hat, es ist ihm nicht mehr zu helfen. – Ist dem zu helfen, der die Augen einmal ins Leben aufgeschlagen hat? – Er ist geboren und muss die Welt anschauen mit Schlechtem und Rechtem, bis in den Tod. – Selig, wer beim ersten Blick gleich das Herrlichste erblickt und es so fest anblickt, dass kein Lärm und fremder Schein ihn abzuwenden vermag. Bin ich zu tadeln, Herr meiner Seele; soll von Liebe nicht die Rede sein? So muss ich wahrlich verstummen, denn ich weiß nichts anders.

[…]

[Undatiert]

Wir haben einen nasskalten April, ich merk's an Deinem Brief – der ist wie ein allgemeiner Landregen; der ganze Himmel überzogen von Anfang bis Ende; Du besitzest zwar die Kunst, in kleinen Formenzügen und Linien Dein Gefühl ahnen zu lassen, und in dem, was Du unausgesprochen lässt, stiehlt sich die Versicherung ins Herz, dass man Dir nicht gleichgültig ist; ja ich glaub's, dass ich Dir lieb bin, trotz Deines kalten Briefs; aber wenn Deine schöne Mäßigung plötzlich zum Teufel ging, und Du bliebst ohne Kunst und ohne feines Zartgefühl, so ganz wie Dich Gott geschaffen hat, in Deinem Herzen, ich würde mich nicht vor Dir fürchten, wie jetzt, wenn ein so kühler Brief ankommt, wo ich mich besinnen muss, was ich denn getan hab.

[...]

[München], am 31. Januar [1809]

[...]

Es liegt mir an allem nichts, aber daran liegt mir, dass ich um Dich nicht betrogen werde, dass mir kein Wort, kein Blick von Dir gestohlen werde; ich hab Dich so lieb, das ist alles, mehr wird nicht in mich gehen, und anders wird man nichts an mir erkennen, und ich denke auch, das ist genug, um mein ganzes Leben den Musen als ein wichtiges Dokument zu hinterlassen; darum vergeht mir manche Zeit so hart und kalt wie dieser harte Winter, darum blüht's wieder und drängt von allen Seiten wieder ins Leben. – Darum hüt ich oft meine Gedanken vor Dir. Diese ganze Zeit konnte ich kein Buch von Dir anrühren. Nein, ich konnt keine Zeile lesen, es war mir zu traurig, dass ich nicht bei Dir sein kann. Ach, [Deine] Mutter fehlt mir, die mich beschwichtigte, die mich hart machte gegen mich selber, ihr klares feuriges Auge sah mich durch und durch, ich brauchte ihr nichts zu gestehen, sie wusste alles, ihr feines Ohr hörte bei dem leisesten Klang meiner Stimme, wie es um mich stehe; o sie hat mir manche Geschichte zu meiner Empfindung erzählt, ohne dass ich sie ihr wörtlich mitteilte [...]; tapfer!

– rief sie mir zu; sei tapfer, da sie dich doch nicht für ein echtes Mädchen wollen gelten lassen und sagen, man könne sich nicht in dich verlieben, so bist du eine Plage los, sie höflich abzuweisen; so sei denn ein tapferer Soldat, wehr dich dagegen, dass du meinst, du müsstest immer bei ihm sein und ihn bei der Hand halten, wehr dich gegen deine eigene Melancholie, so ist er immer ganz und innigst dein, und kein Mensch kann ihn dir rauben. […]
Wenn Du nun nicht mehr auf der Welt wärst! Ach, ich würde keine Hand mehr regen. Ach, es regen sich so viel tausend Hoffnungen und wird nichts draus. Wenn ich nur manchmal bei Dir sitzen könnte eine halbe Stunde lang; – da wird vielleicht auch nichts draus, mein Freund!!

Berlin, den 8. März 1832

Alte Zeiten kehren wieder […]. Wahrlich, heute wie damals sauge ich noch aus Dir alle Energie des Lebens, wie damals mäßigt, kräftigt der Gesang Deiner Lieder meine geistigen Regungen, besonders bei meinen unmündigen Versuchen in der Kunst, wenn ich sie nach der Natur zu kopieren strebe und mir das ewige Spiel, das ununterbrochene Well' auf Welle Hinwallen des Lebensstromes die Sinne verwirrt. Dann geh ich zum Konzentrieren meiner Gedanken ans Klavier und komponiere irgendeins Deiner Lieder, dessen Rhythmus dem meiner Empfindungen entspricht; und wenn ich durch die langen endlosen Straßen Berlins gehe, dann singe ich sie bei dem Gerassel der Wagen und schreite somit im leichteren Takt dahin, auch durch das geistige Leben, wie der gewöhnliche Haufen der Menschen; und somit führen mich die geistigen duftenden Regung Deiner Jugend wahrscheinlich bis zu meinem Grab, bis dass denn die irdischen Blumen über die geistigen die Decke ausbreiten mögen.
Alle Menschen, die mich näher kennen, haben mich lieb; kennst Du mich denn gar nicht mehr? –
Wenn Du wüsstest, wie sehr weh Du mir tust; in mein Leben kann ich hereinsehen wie ins klare Wellenspiel, aber in die

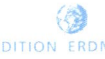

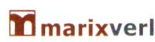

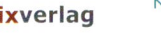

Arme, die mich einzig in Liebe umfasst haben, darf ich mich nicht denken; die Wahrheit, die einzige, die den Wert ihrer Verwirklichung in sich trägt, ist aufgehoben von Dir selbst, der doch Atem ihrem Leben eingehaucht.
[…]

an Achim von Arnim

Frankfurt a.M., Mitte August 1806

Viel zu vermögen, was man vermag, auch ausüben dürfen, das ist das einzig würdige Leben, ich fühle nicht gar oft, dass ich vermag, aber wohl, dass ich nicht darf, was ich vermag. Nur jetzt in diesem Augenblicke möchte ich da sein, wo Sie sind, ich scheue mich nicht, es zu sagen – ich konnte nie fort, ich wäre sonst schon lange an Ihrem Horizont hergeflogen, ich hätte die Wolken geteilt mit breiten Flügeln, die heißen Sonnenstrahlen hätt' ich mit Macht verhalten und Schatten gewährt und Kühlung mit treuem Herzen. – Ich kann nicht das alles deutlich machen, was und wie ich will, ich möchte reizen mit Mut den, der mir wert ist, den Wächter zu überwinden, der ihm im engen Schicksal gefangen hält. Was heißt das: die Welt soll neu hervorgehen und herrlicher? Sie soll werden ein höher, besser Leben? O lasst uns doch selbst neu aus uns hervorgehen, ein eignes Leben in jedem Moment, dann ist ja alles geschehen, dann mag der Lorbeer wachsen wie wilder Efeu, in Kronen sich über Nationen herziehen, den sieht mein ernster Held nicht. […] – Mir fällt hier in mancherlei Rücksicht das ernste, traurige Schicksal von Troja ein, wie seine jungen Helden die Burg zusammenrissen, um die Burg selbst zu retten. […] So steht auch die unglückliche Günderode in ihrem schrecklichen Schicksal da, sie wollte den Feind vernichten, der ihre Freiheit einengte, und mit dem einzigen Versuch, mit dem einzigen Dolchzucken traf sie ihr eigen Herz und warf das, was ihr wert sein sollte, weit von sich und traf mich auch

mit dieser Untat, ich werde den Schmerz in meinem Leben mit mir führen, und er wird in viele Dinge mit einwirken, es weiß keiner, wie nah es mich angeht, wie viel ich dabei gewonnen und wie viel ich verloren habe. Ich habe den Mut dabei gewonnen und die Wahrheit, vieles zu ertragen und vieles zu erkennen; es ist mir auch vieles dabei zugrunde gegangen, ich werd mich nicht so leicht mehr an den Einzelnen fesseln, und um dieses werd ich oft mit Schmerz und Trauer zu ringen haben. – Sie wissen wohl gar nichts von allem, wie sie sich am Rhein auf einer grünen Wiese unter Weidenbüschen abends um zehn Uhr mit lustiger Miene das starke Messer durch die Brust gestoßen, so nah am Rhein, dass ihre aufgeflochtenen Haare in das Wasser hingen; die ganze Nacht blieb sie da liegen, bis morgens der kühle Tau ihr auf die Brust fiel in die tiefe, tiefe Wund hinein, die gleich im ersten Moment dem Leben so großen Raum gab, schnell zu entfliehen. Ich war gerade auf einer Rheinreise begriffen, den Tag, nachdem es geschehen war, warf man mir die schreckliche Nachricht ins Herz, ich fuhr in dem kleinen Nachen an der Stelle dicht vorbei, wo es geschehen war. […] Ein augenblickliches Verlangen hatt' ich damals, eine Sehnsucht nach einem Hafen, einem Herzen, worin ich mit Sicherheit all meine Gedanken möchte landen lassen, ein jeder fände Platz, keiner dürfte den andern verdrängen, die leichte Barke mit witziger, bunter Wimpel fährt schnell dahin und ankert, wo auch das ernste Kriegsschiff, mit Mut und Stärke beladen und mit Schicksal, ich würde alles dorthin senden und verwahren den jungen Kern der Weisheit, den der lebhafte Sinn nicht aufkommen lässt. […] – Jetzt, da ich am Ende meines Briefs bin, möchte ich dem Arnim so gern etwas sagen, es ist nur mein Werk, dass ein Mensch mich rührt, mein Herz ergreift; ich darf auch daher mich kühnlich gehen lassen in allem, was ich tue, es hält mich ja nicht mit Fesseln und hält auch den andern nicht; ich bin dem Arnim gut, wie ich der Welt, wie ich allem gut bin, in dem Moment wo und wie sich Gott darin spiegelt.
Bettine

Am 13. Juli 1807

O Arnim! Wenn Sie wüssten, wie viele Liebe auch für Sie in mein ganzes Leben eingewebt ist! Alle Rosen, die der Frühling noch übrig gelassen hat, die hier an meinem Fenster herauf blühen und verblühen, ich möchte sie losreißen und Sie mit Ihrer Wehmut darin begraben, ich möchte – o was tät ich nicht, um Euch still zu machen im Gemüt wie ein Gebet, das man mit Vertrauen gen Himmel sendet. In Berlin war ich vor acht Wochen an Ihrer Wohnung vorbeigetrippelt; in Weimar ward mir ein einziger Wunsch erfüllt, die vier Stunden, die ich dort zubrachte, schaute ich in Goethes Antlitz, der mich wieder so freundlich ansah, so freundlich! Kein Wesen in der ganzen Natur war mir so angemessen, gab so, was ich begehrte, als eben das seinige. – Es war nicht aus Zerstreuung, dass ich nicht schrieb, meine Gedanken waren so schwer, das Papier schien mir nicht stark genug dazu – aber bald wird's besser gehen! Wenn wir uns wiedersehen, nicht wahr? Wie ist das, Arnim? Sie haben das Mädchen so lieb, diese weiß es nicht, und ist auch nicht wie Sie? –

[…] Guter, guter Arnim, wenn Sie nur wüssten, wie um Ihrer selbst willen ich Sie lieb habe.

Bettine

Frankfurt a.M, August 1807

[…]

Wieviel' Mal' stelle ich mir innerlich vor, wie Sie wiederkommen, was ich sagen will usw.; es ist mein Spielwerk, mit dem ich mich ergötze, sooft ich allein bin, es ist mein Lieblingskind, das mir Sorge und Freude macht, es ist ein Zwillingsbruder von der Begierde, wieder mit Goethe zu sein. Wenn ich an diesen denke, so möchte ich ewig um ihn herumstreichen, ihn zart anspielen wie ein kühler Wind in der Sommerhitze, ihm frisches Wasser reichen, ihn wärmen und pflegen im Winter, ein Tribut meines erfüllten Herzens. […] Wenn ich an Sie denke, so tut's mir leid, dass ich nicht gleich kann meine Reitstiefel anziehn, mein Pferd besteigen und in vollem Galopp dem langersehnten

Freund entgegen, ihm dann alles erzählen und jetzt beieinander bleiben, alle Gefahren und Abenteuer geteilt; in der Tat, ich wollt, ich wär Ihr Bruder oder Freund, wir könnten dann innig verbunden recht unabhängig voneinander leben.

[Mitte September 1807]

Nein, wahrlich, die Zeit war nicht verloren in Ihrer Liebe; werden Sie es lächerlich oder übermütig finden, wenn ich sage, dass auch um meinetwillen diese Liebe sein musste? Ehmals wusste ich nicht recht, was es in mir war, dass ich Ihrem Schicksal jetzt nachziehen musste, und doch nur zur Erkenntnis kam; jetzt ist mir die letzte Zeit – die letzten Briefe – ein wahrer Hintergrund, von dem mir Ihr Gemüt wie das meinige gleich hell zurückstrahlt; ich war oft entzweit mit mir, dass ich nichts andres ins Auge fassen konnte, während Sie vor mir wie im Nebel standen, den ich doch bei aller Sehnsucht um der Welt willen nie durchdrungen hätte; zu kalt war's mir, wenn ich nur die Hand darnach ausstreckte. Also, mein Freund, ist Dein grünes Kleid erblasst, die Flammen sind zusammengesunken, und düstere Asche fliegt im Nordwind hin und her; wie leer, wie kalt die Welt mir wird, als hätte ich selbst meine Liebe verloren, es ist mir, als hätten Sie etwas von Ihrer Jugend dabei eingebüßt, von Ihrer feinen Fröhlichkeit, die wie der Morgenduft auf Ihrem ganzen Wesen ruhte, ein so zarter Beweis, dass man in Gottes freier Natur lebt, dass er uns würdigt, mit seinem Segen ins Leben einzugehn. Ach, wenn wir uns wiedersehen, wird alles anders sein. – Aber wie?

[Frankfurt, März 1808]

Goethe hat mir geschrieben; er lässt Dich grüßen vielmals und bitten, ihm doch wieder einmal zu schreiben. Ich wollt, ich wär bei Dir; recht von Herzen wünsch ich dies manchmal, wenn ich fühl, dass mir unmöglich ist, zu schreiben, was mir so leicht vorkommt, in einem Gespräch Dir zu entwickeln. Es kommen solche Augenblicke, wo man gern die Augen über seinem Gemüt zuschließt aus Furcht vor der Einsamkeit darinnen, so war

mir's gestern, nachdem ich an Goethe geschrieben hatte. Der Brief hatte mich so kalt und hart gemacht, er selbst schreibt mir so kalt und steif, als ob er sich scheute, eine Leidenschaft in mir zu reizen, siehst Du! So versteht er mich! [...]
Es ahndet mir, ich seh Dich bald wieder, ist's wahr, Arnim? Ich träume zuweilen davon; willst Du mich vielleicht überraschen? Was das doch ist mit dem Auge, dass es immer sehen will, was das Herz liebt. [...] Dass meine Liebe zu Dir herrlich, rühmlich und womöglich über alles andre hinauswächst, ist jetzt mein sehnlichstes Verlangen. Mein Herzensfreund, was will ich denn? An Dich denken, Dich kennen ist schon ein Vorzug vor allen meinesgleichen. Leb wohl! Schreib mir bald, es ist alles gut, wenn ich Dir, dem Liebsten, was ich hab, auch lieb bin. Ich denk, ich tue nichts Klügeres und Besseres, als mich Dir immer mehr und mehr zu ergeben, Dich immer weniger zu entbehren. Es wird wohl auch niemand mehr so vorzüglich gut gegen mich sein, mich so freundlich und nachsichtig beurteilen wie Du. Bettine. Schreib bald! Heute hätte ich einen Brief von Dir haben sollen!

11. März 1808

Ich kann nie über Dich klagen, dass Du mich vernachlässigst im Schreiben, Du tust viel mehr, als ich erwarten konnte, ein jeder Brief von Dir so treu, so wahr, so lieb, dass er die Ewigkeit aushält; warum sollte ich deren noch mehr begehren, es wäre ja ihren Wert nicht schätzen. Du siehst ja auch, dass ich mich nicht abhalten lasse, wenn Deine Antwort sich verzögert, Dir doch immerfort zu schreiben. Du schreibst mir einmal, es mache Dich ängstlich, wenn meine Briefe sich verzögern; die Liebe, die Du in dieser Ängstlichkeit mir spendest, möchte ich all in Dir aufbewahren, um sie mit der Zeit in Deinen Augen, auf Deinen Lippen, in Deinem Herzen angehäuft zu finden. Drum schreib ich nun so oft, dass Du kaum Atem dazwischen holen kannst. [...] Du erhebst mich und gibst mir großen Wert dadurch, dass Du alles so gütig in mir zurechtweist, dass Du mir Minuten schenkest, die in Zeiten Deiner Jugend ja auch auf tausendfältige würdige Art könnten verwendet werden, was mich auch ewig an Dich bindet und meiner Liebe eine Nahrung ist, die ihr Löwenstärke wird geben. Ja, ja! Eher will ich nicht ruhen, bis ich um Deinetwillen die ganze Welt zurückdrängen kann, und bis ich Dich auch so fest halten kann wie Du mich. Und doch habe ich Dich nicht lieb genug, dreimal mehr, hundertmal mehr muss ich Dich lieben mit der Zeit.

[Frankfurt, April 1808]

Eine einzige Minute Deiner Einsamkeit, lieber Arnim, die Du mir zuweilen in Deinen Briefen mit lieblicher Treue beschreibst, kann mich so erfreuen, dass ich dies Gefühl nicht um Deine Gegenwart tauschen möchte, und Gott weiß doch, wie lieb ich Dich hab, und weiß, wie ich täglich darin fortarbeite und es mir fest versprochen hab, nie zu rasten in dieser Liebe, mag auch geschehen, was will in Deinem Leben. So geht mir's auch mit Deinen Liedern; ich gewinne diese täglich lieber, sie sind mir wie Strahlen von Deinem Gemüt, die sich durch ihre Kraft fest vor das innere Aug gepflanzt haben, und wer das äußere Aug zutut und Dich, seinen Freund, bedenken will, wie ich oft tue, dem stellen sie sich also dar und erleuchten ihm die Lieblichkeit Deiner Seele. – Ich habe gestern das stabat mater gesungen; da waren mir alle Leute sehr freundlich und lobten meine Gesang, ich dachte immer dabei: Wär einer dagewesen, den ich lieb habe, wie viel besser hätt' ich noch gesungen; ich wollte doch immer, Du wärst bei mir und ich könnte Dich mit tausend Armen umfassen und ich könnte alle Gedanken in Dich hineinspiegeln und könnte Deine Trauer und Deine Freude ergreifen, könnte sie ansehen, erkennen wie ein edles Bild, Gottes Herrlichkeit doppelt in mir fühlen durch Dich, könnte Dein Vertrauen genießen, recht ohne Hindernis und Sorge, könnte Dich lieben wie ich wollt'. Lieber, lieber Arnim, während ich Dir hier schreib, bin ich so recht einfältig wie ein Kind, das bei jedem Ereignis meint, wenn es nur den ihm bekannten Freund oder die Mutter beim Kleid hält, so sei es vor jeder Gefahr geborgen. So meine auch ich: Betrübnis und Einsamkeit und diese Anregung zum Leben, die das Frühlingskind, der laue, warme Wind, der alle Knospen spaltet, erweckt, ja selbst Freude, die mir noch zu entfernt liegt, als dass ich sie zu erreichen vermöchte, alles, alles, glaube ich durch meine Liebe zu Dir zu beherrschen, ja, auch die Wolken, die in Heerscharen am Himmel fliegen und mich mit bewegen. Du leb wohl, der Du mir so wohl gedeihst, und lass mich immer so fort gedeihen. [...] Adieu, mein guter, bester Freund; wenn es warm wird, dann sehen wir uns vielleicht wieder und erwarten zusammen den kühlen Abend. Adieu, mein lieb Leben, das ich teuer achte. Adieu, Hand und Mund, die ich drück und küsse. Bettine.

[Schlangenbad, 16. Juli 1808]

So war meine Ahndung doch richtig, dass Du krank seist, nun bin ich ärgerlich, dass mich diese Ahndung nicht noch mehr kümmerte; denn warum soll ich vergnügt sein, wenn Du leidest? Ich habe heute Deine beiden Briefe kurz hintereinander erhalten; bei dem ersten war ich schon halb entschlossen, mit der Pauline Seviere, die heute mit Lulu [Bettines Schwester] von Ems hier ankam, morgen nach Franfurt zu reisen und dort den Savigny [Bettines Schwager] zu plagen, mich nach Heidelberg zu bringen. Ich dachte gar keine Schwierigkeit dabei; in zweimal 24 Stunden bei Dir zu sein, das war meine einzige Idee. Wie hätte es mich erfreut, wie hätte es mich ergötzt! Ich hätte Dir Dein bös Fieber wohl durch die Überraschung vertrieben. Jedoch bin ich immer froher, dass Dein zweiter Brief meinen Entschluss geändert, denn ich dachte erst, Du habest mir nur sehr oberflächlich von Deiner Krankheit gesprochen und Du seist wohl recht *sehr* krank. – Einen großen Teil der letzten Nacht in Winkel hab ich am Rhein zugebracht, sie war über die Maßen schön und ich hab Dich sehnlichst zu mir hergewünscht. Wenn Dein Ahndungssystem auch darauf besteht, dass ein Mensch den andern in Gedanken an sich ziehen oder ihn rühren kann, so hast Du in der Nacht vom 14. auf den 15. es gewiss durch mich gefühlt. Es war halb zwölf, der Mond ging eben auf, ich saß allein auf dem feuchten Gras; die noch mit waren, gingen weiter weg. Ich weiß nicht, wie ich so tief in Gedanken saß, dass ich Dich bei mir sah, dass ich mit Dir sprach und spielte, und dass ich so glücklich war dabei, dass ich den andern Tag noch mit Freude dran dache und jetzt noch. [...] Es ist auch jetzt wieder Mitternacht, und alle Leut schlafen und schnarchen sogar; soll ich Dir denn schon gute Nacht sagen? Oder soll ich noch bei Dir bleiben? Soll ich noch schmeicheln? – Warum sagst Du denn heut nicht: Es ist genug; warum schickst Du mich nicht fort, es ist schon so spät; wenn's jemand merkte, dass ich noch bei Dir bin: – Lieber, lieber, geliebter Arnim – sag, in welche Periode gehört denn dieser Kuss? Und noch einer – ! Ich hatte den Kopf aufs Blatt gesenkt und – war ganz bei Dir.

Berlin, Georgenstraße No. 3, 8. August 1817

Lieber Arnim!
Ich komme nach Hause, finde Deinen Brief vom 31. Juli und ob's gleich 11 Uhr in der Nacht ist, will ich Dir doch noch sagen, wie Du, nur Du ganz allein in Herz und Auge, Mund und Hand geborgen bist. Ich kenne kein Gesetz, was mich an Dich bindet, außer der Liebe, denn diese bindet so fest, dass alle anderen Bande lose und unfühlbar dagegen sind. [...]
Lieber Arnim, jetzt, wo die Zeit immer näher und näher rückt, dass ich Dich wiedersehen soll, schlägt auch mein Herz immer ungeduldiger und ich kann nicht begreifen, wie ich die Zeit über so ruhig war; ich weiß mir keinen unerreichbaren Genuss, der nicht durch Deine Liebe, durch Deinen Geist doppelt ersetzt würde. Unser kleines Häuschen hat so viel Angenehmes, es wird Dir gewiss recht wohl darin gefallen. Ich mag die Liebe, die ich zu Dir habe, nicht aussprechen, ein Kuss oder Blick spricht alles, alles besser aus wie tausend Worte. Drum sei bei mir in Gedanken und nehme alles freundlich an, was Dir mein Herz gibt; die Kinder sind alle gesund, es wird ein recht freudiges Wiedersehen sein. Sollte Goethe in Karlsbad sein oder sollte er dort erwartet werden, so tue doch ja nach Deinem Gefallen und bleibe, solange es Dir Freude macht, ich denke doch im-

mer, dass Du gerne ein paar Tage mit ihm wärest, brich Dir nichts ab von Deinem Vergnügen, aber denke bei dem allen, dass Du zu Hause etwas hast, was Dir lieber ist als alles andere.
Bettine
Herrn Baron Achim von Arnim
Karlsbad in Böhmen

Berlin, den 6. Juni 1820

Du lieber Rinderhirte des Admet, wie lange willst Du noch Deine Gräser im Tau besingen und beäugeln, unterdessen turnieren Deine Söhne in der Schule; Du solltest mit eigenen Ohren den Siegmund hören, mit welcher Begeisterung er über die Eigenheiten der Lehrer spricht, was sie für Nasen haben, wie sie die Hände und Füße bewegen. [...] Ich habe mir eine Badewanne besorgt und bade ein um den andern Tag, es schwächt mich, indessen ist es möglich, dass es doch gesund ist. Zweitens hab ich mir ein Fläschchen Rheinwein zugelegt, drittens singe ich den größten Teil des Tages, welches mich in den dritten Himmel erhebt, denn ich hör keine Stimme so gern wie die meine, viertens muss ich den ganzen Morgen mit der Max im Bett spielen, fünftens hab ich die *Gleichen* wieder gelesen, und die Liebesszenen hab ich mir selbst laut vorgelesen, erst schüchtern und dann ernster, besser, und ich kann Dir sagen, wenn einer fähig ist, die tief wehmütigen Register vom Herzen tönen zu lassen, die dazu nötig sind, um sich ganz aussprechen, so bin ich's. Du machst Dir nichts draus, dass grad in meinem Herzen Wurzeln fasst, was in tausend andern wie im trocknen Sand ruht; das kommt daher, weil Du großer mächtiger Geistesstrom über mich kleines Bächlein hinausbrauselst, als ob ich nicht da wäre. Komm bald wieder, gedenke auch meiner unter Deinen Kühen, weder die braune noch die weiße noch die scheckige ist Dir so innig gesinnt wie ich.
Bettine

Die Butter war so gut, dass sie in der Zeit von zwei Tagen alle fort war, wir haben gar nichts mehr, die Eier sind auch fort, rekommandiere ja der Wirtschafterin, sie nicht zu färben, Freimund hat in der Schule zwei Lobzeichen bekommen. Adieu, lieber, guter, freundlicher Freund! Dichter! Dessen Frau ich zu sein erwählt war. Adieu, liebes Gut! Vater meiner Max, die Dich noch bestricken wird, wenn sie größer ist, mit allen den Reizen, die an mir schon verblüht sind oder die Du nicht erkannt hast. Ich küsse Deine lieben Hände, denn in ihre Fingerspitzen hat sich Deine Seele gesetzt und hat sie regiert zum Schreiben alles dessen, was mich entzückt.

An Baron von Arnim
Wiesperdorf im Ländchen Baerwald

Lady Caroline Lamb

(1785-1828)

an George Gordon, Lord Byron*

Lady Caroline Lamb wurde in eine hochadelige Familie hineingeboren – der Prince of Wales stand Pate bei der Taufe ihres Sohnes, ihre Mutter war eine enge Freundin von Marie Antoinette, Caroline selbst wurde den Königinnen von Frankreich und von Italien vorgestellt. 1805 heiratete sie William Lamb, nachdem sein älterer Bruder gestorben und er als Haupterbe eingesetzt worden war. Zwei ihrer Kinder starben kurz nach der Geburt, ein drittes, Augustus, überlebte, litt aber sein Leben lang an Epilepsie. Trotz seiner Krankheit behielten die Eltern ihn im Haus, was damals äußerst ungewöhnlich war, und versuchten, ihm eine normale Entwicklung in einem liebevollen Umfeld zu ermöglichen. 1810 bis 1811 ging Caroline eine Affäre mit dem notorischen Sir Godfrey Vassal Webster ein, die sie später William gestand. Er verzieh ihr und hielt trotz zahlreicher und nie nachlassender Überredungsversuche seiner Familie, sich von der skandalösen Caroline zu trennen, stets zu ihr, auch wenn er ein paar Mal schwankend wurde. Er reagierte auch nicht, als die Veröffentlichung von Carolines Roman Glenarvon *(1816), der ihre Affäre mit Lord Byron zum Thema hat, nicht nur zu ihrem Ausschluss aus der Gesellschaft führte, sondern auch dazu, dass Williams Familie sie von einem Arzt offiziell für unzurechnungsfähig erklären ließ. Caroline war im März 1812 durch die Veröffentlichung von* Childe Harold *auf Byron aufmerksam geworden und begann eine ziemlich öffentliche Affäre mit ihm; sie hoffte, dass er im August desselben Jahres mit ihr nach Italien durchbrennen würde. Um weitere Skandale zu verhindern, brachten Carolines Eltern sie auf einem Anwesen in Irland unter;*

* Übersetzt aus dem Englischen von Sabine Anders.

im Dezember beendete Byron ihr Verhältnis, woraufhin Caroline einen Nervenzusammenbruch erlitt. Sie blieb jedoch weiterhin mit ihm in Kontakt und verteidigte ihn auch, als er eine von Williams Kusinen heiratete, die Ehe scheiterte und allerhand Gerüchte über Byrons angebliche Perversität verbreitet wurden. Nachdem 1821 ihre Mutter und 1824 Byron starb, verschlechterte sich Carolines Gesundheitszustand zusehends, angegriffen durch einen lebenslangen übermäßigen Genuss von Alkohol und Laudanum; die letzten Monate ihres Lebens war sie ans Bett gefesselt. Ihr Mann brach eine Geschäftsreise ab, um bei ihrem Tod zugegen sein zu können; sie erlebte nicht mehr mit, wie er später unter Königin Victoria Premierminister wurde. Caroline war eine eifrige Briefschreiberin und benutzte diese Form der Kommunikation vor allem, um mit den vielen Frauen, in deren Kreis sie aufgewachsen war und die sie nach der Heirat schmerzlich vermisste, in Kontakt zu bleiben. Sie besaß zahlreiche Siegelstempel, darunter einen mit ihrem Namen, einen mit einem Stier, einem Löwen, einem von Schwertern durchbohrten Lamm, einem wolkenumringten Turm, dem Motto ‚toujours' und einem Profil, das entweder Lord Byron oder ihren Ehemann zeigt.

9. März 1812

Childe Harold,
ich habe Ihr Buch gelesen und kann nicht anders als Ihnen mitteilen, dass ich, und all die anderen, mit denen ich zusammen lebe und deren Meinungen viel wertvoller sind – es schön finden. Sie verdienen es, glücklich zu sein, und Sie werden es sein. Verschwenden Sie das Talent, das Sie haben, nicht in düsteren Gedanken und Reue über die Vergangenheit, und vor allem bleiben Sie hier in Ihrem eigenen Land, das stolz auf Sie sein wird und Ihre Anstrengungen braucht. Bitte bemühen Sie sich nicht, in Erfahrung zu bringen, wer es ist, der Ihnen hier schreibt – es ist jemand, der Ihre Aufmerksamkeit nicht wert ist und den Sie nicht kennen, der aber von Anfang an Ihr großes und vielversprechendes Genie bewundert hat und jetzt so erfreut über das ist, was Sie geschrieben haben, dass es schwer

für mich wäre, davon abzusehen, Ihnen meine Meinung mitzuteilen.
Da dies der erste Brief ist, den ich anonym geschrieben habe und auch schlecht anders schreiben konnte, versprechen Sie mir, ihn sofort zu verbrennen und niemals zu erwähnen? Wenn Sie sich die Mühe machen, könnten Sie sehr leicht herausfinden, wer der Absender ist, aber Childe Harold würde in meiner Achtung sinken, wenn er es versucht – obwohl der größte Wunsch, den ich habe, der ist, ihn eines Tages zu sehen und seine Bekanntschaft zu machen.

27. März 1812

Karfreitag
Die Rose, die Lord Byron Lady Caroline Lamb schenkte, starb trotz aller Bemühungen, sie am Leben zu halten; wahrscheinlich bedauerte sie die unglückliche Wendung, die ihr Schicksal genommen hatte. Hume zumindest, der an die meisten Dinge nicht glaubt, sagte einst, dass viel mehr Leute an gebrochenen Herzen sterben als man annimmt – wenn Lady Caroline Lamb von Brocket Hall zurück ist, wird sie den Zimmermann mit *der* Blume zu Lord Byron schicken, der sie unter allen anderen am ähnlichsten sein will, da sie, wie sehr auch ihre Schönheit und sogar ihre Nützlichkeit zu wünschen übrig lassen, einen edlen und aufstrebenden Geist besitzt, und nachdem man einmal in ihrem vollen Glanz die helle und ungetrübte Sonne gesehen hat, die sich herabließ, sie einen Augenblick lang zu beleuchten, dann kann man niemals, solange es sie gibt, ein anderes niederes Ding ihrer Verehrung und Bewunderung für würdig halten – und doch wurde die Sonnenblume für ihre Kühnheit bestraft, aber ihr Schicksal ist eher zu beneiden als das vieler anderer, weniger stolzer Blumen, da es ihr immer noch vergönnt ist, obgleich in bescheidenem Abstand, denjenigen anzusehen, der allen anderen überlegen ist, und obwohl ihr in dieser kalten, nebligen Wetterlage zweifellos viele Enttäuschungen bevorstehen, und obwohl sie nie einen Grund hatte oder haben wird, sich zu rühmen, dass ihr ein besonderes Maß an Herablassung

oder Aufmerksamkeit von dem hellen Stern zuteil wurde, dem sie ständig ihre Ehrerbietung darbringt, so ist sie doch reichlich entlohnt, wenn sie ihn ab und zu sieht, manchmal zusieht, wie andere ihn anstarren, hört, wie andere ihn bewundern. Sie hofft deshalb, wenn der kleine Page sie überbringt, dass sie huldvoll empfangen wird, ohne weiteren Spott und Sticheleien über ‚die Liebe zum Neuen' – Lady Caroline bekennt sich dieser äußerst unhöflichen Anklage nicht schuldig, zumindest nicht mehr als lobenswert ist, denn das Seltene, das Eigenständige und Einzigartige sollte mehr geschätzt werden und gefragt sein als das, was gemein und abstoßend ist – wie kann die andere Anschuldigung, dass sie leicht zufriedenzustellen sei, damit übereinstimmen? Der Umstand allein, dass sie etwas auswählte, das hohen Wert hat, zeugt von einem Geist, der nicht leicht zufriedenzustellen ist – doch Entschuldigungen für Schwächen vorzubringen, ist Lady Caroline unmöglich – sie wurzeln schon so lange in einem Boden, der ihrem Wachstum förderlich ist, dass ein sehr viel weniger scharfsichtiger Blick als der von Lord Byron sie erkannt hätte – sogar nach der kürzesten Bekanntschaft – es gibt jedoch keine Schwäche, die nicht, wie betrüblich ihr auch immer gefrönt wird, sofort abgelegt wird, wenn Lord Byron sich die Mühe machte, sie zu benennen – die Vorwürfe und Kritik von einigen wenigen, wie schwer und gerechtfertigt sie auch immer sein mögen, sind manchmal mehr wert als die leicht verdienten Lobreden des Rests der Welt. Wäre Miss Mercer hier, würde sie in eine letzte Bitte einstimmen, die Lady Caroline für die Zeit ihrer Abwesenheit äußert – nämlich dass er, außer seine neuen Bekanntschaften nicht zu vergessen, bis zu ihrer Rückkehrt isst und trinkt wie ein Engländer. [...]

In ihrem berühmtesten Liebesbrief schickte Lady Caroline Lord Byron eine Locke ihres Schamhaars:

9. August 1812

[...] Ich habe Dich gebeten, kein Blut zu schicken, aber tu es – denn wenn es Liebe bedeutet, hätte ich es gerne – ich schnitt das Haar zu dicht und blutete viel mehr als nötig ist – mach Du nicht dasselbe, ich bitte Dich, bring keine spitze Schere in die Nähe wo jene Haare wachsen – schneide lieber welche am Arm oder Handgelenk ab – ich bitte Dich, sei vorsichtig – und Byron, sag mir, warum ein paar Gespräche mit Königinmuttern Dich immer verändern. Ich finde übrigens, Du würdest einen schlechten Minister oder Botschafter abgeben, im ersten Fall wären Deine Handlungen stets von Gekränktheit oder Groll motiviert, im letzteren würden Dich leise Worte und schöne Lippen zu einem zweiten Duke of Buckingham machen. Als Du mich verlassen hast – ich muss eines Nachts in Deinen Armen sein – und jetzt sehe ich Dich nicht einmal, ohne dass Dritte anwesend sind – oh, ich könnte mich aufregen [...] ich werde niederknien und man wird mich von Deinen Füßen wegreißen müssen, bevor ich Dich aufgebe oder mich von Dir trennen lasse.

[wahrscheinlich Mai 1813]

Nur ein Wort. Du hast mich aus meiner Verzweiflung gerettet und zu der Freude empor gehoben, die wir im Himmel zu finden hoffen – dass ich Dich gesehen habe, hat mich für immer ruiniert – Du bist derselbe – Du liebst mich immer noch – ich weiß es, Deine Augen, Deine Blicke, Dein Verhalten, Deine Worte sagen es. Oh Gott, kannst Du mich aufgeben, wenn Du mich liebst – nimm mich mit, nimm mich, mein Meister, mein Freund, ich werde Dir dienen, nimm mich mit – die, die für Dich kämpfen wird und Dir in kranken und gesunden Tagen dienen wird und nur für Deine Wünsche leben wird und sterben wird, wenn Dir das Freude bringen kann, die, die Dir treu ist als die eine, die Du die Deine gemacht hast und an Dein Herz der Herzen gebunden hast. Doch wenn Du dies liest, bist Du schon weg. Du wirst an mich vielleicht auch als eine denken, die Dir Schmerzen und Unannehmlichkeiten bereitet hat – Byron, ich verbringe meine Tage damit, mich daran zu erinnern, was ich Dir einmal bedeutet habe – ich wünschte, Du hättest mich nie gekannt oder mich getötet, bevor Du

gegangen bist. Gott segne und beschütze meinen Freund und Meister
Deine
Caro

[1813]

Hier ist ein wildes Stiefmütterchen für Dich [...] erinnerst Du Dich noch an das erste, das ich Dir gegeben habe – die Rose, die Du mir am Anfang geschenkt hast, habe ich noch immer, Du findest Sie in der Kiste mit den ganzen anderen Geschenken von Dir, die ich aufbewahren konnte – einmal mehr möge Gott Dich segnen – mögest Du sehr glücklich werden – sei nicht verärgert, ich werde Dich nicht mehr quälen – ich liebe und verehre Dich mit ganzem Herzen, wie ein Freund lieben darf – das ist nicht falsch, hoffe ich – wie eine Schwester fühlt, was Deine Augusta [Byrons Halbschwester, mit der er angeblich ein Verhältnis hatte] für Dich empfindet – für immer die Deine, mein Liebster Lord Byron.

[zwischen 1813 und 1814]

Du warst sehr großzügig und lieb, wenn Du mich nicht hintergangen hast, und ich glaube nicht, dass Du es getan hast. Dass ich in der Stadt bleibe, um Dich zu sehen, bedeutet, dass ich die letzte Chance aufgebe, die ich hatte. Ich setze mich allen Augen aus, jedem missgünstigen Beobachter. Du denkst, dass ich schwach und egoistisch bin, Du denkst, ich kämpfe nicht gegen meine Gefühle an, aber das würde in der Tat mehr von mir fordern als die menschliche Natur ertragen kann, und als ich letzte Nacht ausging, was an sich schon anstrengend war, und als ich hörte, wie Dein Name angekündigt wurde, ab da sah ich nichts mehr, sondern schien in einem Traum zu sein. Das laute Gelächter und die scharfen Augen von Miss Berry haben mich nicht wieder auf die Beine gebracht. Doch sie war nett und blieb bei mir, und Mr. Moore, obgleich er kein einziges meiner Gefühle billigt, war auch so gut, in meiner Nähe zu bleiben. Ansonsten hätte ich mich so krank gefühlt, dass ich nicht mehr

länger hätte kämpfen können. Lady Cahir sagte zu mir, ‚Sie sind krank, sollen wir gehen?‘, was ich mit großer Erleichterung bejahte, aber wir kamen nicht durch, und deswegen fürchte ich, dass es Dich schmerzte, mich wieder eindringen zu sehen. [...] Heirate noch nicht, oder wenn Du es tust, lass es mich zuerst wissen. Ich werde nicht darunter leiden, wenn die, die Du erwählst, Deiner wert ist, aber sie wird Dich nie so lieben wie ich es getan habe. Ich besuche die Königliche Kapelle in St. James. Gehst Du je dorthin? Der Gottesdienst fängt um halb sechs an und dauert bis sechs, es ist der schönste Gesang, den ich je gehört habe; der Chor singt ‚By the Waters of Babylon‘.
Die Adeligen sitzen unten, die Frauen ziemlich weit weg davon. Aber zum Abendgottesdienst kommen nur sehr wenige, es wundert mich, dass es nicht mehr sind – es ist wirklich sehr schön, für diejenigen, die den Musikstil mögen. Wenn Du es noch nie gehört hast, geh einmal dorthin, aber nicht, wenn es so kalt ist wie jetzt. Wie blass Du bist! Wie anders als Moore! [...] Ich kann Dich nicht sehen, ohne weinen zu wollen; könnte mir irgendein Maler dieses Gesicht so malen, wie es ist, würde ich ihm alles geben, das ich auf Erden besitze – noch keiner hat Deine Züge und Dein Gesicht so dargestellt, wie es ist. Nur ich könnte es, wenn ich zeichnen und malen könnte, denn man muss es fühlen, um ihm seinen wirklichen Ausdruck zu geben.

[1814]

Diese Blumen haben keine Hoffnung, Dir zu gefallen, sie kommen zitternd vor Furcht, dass Dich mein Brief ärgert – ist es möglich, dass Du mir bei Miss [unleserlich] wohlgesonnen warst, ich wagte es nicht zu glauben, aber mein Herz fühlte Deine Güte, und obwohl es meine Pflicht Dir gegenüber und gegenüber allen war, es nicht zu zeigen, danke ich Dir auch dafür, dass Du gegenüber Hob House nicht schlecht von mir gesprochen hast – dass er neulich Abend Notiz von mir genommen hat, brachte mich den Tränen nahe – wann immer ein Freund von Dir freundlich mit mir redet, fürchte ich, was sie von mir denken müssen, denn ich bin kurz davor, ihnen zu Füßen zu fallen – urteile danach, was meine Gefühle waren – als ich sah, oder dachte, dass Du mir zulächelst – vielleicht wirst Du mir eines Tages, falls ich noch lebe, einen Teil Deiner Freundschaft zurückgeben – ich hätte es wirklich verdient, und wenn irgendjemand in der langen Zeit unserer Abwesenheit so freundlich ist, ein gutes Wort für mich einzulegen – bei Dir – dann möge ihm alles Mögliche an Glück und Segen dafür zuteil werden – so wenige tun es – nur ein Einziger hat mir erzählt, dass Du ihm gegenüber mit so viel Liebe von mir erzählt hast, dass er glaubte, Du müsstest mich wirklich geliebt haben – und seitdem ist diese Person mir sehr ans Herz gewachsen – sogar falls es nicht stimmt, war es gut und lieb, es zu sagen – ‚Freund', wie die Quäker sagen, ‚urteile nicht zu hart über mich' – und Du kannst sicher sein, solange dieses Herz schlägt, wird eine unabänderliche Dankbarkeit für Deine frühere Liebe und Zuneigung in mir sein – was immer ich gewesen sein mag, ich werde so sein, dass Du mich nicht verachtest – denn Du hast selbst gesagt, wenn eine Frau kein zweites Mal mit einem Wort oder Blick oder Gedanken schlecht handelt, sollte sie niemand verachten – zumindest glaube ich, dass Du das gesagt hast […]. Ich habe noch nie zwei Frauen gesehen, die mehr in Dich verliebt waren als meine liebe Lady Hamilton und ihre Schwester. Sie reden auf eine Art und Weise von Dir, die zu hören ich nicht ertragen kann – sie sagen, Du hast die nettesten Manieren und die lieblichste Stimme und das schönste Gesicht – ich habe Deine Stimme nachgemacht und ihnen in Deinem Tonfall vorgelesen, und sie haben fast geweint und küssten mich, bis ich vor lauter Liebe zu Dir erstickte.

Annette von Droste-Hülshoff

(1797-1848)

an Levin Schücking

Annette Freiin von Droste-Hülshoff zählt zu den bedeutendsten deutschen Dichterinnen überhaupt, auch wenn ihr zu Lebzeiten erschienenes Werk nur zwei dünne Bände umfasste. Am bekanntesten ist sie für die Novelle Die Judenbuche *und ihre Balladen, die durch ihre spannungsreichen Naturbilder bestechen. Die poetischen Werke ‚der Droste' werden für gewöhnlich in die Epoche des Biedermeier eingeordnet, können jedoch im Grunde als eine faszinierende, singuläre Erscheinung in der deutschen Literatur betrachtet werden, deren Realismus eine tiefe Symbolik in sich birgt, die in der Schwebe zwischen Glauben und Zweifel bleibt.*

Auch das oberflächlich so ereignisarme Leben der Droste wurde von Spannung geprägt – zwischen der Berufung zur Dichterin, die das stets zarte und kränkelnde Mädchen schon früh verspürte, und der Verpflichtung gegenüber der zum alten westfälischen Adel gehörigen Familie, die Annette auf der einen Seite eine Ausbildung ermöglichte, wie sie höchst ungewöhnlich für die Frauen ihrer Zeit war, auf der anderen aber darauf bestand, dass die Dichterin ihre Werke anonym veröffentlichte. Den größten Teil ihres Lebens verbrachte die Droste in der Abgeschiedenheit des Landguts Rüschhaus bei Münster, dem Witwensitz ihrer Mutter, stand allerdings in reger brieflicher Korrespondenz mit Geistesgrößen ihrer Zeit, prominent darunter Jakob und Wilhelm Grimm, die maßgebend für die dichterische Entwicklung der jungen Poetin waren. Zur vollen Blüte gelang ihr lyrisches Schaffen allerdings erst, als Annette im Alter von 40 Jahren im literarischen Zirkel um die Oberregierungsrätin Rüdiger in Münster den 17 Jahre jüngeren Levin Schücking kennenlernte. Er war der Sohn einer Jugendfreundin der Dichterin, damals noch Student und selbst angehender Dichter, der die bewunderte Kollegin bald wöchentlich einmal im Rüschhaus besuchte, zu dem er zu Fuß hinüberwanderte und oft von Annette schon auf halben Weg empfangen wurde. Die wohl glücklichste Zeit ihres Lebens verbrachte die Dichterin 1841, als sie wegen ihrer angeschlagenen Gesundheit bei ihrer verheirateten Schwester Jenny im Schloss Meersburg am Bodensee lebte und ihr Schwager zur selben Zeit Levin als seinen Bibliothekar berief.

Das Verhältnis zwischen Annette und Levin war komplex. In vieler Hinsicht übernahm sie die Rolle seiner verstorbenen Mutter (Levin redet sie in seinen Briefen gewöhnlich als „liebes Mütterchen" an), er die Rolle des Sohnes, den sie nie gehabt hatte. Zwischen den beiden herrschte eine ausgesprochen fruchtbare literarische Partnerschaft; Levin mag so etwas wie die männliche ‚Muse' der Droste gewesen sein, gleichzeitig fungierte er als eine Art Kritiker, Lektor und, wie man heute sagen würde, Literaturagent. Ging der 1838 erschienene erste Gedichtband der Droste – seiner literarischen Qualität zu Trotz – noch mehr oder weniger unter, wurde die unter Levins Inspiration erweiterte und überarbeitete und durch seine Vermittlung bei dem renommierten Verlag Cotta erschienene Fassung zu einem durchschlagenden Erfolg. F. Wasserzieher bezeichnet in seiner Anthologie Briefe deutscher Frauen *(1907) das Verhältnis zwischen Annette und Levin als „mehr als Freundschaft und doch wiederum nicht ganz Liebe"; die Briefe der Droste an ihr „kleines Pferdchen" jedoch scheinen eine andere Sprache zu sprechen. Aus ihnen lässt sich nicht zuletzt eine Sehnsucht lesen, aus dem eng begrenzten Raum der adligen Frau auszubrechen und doch eine stille Akzeptanz eben dieser gesellschaftlichen Stellung, wie sie sich auch in ihrem Gedicht* Am Turm *manifestiert:*

Ich steh' auf hohem Balkone am Turm,
Umstrichen vom schreienden Stare,
Und lass gleich einer Mänade den Sturm
Mir wühlen im flatternden Haare;
O wilder Geselle, o toller Fant,

Ich möchte dich kräftig umschlingen,
Und, Sehne an Sehne, zwei Schritte vom Rand
Auf Leben und Tod dann ringen!

[...]

Wär' ich ein Jäger auf freier Flur
Ein Stück nur von einem Soldaten,
Wär' ich ein Mann doch mindestens nur,
So würde der Himmel mir raten;
Nun muss ich sitzen so fein und klar,
Gleich einem artigen Kinde,
Und darf nur heimlich lösen mein Haar
Und lassen es flattern im Winde!

Das herzliche Verhältnis zwischen Levin und Annette blieb bis zu deren Tod in Jahr 1848 bestehen, wenn sich die Droste nach Levins Heirat 1843 auch ganz in die Mutterrolle zurückzuziehen schien. 1860 veröffentlichte Levin schließlich den lyrischen Nachlass seiner geliebten Dichterin.

den 5. [Mai 1842]

– – Guten Morgen, Levin! Ich habe schon zwei Stunden wachend gelegen und in einemfort an Dich gedacht; ach, ich darf und will Dich nicht weich stimmen, muss auch mir selbst *courage* machen und fühle wohl, dass ich mit dem ewigen Tränenweidensäuseln sowohl meine Bestimmung verfehlen als auch Deine Teilnehme am Ende verlieren würde; denn Du bist ein hochmütiges Tier und hast einen doch nur lieb, wenn man was Tüchtiges ist und leistet. Schreib mir nur oft, mein Talent steigt und stirbt mit Deiner Liebe; was ich werde, werde ich durch Dich und um Deinetwillen; sonst wäre es mir viel lieber und bequemer, mir innerlich allein etwas vorzudichten. Sobald ich diesen Brief geschlossen, geht's *con furore* ans Werk; ich bin wieder in der fruchtbaren Stimmung, wo die Gedanken und Bilder mir ordentlich gegen den Hirnschädel pochen und mit Gewalt ans Licht wollen, und denke, Dir die Beiträge sehr bald schicken zu können, obwohl gewiss der Psalm wieder um zwei Drittel zu lang werden wird, die Du dann mit wahrer Chirurgenkälte amputierst. Mich dünkte, könnte ich Dich alle Tage nur zwei Minuten sehn – o Gott, nur einen Augenblick! – dann würde ich jetzt singen, dass die Lachse aus dem Bodensee sprängen und die Möwen sich mir auf die Schulter setzten! Wir haben doch ein Götterleben hier geführt, trotz Deiner periodischen Brummigkeit! Ob ich Dir bös bin? Ach, Du gut Kind, was habe ich schon für bittere Tränen darüber geweint, dass ich Dir noch zuletzt so harte Dinge gesagt hatte! Und doch war viel Wahres darin. Aber mich vergisst Du doch nicht, was die Zeit auch daran ändern mag; wenn der eine Haken bricht, so hält der andere; Dein Mütterchen bleibe ich doch, und wenn ich auch noch vierzig Jahre lebe; nicht wahr, mein Junge? Mein Schulte, mein kleines Pferdchen – was hängen alles für Erinnerungen, die nie verlöschen können, an beiden Titeln! Schreib mir, dass Du mich lieb hast; ich habe es so lange nicht ordentlich gehört und bin so hungrig darauf, Du dummes, nichtswürdiges kleines Pferd!

– – – Einige Tage später fuhren wir über Friedrichshafen nach Langenargen, acht Stunden von Meersburg, dieses Mal Jenny mit. Wie habe ich da an Dich gedacht, altes Herz, wie hundertmal habe ich Dich hergewünscht! [...] Lieber Himmel, warum habe ich einen so schönen Tag ohne Dich genießen müssen! Ich habe immer, immer an Dich gedacht, und je schöner es war, je betrübter wurde ich, dass Du nicht neben mir standest und ich Deine gute Hand fassen konnte und zeigen Dir – hierhin – dorthin – Levin, Levin, Du bist ein Schlingel und hast mir meine Seele gestohlen; Gott gebe, dass Du sie gut bewahrst. Aber Du hast mich auch lieb und denkst auch an mich an Deiner Donau – suchst Muscheln, die wahrscheinlich nicht da sind, und hast schon Pflanzenabdrücke und zwei Steine für mich zusammengehütet – so ist's recht! Und wären es am Ende auch simple Kiesel, so soll man immer für einander denken und schaffen, um die Liebe in sich selbst frisch zu erhalten; ich will auch für

Dich zusammenscharren, geschnittene Steine, Pasten, Rococo, wie ich nur kann. Sobald man so viel zusammen hat, dass man es auf die ordinäre Post geben kann, ist es das Porto immer leicht wert, und es ist eine gar zu große Freude, das Empfangen wie das Geben. Du altes Herz, Deine Müschelchen, die Du mir gesucht und in den Schwefelholzkästchen gegeben hast, kann ich kaum ohne Tränen ansehn, und sie sind mir lieber wie alle die schönen, seltenen Meermuscheln in meinem Glasschranke zu Rüschhaus. Adieu, Levin, behalt Dein Mütterchen lieb, stelle Dir oft vor, dass ich bei Dir wäre und Du mir alles erzähltest und vertrautest, wie wir da zusammen waren: Bitte, denk das oft, so wird in Deinem Herzen nie eine Falte gegen mich kommen; ich will Dir auch immer alles sagen. Adieu, lieb Herz.

Meersburg, 7. Juli 1842

Ich bin gewiss, mein guter Junge ist nicht nur ungeduldig, sondern auch besorgt wegen meines langen Stillschweigens. Es hat auch einen recht schlimmen Grund gehabt, nämlich die furchtbaren Gesichtsschmerzen, an denen ich jetzt schon über drei Wochen Tag und Nacht leide, und die erst seit gestern so weit nachgelassen haben, dass ich heute hoffe, dieses Blättchen ohne Unterbrechung vollschreiben zu können; bisher war mir, sobald ich mich zum Schreiben bückte, grade als wenn ich den Kopf in siedendes Wasser steckte. […]

Hier geht's einen Tag wie den andern; das Gespräch dreht sich ohne Abwechslung um die Kinder, die Blumen und die Manuskripte. Ich habe auch zwei halbe oder ganze Gelehrte kennengelernt. Erstlich Bothe, den Herausgeber vieler Klassiker, einen wunderlichen, schnauzigen, dürren, alten Kauz mit einem Stelzfuße, der nur einen Tag blieb, und den Jenny, nachdem sie ihn einen Augenblick alleingelassen, antraf, wie er mitten im Zimmer stehend sich meinen *Grafen von Thal* laut vordeklamierte und ganz entzückt davon schien, worauf ihm Jenny das Buch mit nach Konstanz gab, von wo er es mit einem so begeisterten Briefe zurückgeschickt hat, dass ich eitel darauf werden könnte, wenn ich wüsste, ob der Mann Geschmack hat. Ferner

Albert Schott, der vor acht Tagen ankam und längere Zeit bleiben wird, um allerlei Exzerpte für irgendein Werk, was er unter der Feder hat, zu machen. [...]
Wenn meine Gesichtsschmerzen jetzt wirklich dauernd nachlassen, werde ich weiter an meinen Gedichten schreiben und hoffe, sie Dir noch vor meiner Abreise schicken zu können. [...]
Und nun Adieu, mein bestes, teuerstes Herz; meine Gedanken sind viel, viel bei Dir und immer auch in den größten Schmerzen gewesen. Aber ich kann jetzt nicht mehr schreiben, mein Kopf siedet.
Liebes Herz, wundere Dich nicht, wenn ich Dich fortan Sie nenne und Dich um Gleiches bitte; die gefährliche Zeit unserer Korrespondenz fängt jetzt an, und es ist mir zu empfindlich, Deine lieben Briefe des Dus wegen verbrennen zu müssen.

Rüschhaus, 11. Sept. 1842

Endlich ein Brief von dem kleinen Pferde! Wissen Sie, Levin, dass ich ganz zürnig war? Obwohl ich es generöserweise, vielleicht auch mit aus Hochmut, in meiner königlichen Brust verschlossen hielt und tat, als könne ich noch gar keinen Brief erwarten. Wer hätte denken sollen, dass der Klüngelpeter von Latzberg Breve, dem schon bei meiner Abreise nicht viel mehr als das Kuvert fehlte, erst noch Wochen vom Stapel lassen sollte! Mein Junge darf sich also nicht wundern, dass ich mich wunderte, etwas angstete und ziemlichermaßen erzürnte; denn eine innere Stimme sagte mir, dass er gesund wie ein Fisch und rund wie ein Kegel sei und bloß grenzenlos faul. Ich gäbe viel darum, liebes Herz, wenn Sie grade dieses Mal so recht offen und ausführlich geschrieben hätten, ganz wie zu Ihrem Mütterchen; denn ich sitze hier seit sechs Wochen mutterseelenallein, und weder Hahn noch Huhn kräht nach den Briefen, die ich bekomme, und mich verlangte so nach einem recht langen, warmen, lieben; aber das konnten Sie freilich nicht wissen, das Erstere nämlich. Von der Mitte dieses Monats an bin ich nicht mehr allein, also schon in der Woche, die heute beginnt. Dass Briefe an mich erbrochen würden, ist fortan gar keine Gefahr mehr

vorhanden, selbst wenn ich gerade abwesend sein sollte; aber ich würde dennoch dringen, sie allein zu bekommen, um nicht genötigt zu sein, sie vorzulesen, wo man dann, nicht vertraut mit dem Inhalte, beim Übergehen so leicht ungeschickt stockt, was allerlei Fatalitäten nach sich ziehn könnte. Lassen Sie uns also, wenn es Ihrerseits möglich ist, einen regelmäßigen Briefwechsel verabreden; schreiben Sie den ersten jedes Monats, ich will dann jeden fünfzehnten die Antwort zur Post schicken; so fällt auch das fatale Kreuzen fort, was einen desperat macht, wenn man soeben sein Schiff mit defekter Ladung hat absegeln lassen.
NB. Richte Deine Briefe von jetzt an doch so ein, dass ich sie, wenigstens zuweilen, Elisen zeigen kann; es wird Dir nicht schwer werden, denn da sie einerseits Dein volles Vertrauen besitzt und andererseits wohl weiß, wie lieb Du mich hast, so kannst Du Dich ja ganz gehen lassen, und willst Du mir ein Extrablatt einlegen, nun, so leugne ich nicht, dass dies mir umso lieber ist [...]. Mein altes Kind! Mein liebes, liebstes Herz! Ich denke in meiner Einsamkeit alle Tage wohl zehnmal an Dich und wette, Du Schlingel denkst alle zehn Tage kaum einmal an mich; darum mag ich es Dir auch gar nicht sagen, wie lieb ich Dich habe, denn ‚Spiegelberg, ich kenne Dir!' Ich bin zwar eine unvergleichliche Person, und Rüschhaus ist ein höchst grandioses Schloss, aber die zuletzt aus dem Nile gestiegenen Kühe Pharaonis fraßen auch die alten auf, so hundsmager und schäbig sie selbst waren, und so schön fett und gleißend die andern. Und NB. Was stellt das für, dass Du behauptest, gar kein Material zu haben. Wo sind denn diejenigen glänzenden, poetischen, gediegenen, mit (Gesichts-)Schmerzen geborenen ‚jüngsten Kinder meiner Laune', die ich Dir in meinem letzten Briefe von Meersburg gesendet? Heißt es hier wirklich: *parturiunt montes, nascetur ridiculus mus*?* Zu Deutsch: Kannst Du wirklich ganz und gar nichts davon gebrauchen? Mich dünkt, es kamen doch eine Masse schöner Gebräuche darin vor, die es nicht verdienten, so ganz vor die Hunde zu gehen; wirklich,

* Wörtlich: „Wie der Berg auch kreißte, er gebar doch nur eine Maus."

konntest Du nicht wenigstens einiges umarbeiten? Sag es mir nur frei heraus; Du weißt, ich hülle mich dann in meine Größe und tröste mich mit Deinem schlechten Geschmacke. – – –

Den 12.

Guten Morgen, Levin, es regnet draußen, in mir aber ist heller Sonnenschein, weil ich bei Dir bin und Dein gutes Affengesicht mir so recht vor Augen tritt. NB. Dein Porträt ist mir doch jetzt von großem Werte, und ich gäbe es um Vieles nicht hin, obwohl Du mich ansturst wie ein grimmiger Leu, dass ich immer sagen möchte: Friss mich nicht, kleines Pferd! Um jetzt auch mal auf mich selbst zu kommen: Es geht mir denn so leidlich; von meinen Gesichtsschmerzen bin ich, Gottlob, total geheilt, durch eine wahrhaft wunderbar wirkende Salbe, die mir ein altes Laienschwesterchen in Meersburg gegeben. Aber übrigens ist mir doch zuweilen hundsschlecht, und ich kann des Klimas noch ganz und gar nicht gewöhnen, obwohl ich alle Tage renne wie ein Postbote, immer den Weg durch die Heide entlang, bis zu dem Schlagbaum, wo ich Dich zuerst konnte komme sehn, – ich denke doch auch *jedes Mal* daran! – was zusammen anderthalb Stunden macht, siebenmal auf und nieder nämlich; dennoch ist mir häufig übel, schwindlig, ohrensauserig und auch zuweilen beklemmt.
[…]

den 16.

Gestern, als ich von Kopfweh überwältigt eben die Feder weggelegt hatte, kam Ihr Kistchen an. Mein altes, gutes Herz, wie haben Sie sich geplagt, das alles zusammenzubringen! Sie sind doch ein gar liebes, kleines Pferdchen, – bloß klein, weil klein lieb ist, – und wie schön ist alles, besonders die Münzen! Sie wissen vielleicht selbst nicht, dass eine ganz vortreffliche altgriechische darunter ist: die kleine grasgrüne. Die übrigen sind römisch, alle so prächtig erhalten und mehrere darunter von größter Seltenheit; auch die neugriechischen Münzen sind mir sehr lieb, und fast noch mehr die Mineralien und Versteinerungen, weil mein gutes Kind sie teilweise mit seinen eigenen guten Händen für mich herausgeklopft hat. Lieber Levin, Deine treue Sorge und Liebe tut Deinem Mütterchen sehr wohl; sie hat ja auch nur den einen Jungen, auf den sie alles, was von Mutterliebe in ihr ist, konzentrieren muss. Gott segne Dich, mein Kind, Du weißt nicht, wie es mich rührt, dass Du so oft an mich gedacht und Deine Freude in der meinigen gefunden hast. Ich bin etwas misstrauisch und gar nicht eitel, darum glaube ich immer, schnell vergessen zu sein. – – –

Abbenburg, den 24. Juni 1843

– – – Sie sind also Bräutigam, und zwar einer höchst wahrscheinlich sehr guten und ganz gewiss höchst liebenswürdigen Braut, die nach Ihrer Beschreibung wirklich grade das zu besitzen scheint, was zu Ihrem innern Glück und äußeren Wohle Not tut, und wonach mein Auge lange ängstlich für Sie umhergesucht hat. Nun, Gott segne Sie und gebe Ihnen alles Glück, was Ihr Herz so reichlich verdient; wenn meine Wünsche für Sie nur erfüllt werden, dann will ich auch nicht maulen, dass Sie meinen warmen, angstvollen Rat, wie gewöhnlich, mit aller Hochachtung beiseite geschoben und dem Schicksal den Handschuh geradezu ins Gesicht geworfen haben. Jetzt bittet Dein Mütterchen Dich aber noch einmal, und es ist die letzte Bitte, von deren Erfüllung noch vieles abhängen kann; nachher ist alles abgeschlossen, und was Dich Schweres treffen mag, muss hoffnungslos getragen werden: Heirate nicht so leichtsinnig, wie Du Dich verlobt hast. Hat der Himmel es gnädig mit Dir gemacht, statt Deiner geprüft und gewählt und Dir in Luisen ein Kleinod gegeben, was Du wohl ahnden, aber durchaus noch nicht als echt erkennen konntest – bei Deiner Verlobung –, so fordere ihn nicht zum zweiten Male heraus, durch den Bau einer Häuslichkeit auf den armseligen, lockern Triebsand bloß literarischer Erfolge. [...] Ach, Levin, mir sinkt unter dem Schreiben aller Mut, wenn ich selbst fühle, wie schwach meine Stimme unter dem Jubel des Glücks und der Leidenschaft an Dein Herz rühren wird. Wär ich eine Millionärin, wie ich Deinetwegen, einzig Deinetwegen sehnlichst wünschte, so ließ ich Dich gewähren und wartete ruhig den Augenblick ab, wo der Sohn sich mit einem ‚*mea culpa*' in die immer offenen Arme seiner Mutter flüchtete; aber meine eigene Hilflosigkeit für den schlimmsten Fall macht mir das Herz zentnerschwer. Ich bitte Dich mit gefalteten Händen: Suche festen Grund, ehe Du Dein Haus baust; vergegenwärtige Dir nur einmal recht lebhaft Deine frühere Lage, und doch hattest Du da für keine Familie zu sogen. Ich mag nicht mehr darüber sagen, mein letzter Brief enthält alles, was sich darüber sagen lässt, und diesen hast Du wahrscheinlich schon verworfen oder mindestens gewiss vergessen, und so wird es mit diesem auch gehen, und ich finde mehr Trost in dem von Dir gerühmten praktischen Sinne Deiner lieben Braut, die von selbst meine Ansichten teilen muss, als dass ich hoffe, großen Eindruck auf Dich zu machen. Du wirst natürlich finden, dass ich mich mit dem höchsten Interesse nach dem Gegenstande Deiner Wahl erkundigt habe, jedoch ohne jemand treffen zu können, der mehr von ihr kannte als ihre Arbeiten im Morgenblatt; so bleiben außer Deinem Zeugnis, dem ich gern und freudig trauen will, ihre wenigen, aber gottlob höchst herzlichen und einfachen Zeilen an mich das Einzige, was meiner Phantasie und den Hoffnungen für Deine Zukunft die Richtung gibt. Sag Luisen, dass ich ihr danke, dass ich sie schon jetzt herzlich liebe und das feste Vertrauen habe, sie immer mehr zu lieben, weil sie Dich immer glücklich machen wird. Wann und wie uns das Schicksal zusammenführen wird, weiß Gott allein; aber der hoffentlich gegenseitige lebhafte Wunsch wird die Gelegenheit schon herbeizuführen wissen. Sag ihr, dass ich sehr viel an sie denke und ihr Bild mir so vertraut und lieb vor Augen steht, wie die vereinte Liebe eines Bräutigams und einer Mutter es nur malen können, und dass ich sie bitte, mir für das persönliche Zusammenfinden einen offenen Platz in ihrem Herzen zu bewahren, wie ich ihr mit aller Treue einen in dem meinigen bewahren werde. Du, Levin, musst ihr bezeugen, dass dies keine leeren Worte sind, und wie wenig ich mich überall mit leeren Worten befasse. Und somit Gottes Segen über Euch beide!

George Sand

(1804-1876)

an Alfred de Musset und Frédéric Chopin

George Sand, geborene Aurore Dupin, war zu ihrer Zeit die erfolgreichste weibliche Schriftstellerin überhaupt, und auch eine der berühmtesten und berüchtigsten. Viele große Zeitgenossen – darunter Heine, Liszt, Chopin und Flaubert – suchten ihre Gesellschaft, ihre Freundschaft und/oder ihre Liebe.
Ehe sie zur gefeierten Literatin und Dame der Pariser Gesellschaft wurde, hatte Aurore im Alter von 19 Jahren Casimir Duvedant, einen Freund der Familie, geheiratet. Aus der anfangs glücklichen Ehe gingen zwei Kinder hervor, Maurice und Solange, die mit die wichtigsten Menschen im Leben der Schriftstellerin bleiben sollten, deren Mütterlichkeit all ihre weiteren Beziehungen beeinflussen sollte – sowohl zu ihren Freunden als auch zu ihren Liebhabern. Schon bald beengte die Ehe mit dem einfachen Duvedant Aurore zu sehr; zwar blieben die beiden noch Jahre lang verheiratet, bis es endlich zur offiziellen Scheidung kam, doch die junge Frau verbrachte nun die meiste Zeit in Paris. Dort lernte sie bald den jungen Literaten Jules Sandeau kennen und lieben; ihre ersten Werke, die sie zum Broterwerb schrieb, veröffentlichte sie zusammen mit ihm unter dem Namen J. Sand. Die Liebe zu Sandeau verging, doch der Künstlername George Sand blieb – er war so hartnäckig, dass sogar ihre Kinder den Namen ‚Sand‘ annahmen. 1833 schließlich begegnete George Sand dem sechs Jahre jüngeren, als Lyriker bereits sehr erfolgreichen Alfred de Musset, der sich leidenschaftlich in sie verliebte und bald ihr Herz eroberte. Die beiden brachen zu einer Italienreise auf, in Venedig jedoch kam es zum Zerwürfnis, und de Musset musste ‚seinen George‘ in den Armen seines Arztes Pagello zurücklassen. Das Verhältnis war damit noch nicht beendet, kann

aber spätestens ab da, aller offensichtlichen Liebe zum Trotz, nur als ein zerstörerisches bezeichnet werden, vor allem für de Musset, von dem Heine schließlich zu sagen wusste: „Dieser junge Mann hat eine große Zukunft hinter sich.“ George Sand arbeitete das unglückliche Verhältnis in einer Reihe von Romanen auf.

1837 stellte ein befreundetes Paar – niemand anderer als Franz Liszt und Marie d'Agoult – George Sand dem polnischen Pianisten Chopin vor. Sowohl George Sand als auch ihre intimste Freundin, die Schauspielerin Marie Dorval, mit der der Schriftstellerin ein lesbisches Verhältnis nachgesagt wird, bewunderten den jungen Mann glühend. Chopin verliebte sich in die sechzehn Jahre ältere Literatin; die beiden lebten acht Jahre in einem eheähnlichen Verhältnis zusammen. Die Zeit, die sie mit Chopin und ihren beiden Kindern verbrachte, gehört sicher mit zu den glücklichsten und am wenigsten schmerzvollen in George Sands Leben. Obwohl sie im Laufe ihres Lebens eine ganze Reihe von Liebhabern hatte, sollte die Schriftstellerin nur mit einem weiteren Mann ein ähnlich lang währendes, wenn auch platonisches, Verhältnis pflegen: Zehn Jahre vor ihrem Tod traf George Sand den großen Romanschriftsteller Gustave Flaubert, und zwischen den beiden entwickelte sich eine intensive Künstler- und Brieffreundschaft, die in die Literaturgeschichte eingegangen ist.

George Sand war eine eigenwillige Frau, die sich für die absolute Gleichstellung der Frau, vor allem in Sachen Liebe, einsetzte. Gleichzeitig vertrat sie ein romantisch-platonisches, ‚reines' Liebesideal; Intimität, Sexualität war ein Problem für sie. Aus dieser Kombination mag das eigenartig anmutende Verhältnis zu ihren Liebhabern erwachsen sein: Sie ist ihnen Geliebte, Mutter und Bruder gleichermaßen, wobei ihr die letzteren beiden Aspekte immer wichtiger gewesen zu sein scheinen als der erstere.

an Alfred de Musset

Den folgende Brief schrieb George Sand nach der berühmten ‚Katastrophe von Venedig‘, die der Anfang vom Ende für ihre Beziehung zu de Musset war:

[Venedig], 15. April [1834]*

Mein Engel, eine grauenvolle Unruhe hat sich meiner bemächtigt. [...] Alles, was ich an Nachricht von Dir erhalten habe, sind die zwei Zeilen, die Du mir aus Padua geschrieben hast, und ich weiß nicht, was ich denken soll. Pagello meint, dass, wärst Du krank, Antonio uns sicher geschrieben hätte, aber ich weiß, dass in diesem Land Briefe verloren gehen können oder sechs Wochen brauchen, bis sie endlich ihr Ziel erreichen. Ich bin am Verzweifeln. Endlich, endlich habe ich Deinen Brief aus Genf erhalten. Oh, wie danke ich Dir dafür, mein Kind! Wie schön er ist, und er macht mir solche Freude! Ist es auch wirklich wahr, dass Du nicht krank bist, dass Du stark bist und nicht leidest? Ich befürchte immer, dass Du wegen Deiner Zuneigung zu mir das Ausmaß Deiner Gesundheit mir gegenüber übertreiben könntest. Oh, dass Gott Dir Gesundheit geben und sie erhalten möge, mein lieber Kleiner! Das ist mir von nun an genauso wichtig, genauso lebensnotwendig wie Deine Freundschaft. Ohne das eine und ohne das andere wird es für mich in Zukunft keinen einzigen schönen Tag mehr geben. Glaube nicht, glaube ja nicht, Alfred, dass ich glücklich sein könnte, wissend, dass ich Dein Herz verloren habe. Ob ich Deine Geliebte bin oder Deine Mutter, das spielt kaum eine Rolle. Ob ich Gefühle der Liebe oder der Freundschaft in Dir erwecke, ob ich glücklich oder unglücklich bin mit Dir – das alles ändert nichts am gegenwärtigen Zustand meiner Seele. Ich weiß, dass ich Dich liebe, und das ist alles. Doch nicht mit diesem Hunger [*dem schmerzhaften?*], Dich in jeder Sekunde in meinen Armen

* Übersetzung aus dem Französischen von Katharina Maier.

halten und küssen zu müssen, den ich nicht stillen kann, ohne Dich damit dem Tode zu überantworten; sondern mit einer männlichen Stärke und zugleich mit all der Zärtlichkeit, die der weiblichen Liebe zueigen ist. […] Warum bin ich, die ich all mein Blut hingegeben hätte, um Dir eine Nacht der Erholung und der Ruhe zu erwirken, Dir eine Folter, eine Geißel, ein Schreckgespenst geworden? Wenn diese grauenvollen Erinnerungen mich überfallen (und zu welcher Stunde lassen sie mich schon in Frieden?), dann werde ich fast wahnsinnig. Ich benetze mein Kopfkissen mit Tränen. In der Stille der Nacht höre ich Deine Stimme, die nach mir ruft. Bei wem soll ich nun Nachtwache halten? Wem nutzt nun all die Kraft, die ich um Deinetwillen angesammelt habe und die sich jetzt gegen mich selbst richtet? O! mein Kind, mein Kind! Wie sehr brauche ich Deine Zärtlichkeit und Deine Vergebung! […] Ich erinnere mich an nichts mehr, nur daran, dass wir sehr unglücklich gewesen waren und dass wir uns getrennt haben. Doch ich weiß, ich fühle, dass wir uns unser ganzes Leben lang geliebt haben – mit dem Herzen und mit dem Kopf. […] Wir sind dazu geboren, uns zu kennen und uns zu lieben, da bin ich mir sicher. Wäre Deine Jugend nicht gewesen und meine Schwäche ob Deiner Tränen eines Morgens – wir wären uns für immer Bruder und Schwester geblieben. […]. Wir sind Liebende gewesen, wir kennen einander bis auf den Grund der Seele; was also konnten wir aneinander entdecken, das uns den andern so verleiden konnte? Oh, Unglück über uns, sollten wir uns an einem Tag des Zorns getrennt haben, ohne einander zu verstehen, ohne uns einander zu erklären! Soll es also so sein, dass ein unleidiger Gedanke unser ganzes Leben vergiftet […]? Doch sollten wir uns denn so trennen können, so? […] Nein, das kann nicht sein. Wir müssen uns von den Verhältnissen lossagen, die unmöglich geworden sind, und auf ewig verbunden bleiben. Du hast recht, unsere Umarmung, unser Kuss war ein Inzest, aber wir wussten es nicht. Wir haben uns gegenseitig voller Unschuld und Ernst an die Brust gedrückt. Nun gut! Ist uns denn von all diesen Umarmungen eine Erinnerung geblieben, die nicht

keusch wäre und heilig? Im Fieber und Delirium hast Du mir einst vorgeworfen, dass ich Dir niemals die Freuden der Liebe zu schenken wusste. Ich habe damals deswegen geweint, doch jetzt wird mir leicht ums Herz bei dem Gedanken, dass an diesem Vorwurf etwas Wahres gewesen ist. Mir ist leicht ums Herz, weil diese Freuden keuscher, verhüllter waren als jene, die Du anderswo finden magst. Wenigstens erinnerst Du Dich so nicht an mich, wenn Du in den Armen anderer Frauen liegst. Doch wenn Du allein bist, wenn Du beten musst und weinen, dann wirst Du an Deinen George denken, an Deinen wahren Kameraden, an Deine Pflegerin, an Deinen Freund und an etwas, das besser ist als dies alles; denn das Gefühl, das uns verbindet, formt sich aus so vielem, dass es keinem anderen vergleichbar ist. Die Welt wird davon nie etwas verstehen; umso besser: Wir werden uns lieben und uns über die Welt lustig machen. [...]
Adieu, Adieu, mein liebes, kleines Kind. Schreib mir sehr oft, ich bitte Dich. Oh, wie sehr sehne ich mich danach, zu wissen, dass Du in Paris angekommen und wohlauf bist! Denk daran, dass Du mir versprochen hast, Dich zu schonen. Adieu, mein Alfred, liebe Deinen
George.

12. Mai 1834

Nein, mein geliebtes Kind, diese drei letzten Briefe sind nicht der letzte Händedruck der Geliebten, die Dich verlässt. Sie sind die Umarmung des Bruders, der Dir bleibt. Dieses Gefühl ist zu schön, zu rein, zu süß, als dass ich je das Bedürfnis hegen sollte, mit ihm fertig zu werden. Bist Du Deinerseits sicher, mein Kleiner, dass Du nie gezwungen sein wirst, abzubrechen? Wird eine neue Liebe Dir dies nicht als Bedingung auferlegen? Möge mein Andenken keine Deiner Lebensfreuden vergiften, aber erlaube diesen Freuden nicht, mein Andenken zu zerstören und herabzusetzen. Mögest Du glücklich sein und geliebt. Wie wärest Du es nicht? Aber behalte mich in einem heimlichen Winkel Deines Herzens, dort kehre in den Tagen der Traurigkeit ein, um Trost zu finden oder Ermutigung. Du sprichst nicht von

Deiner Gesundheit. Doch sagst Du mir, dass Frühlingsluft und Fliederduft qualmend in Dein Zimmer dringen und Dein Herz aufjubeln machen vor Liebe und Jugend. Das ist ein Zeichen von Gesundheit und Kraft, sicherlich das Süßeste, das die Natur uns zu geben vermag. Also liebe, mein Alfred, in allem Ernste liebe. Liebe ein junges, schönes Weib, das noch nie geliebt hat, noch nie gelitten. Schone sie und mache sie nicht leiden; ein Frauenherz ist solch ein zartes Ding, wenn es nicht ein Eiszapfen ist oder ein Stein. Ich glaube kaum, dass es da eine Mitte gibt, und auch Du kennst keine in Deiner Art zu lieben und zu schätzen. Umsonst suchst Du Dich hinter dem Misstrauen zu verschanzen oder im kindischen Leichtsinn eine Zufluchtsstätte zu finden. Deine Seele ist geschaffen, glühend zu lieben oder ganz zu verdorren. Ich kann nicht glauben, dass Du mit solchem Mark und solcher Jungend *ununterbrochener Erhabenheit* verfallen könntest, Du würdest jeden Augenblick davon abweichen, und ohne dass Du es wolltest, ergösse sich der reiche Strom Deiner Liebe über Gegenstände, die Deiner unwürdig sind. Hundertmal hast Du es gesagt, und Du nimmst es umsonst zurück, nichts hat diese Worte verlöscht: Auf der Welt ist nur die Liebe, die etwas wert ist. Vielleicht ist sie eine göttliche Fähigkeit, die in Verlust gerät und sich wiederfindet, die man zu erhalten bestrebt sein muss oder die man mit grausamen Leiden, mit schmerzlichen Erfahrungen erkaufen muss. Vielleicht hast Du mich kummervoll geliebt, um eine andre hingebend zu lieben. Vielleicht wird jene, die da kommen wird, Dich weniger lieben als ich, und vielleicht wird sie glücklicher und geliebter sein. Es sind solche Geheimnisse in diesen Dingen, und Gott stößt uns in solche neue, unerwartete Bahnen! Lass alles mit Dir geschehen, widerstrebe ihm nicht, er verlässt seine Bevorzugten nicht. Er nimmt sie bei der Hand und stellt sie inmitten von Klippen, wo sie leben lernen sollen, um sie nachher an die Festtafel zu setzen, wo sie rasten sollen. Was mich betrifft, mein Kind, nun beginnt es, stille zu werden in meiner Seele, und Hoffnung umfängt mich. Meine Einbildungskraft erstirbt und heftet sich nur mehr an literarische Erdichtungen. Sie gibt ihre

Rolle im wirklichen Leben auf und reißt mich nicht mehr über die Grenzen der Vorsicht und der Vernunft hinweg. Mein Herz bleibt noch und bleibt immer empfindsam und reizbar, bereit, beim leisesten Nadelstich in Strömen zu bluten. Diese Empfindlichkeit hat wohl noch Übertriebenes und Krankhaftes an sich, das nicht in einem Tage heilen wird, aber ich schaue auf Gottes Hand, die sich über mich neigt und mir nach einem Dasein dauernden Friedens winkt. Alle wahren Güter stehen mir zur Verfügung; ich hatte mich an eine ekstatische Begeisterung gewöhnt, und diese geht mir manchmal ab, aber wenn der Anfall von Spleen vorüber ist, lob ich mich, gelernt zu haben, mit offenen Augen zu lieben. Ein großer Umstand, der meine Genesung fördern hilft, ist, dass ich die latenten Überbleibsel meines Schmerzes verbergen kann. Ich habe es nicht mit so durchdringenden Augen zu tun, als es die Deinigen sind, und ich kann mein Gesicht eines kranken Vogels aufsetzen, ohne dass es jemand bemerkt. Wenn man mich im Verdacht hat, ein wenig traurig zu sein, rechtfertige ich mich mit Schmerzen im Kopf oder einem Hühnerauge am Fuß. Man hat mich nicht sorglos und närrisch gesehen, man kennt nicht alle Schlupfwinkel meines Charakters, man sieht nur die Hauptzüge davon, und so ist es gut, nicht wahr? Und hier bin ich nicht Frau Sand. Der gute Pierre hat *Lelia* nicht gelesen, und ich glaube wohl, dass er kein Wort davon verstünde. Er misstraut den Verirrungen unserer Dichterköpfe nicht. Er behandelt mich wie eine Frau von zwanzig Jahren und umkränzt mich mit Sternen wie eine jungfräuliche Seele. Ich sage nichts, um seinen Irrtum zu zerstreuen oder zu bestärken. Ich werde eine andre durch diese sanfte, rechtschaffne Neigung; das erste Mal meines Lebens ist es, dass ich ohne Leidenschaft liebe. Du, Du bist noch nicht so weit. Vielleicht wirst Du im verkehrten Sinn schreiten, vielleicht wird Deine letzte Liebe die romantischste und jugendlichste sein. Aber Dein Herz, Dein gutes Herz, töte es nicht, das bitte ich Dich; möge es in seiner Gänze oder Stück für Stück an jeder Liebe Deines Lebens teilhaben, aber möge es immer seine edle Rolle dabei spielen, auf dass Du eines Tages zurück-

blicken kannst und gleich mir sagen: ‚Ich habe oft gelitten, ich täuschte mich manchmal, aber ich liebte. Ich war es, der liebte, und nicht ein Scheinwesen, das meine Hoffart und meine Langeweile zeugten. Ich versuchte diese Rolle in den Augenblicken der Einsamkeit und der Verdrießlichkeit, aber das war, um mich zu trösten, dass ich allein war, und war ich zu zweit, gab ich mich wie ein Kind und wurde aufs Neue dumm und gut, wie die Liebe will, dass man ist'.
[…]

6 Uhr

Warum gingen wir so traurig auseinander? Werden wir uns heute Abend wieder sehen? Dürfen wir glücklich sein? Dürfen wir uns lieben? Du sagtest ja, und ich versuche, es zu glauben. Aber es scheint mir, dass Du Deinem Gefühl nicht folgen kannst, und dass Du Dich bei dem kleinsten Schmerz gegen mich auflehnst wie gegen ein Joch. Ach, mein Kind, wir lieben uns, das ist die einzige sichere Tatsache in unserem Leben. Die Zeit und die Trennung hinderten uns nicht und werden uns nicht hindern, uns zu lieben. Aber ist ein Zusammenleben zwischen Dir und mir möglich? Bin ich imstande, mit einem andern zu leben? Das erschreckt mich. Ich bin oft traurig und verstört; denn Du machst mich jeden Augenblick hoffen und verzweifeln. Was soll ich tun? Willst Du, dass ich gehe? Willst Du wieder versuchen, mich zu vergessen? Ich, ich werde das nicht mehr anstreben, aber ich kann schweigen und fortgehen. Ich fühle, dass ich Dich wieder wie einst lieben werde, wenn ich nicht fliehe. Ich töte Dich vielleicht und mich mit Dir; bedenke das wohl. Ich wollte Dir im Vornherein alles sagen, was zwischen uns zu befürchten wäre. Ich hätte Dir schreiben sollen, anstatt zurückzukommen; das Verhängnis hat mich zurückgeführt, soll man es beklagen oder segnen? Seit zwei Stunden, ich gestehe es Dir ein, ist das Entsetzen stärker als die Liebe, und ich fühle mich gelähmt wie ein Mensch auf einem Bergpfad, der zwischen zwei Abgründen nicht wagt, vorwärtszugehen oder umzukehren. Dich zu lieben bedeutet vielleicht für beide Teile ein Leben des Fiebers – oder die Einsamkeit und die Verzweiflung für mich allein. Sage mir, glaubst Du, auf andere Weise glücklicher sein zu können? Ja, zweifellos, Du zählst dreiundzwanzig Jahre, und die schönsten Frauen der Welt, vielleicht die besten, können Dir angehören. Ich besitze, um Dich an mich zu fesseln, nur das wenige Gute und das viele Böse, das ich Dir getan habe. Das ist eine traurige Mitgift, die ich Dir zubringe. Jage mich davon, mein Kind, Du brauchst nur ein Wort zu sagen. Diesmal wirst Du keine Heftigkeiten meinerseits zu befürchten haben, und ich werde Dich nicht eines Glückes wegen zur Rechenschaft ziehen, auf das ich verzichtet habe. Sage mir, was Du willst, mache, was Du willst; kümmere Dich nicht um mich, ich werde für Dich leben, solange Du willst, und am Tag, da Du nicht mehr wollen wirst, werde ich mich bescheiden, ohne aufzuhören, Dich gerne zu haben und für Dich zu beten. Berate Dich mit Deinem Herzen, auch mit Deinem Verstand, mit Deiner Zukunft, mit Deiner Mutter. Überlege, was Du außer mir besitzen könntest, und opfere mir nichts. Wenn Du zu mir zurückkehrst, dann kann ich Dir nur eins versprechen: Ich will versuchen, Dich glücklich zu machen. Aber Du müsstest Geduld und Nachsicht üben in jenen Augenblicken der Furcht und der Traurigkeit, die mich zweifellos übermannen werden. Eine solche Geduld stimmt kaum mit Deinem Alter überein. Berate Dich, mein Engel – mein Leben ist Dein, und was immer geschehen mag, sei überzeugt, dass ich Dich liebe und lieben werde.

[undatiert]

Nein, nein, es ist genug! Armer Unglücklicher, ich liebte Dich wie meinen Sohn, es war Mutterliebe, noch blute ich daran. Ich beklage Dich, ich vergebe Dir alles, aber wir müssen uns trennen. Ich würde dabei schlecht werden. Du sagst, das wäre besser, und dass ich Dich ohrfeigen sollte, wenn Du mich beschimpfst. Ich vermag nicht zu kämpfen. Gott schuf mich sanft und zugleich stolz. Mein Stolz ist jetzt gebrochen, und meine Liebe ist nur mehr Mitleid. Ich sage es Dir, man muss damit fertig werden. Sainte-Beuve hat recht. Dein Benehmen ist erbärmlich, unmöglich. Mein Gott, welchem Leben überließ ich Dich! Die Trunkenheit, der Wein! Dirnen – noch und immer wieder! Aber da ich nichts mehr tun kann, Dich davor zu bewahren, soll ich diese Schmach für mich und diese Marter für Dich selbst verlängern? Meine Tränen erregen Dich. Und mitten in alledem Deine törichte Eifersucht bei jeder Gelegenheit. Je mehr Du das Recht verwirkst, eifersüchtig zu sein, je mehr wirst Du es! Das ähnelt einer Strafe Gottes, die auf Dein armes Haupt zurückfällt. Aber meine eigenen Kinder, meine Kinder, leb wohl, leb wohl, Unglücklicher, der Du bist, meine Kinder, meine Kinder!

AN FRÉDÉRIC CHOPIN*

Der Großteil der Korrespondenz zwischen den Quasi-Eheleuten George Sand und Chopin wurde zerstört; aus der Feder der Schriftstellerin sind nur das folgende erste Billet und eine Reihe von Briefen erhalten, aus denen sich die Liebe und Vertrautheit der beiden eher zwischen den Zeilen herauslesen lässt.

Paris, Ende April 1838

Sie werden angebetet!
George

Auch von mir! Auch von mir! Auch von mir!!!
Marie Dorval

Cambrai, 13. August 1840

Liebes Kind,
ich bin mittags sehr erschöpft angekommen; es sind nämlich gar nicht fünfunddreißig Meilen von Paris bis hierher, sondern fünfundvierzig. Uns liefen eine Reihe hübscher *Bürgerlichkeiten*

---

* Übersetzung aus dem Französischen von Katharina Maier

aus Cambrai über den Weg. Sie sind *schön,* sie sind dumm, sie sind kleingeistig; das ist das höchste der Gefühle! Wenn uns die *Marche historique* nicht tröstet, dann ist es durchaus möglich, dass wir an Langeweile ob all der Höflichkeiten, die man uns erweist, sterben werden. Wir sind bei Adel untergebracht; doch was für Gäste, was für Konversationen, was für Diners! Wir lachen darüber, wenn wir zusammen allein sind; doch im Angesicht des Feindes machen wir eine mitleiderregende Figur! Ich sehne mich nicht länger danach, dass Sie hier ankommen; doch ich arbeite darauf hin, sehr schnell von hier aufzubrechen, und ich beginne zu verstehen, warum Sie so ungern Konzerte geben. [...] Wir werden unsere Reise möglicherweise einen Tag früher wieder aufnehmen. Ich wünschte, ich wäre bereits weit weg von sämtlichen Cambresen und Cambresinnen!

Gute Nacht. Ich werde zu Bett gehen; ich bin zum Umfallen müde.

Lieben Sie Ihre Alte so sehr, wie sie Sie liebt.

G. S.

Elizabeth Barrett Browning

(1806-1861)

an Robert Browning*

Elizabeth Barrett Browning, die wohl berühmteste Dichterin des viktorianischen Englands, schrieb ihre ersten Gedichte schon als junges Mädchen. Als Frau genoss sie eine für ihre Zeit ungewöhnlich gute und vielseitige Bildung: Ihr Vater hatte mit Zuckerplantagen in Jamaika ein Vermögen gemacht, sie wuchs in einem herrschaftlichen Anwesen auf und wurde dort von einem Hauslehrer unterrichtet. Ihre körperliche Gesundheit dagegen war schon immer bedenklich – an welcher Krankheit sie genau litt, ist bis heute nicht geklärt –, so dass sie von ihrer Familie teilweise wie eine Invalide behandelt wurde und eingesperrt und abgeschieden lebte. Nach der Abschaffung der Sklaverei 1830, für die Elizabeth sich selbst einsetzte, verlor ihr Vater einen Großteil des Vermögens und die Familie zog nach London. Dort wurde die junge Frau durch Veröffentlichungen ihrer Gedichte zunehmend bekannt, und durch diese wurde auch der Dichter Robert Browning auf sie aufmerksam.

Er schrieb ihr einen ‚Fanbrief', in dem er nicht nur seine Bewunderung für ihre Dichtung ausdrückte, sondern auch recht unmissverständlich andeutete, dass er sich in die Dichterin selbst verliebt hatte. Elizabeth, vorbelastet durch ein problematisches Verhältnis zu ihrem Bruder, an dessen frühem Tod sie sich die Schuld gab, und den Spannungen zwischen ihr und ihrem strengen Vater, sowie durch eine unerwiderte Liebe zu einem Altphilologen, zögerte zunächst, Brownings Liebe anzunehmen und zu erwidern – sie fürchtete, ihr Gefühlsleben nicht unter Kontrolle zu haben und ihn dadurch eines Tages unglücklich zu machen. Browning ließ sich nicht

* Übersetzung aus dem Englischen von Sabine Anders

abschrecken und warb hartnäckig um sie; die beiden schrieben sich vor ihrer Eheschließung (1846) allein 600 Briefe. Da Elizabeths Vater gegen die Heirat war (er enterbte alle seine Kinder wegen der Wahl ihrer Ehepartner), fand die Trauung heimlich statt, und kurz danach brachte Browning seine Frau, auch wegen ihrer Gesundheit, nach Italien, wo sie die nächsten fünfzehn Jahre, bis zu Elizabeths Tod, überwiegend lebten. Ihr Vater traf sie nie wieder und öffnete keinen ihrer Briefe, doch die beiden Brownings lebten glücklich miteinander und unterstützten sich gegenseitig in ihrer Dichtung, wobei die Heirat ihrer Kreativität keinen Abbruch tat: Elizabeth veröffentlichte 1850 auf Drängen ihres Mannes eine Sammlung von Sonetten, die sie schon vor der Heirat zu schreiben begonnen hatte und in denen sie ihre Liebe zu Browning beschreibt, Sonnets From the Portuguese *(Brownings Kosename für Elizabeth war ‚Portuguese'). Elizabeth starb 1861 in Florenz in den Armen ihres Mannes.*

Donnerstag Abend, 20. Dezember 1845

Liebster,

Du verstehst Dich darauf, mir das zu sagen, was mich am glücklichsten macht, obwohl Du, wie Du behauptest, nie im Sinn hast, mich glücklich zu machen! Was mich betrifft, so denke ich auch nicht darüber nach. Ich weiß ganz einfach, dass Du mein Glück *bist* und dass Du deswegen kein anderes Glück für mich schaffen könntest, das es sich lohnte zu haben – nicht einmal *Dich*. Wie konntest Du? *Das* wollte ich gestern sagen, aber ich konnte es nicht sagen – es zu schreiben ist leichter.

Da wir gerade von Glück sprechen – soll ich es Dir sagen? Versprich mir, dass Du nicht böse bist, und ich werde es Dir sagen. Manchmal habe ich mir gedacht, wenn es nur um mich ginge, dann würde ich diesen Winter gerne sterben – jetzt – bevor ich Dich in irgendeiner Form enttäuscht habe. Aber da Du besser und kostbarer und wichtiger bist als ich, werde ich es *nicht* tun. Ich möchte Dir keinerlei Schmerz zufügen, sogar auf die Gefahr hin, dass es ein geringerer Schmerz wäre als der, der Dir vielleicht bevorsteht (wer weiß?), wenn sich herausstellen sollte, dass ich Deinem Leben zur Last werde.

Denn wenn mich auch manche Deiner Worte glücklich machen, so jagen andere mir Angst ein – so wie Dein Übermut gestern – und zwar ernsthaft, *zu* ernsthaft, wenn der Augenblick, darüber zu lachen, verstrichen ist – ich habe Angst, ich zittere! Wenn Du mich einst genauso gut kennen wirst, wie ich mich selbst kenne, was, denkst Du, kann mich dann davor bewahren, Dich zu enttäuschen und Dein Missfallen zu erregen? Ich frage mich das und finde keine Antwort darauf.
Es ist eine dürftige Antwort zu sagen, dass ich eine Sache gut kann – dass ich eine Fähigkeit in ausgeprägtem Maße besitze. Was die Zuneigung im Allgemeinen betrifft, habe ich in Gedanken die Worte Madame de Staëls auf mich bezogen – nicht im Ärger, hoffe ich, nicht mich beklagend, das sicher nicht (ich kann Gott dafür danken, dass ich Freunde habe, die mir sehr zugetan sind!), also nicht mich beklagend, und doch traurig und mit der tiefsten Überzeugung – diese Worte – ‚*jamais je n'ai pas été aimée comme j'aime*'*. Die Kraft zu lieben ist die stärkste meiner Fähigkeiten, glaube ich – ich dachte das bereits, bevor ich Dich kennenlernte – und eine Form des Gefühls. Und obwohl Dich jede Frau lieben könnte – jede Frau, die genügend Verstand besitzt, um Deinen Wert zu erkennen – (oh, verfall nicht auf die Idee, dass ich meine Leistung hier ungebührlich übertreibe) – und doch werde ich es mir weiter hartnäckig einreden! Weil ich, wie gesagt, das Zeug dazu habe, und Dir außerdem mehr schulde als jeder andere, so scheint mir, lass mich damit prahlen. Vielen magst Du besser als alle anderen Dinge auf der Welt erscheinen, bist aber doch nur eins davon, für mich bist Du dagegen alles – für viele bist Du die Krone des Glücks, für mich das Glück selbst. Aus tiefen, dunklen Löchern erscheinen die Sterne umso glänzender – und *de profundis amavi***!
Es ist eine sehr dürftige Antwort! Sie fällt fast so dürftig aus wie Deine vielleicht, wenn ich Dich bitte, mir beizubringen, wie ich Dir immer gefallen kann, oder vielmehr, wie ich Dir nicht

* *Nie wurde ich so geliebt wie ich liebe*
** *aus der Tiefe liebe ich*

missfallen kann, Dich nicht enttäuschen, verärgern – was, wenn mir all diese Dinge bevorstehen?
Und – zunächst! … *Ich* bin heute Abend enttäuscht. Ich wartete auf einen Brief, der nicht kommt, und ich war mir so sicher, dass ich heute Abend einen Brief bekommen würde, unvernünftig sicher vielleicht, was bedeutet, doppelt sicher. […]
Die Deine –

Freitag Morgen, 9. Januar 1846

Denk nie, mein Liebster, dass ich es ‚bereue' – was für ein Wort dafür! Du könntest so ein Wort nie auch nur einen Augenblick lang *denken*! Selbst wenn Du mich verlassen würdest, Dich entscheiden solltest, dass es das Beste für Dich ist, und es tun – würde ich mich dem natürlich sofort fügen, aber niemals würde oder könnte ich irgendetwas ‚bereuen' … bedauern. Bedauern, Dich gekannt und geliebt zu haben – nein! Ich sage dies nur, um zu beweisen, dass ich nicht einmal im *äußersten* Fall um meinetwillen etwas bereuen könnte. Deinetwegen – das wäre vielleicht etwas anderes.
Sicher *nicht* aus meiner ‚Großzügigkeit' heraus, sondern aus meinem größten Egoismus entscheide ich mich hiermit, bei Gott, für jedes mögliche gegenwärtige Übel lieber, als dass mir einmal in Zukunft bewusst wird, dass ich Dir, alles in allem, weniger bedeutet habe als irgendeine andere Frau es vielleicht könnte.
Oh, diese vergeblichen und äußerst gottlosen Wiederholungen – gehe ich Dir nicht damit auf die Nerven, *Dir*, dem ich immer gefallen und den ich nie verärgern möchte? Und doch brechen sie sich Bahn, denn Du bist das Edelste und Kostbarste auf der Welt, und weil Dein Glück so wertvoll ist. […] Und wenn Du mich glücklich machen willst, wirst Du Dich *immer* von meiner Warte und aus meiner Perspektive betrachten, so wie ich Dich sehe, und in jeder Hinsicht egoistisch sein. Siehe, wenn ich *schwankend* wäre, wäre ich nicht so schwach, Dich mit dem Prozess des Schwankens zu necken: Ich würde warten, bis mein Pendel aufgehört hat zu schwingen. Es ist gerade, weil ich die Deine bin, jenseits allen Rückzugs oder dem Wunsch nach

Rückzug, weil ich Dir als Geschenk und Besitz gehöre, und bereit bin, es auf ein Wort von Dir der Welt zu beweisen – es ist gerade deshalb, dass ich Dich zu oft daran erinnere, wie nötig es ist, dass Du von diesem Deinen Recht Gebrauch machst, nicht zu Deinem Schaden, weise und stark für uns beide zu sein, und Dein Glück zu wahren, das auch das meine ist. Ich habe diese Dinge schon neunundneunzig Mal gesagt, und Du hast wieder und wieder auf sie geantwortet – so wie gestern! – und jetzt, sag nichts mehr. Ich predige nur für den allgemeinen Gebrauch, es gilt nicht speziell, nur um für die spezielle Anwendung *bereit* zu sein. Ich liebe Dich aus dem tiefsten Inneren meines Wesens, die ganze Welt bedeutet mir nichts im Vergleich zu Dir, und was so wertvoll ist, ist nicht weit entfernt vom Schrecklichsein. [...] Dich gestern sprechen gehört zu haben, erfreut meine Gedanken für heute – mit so einer vollkommenen Übereinstimmung hörte ich Dir zu. Ich glaube, es stimmt, dass wir Dinge (Dinge außer uns selbst) auf dieselbe Art und Weise sehen, und es stimmt auf jeden Fall, dass ich Deine Ansichten über solche Sachverhalte, die wir nie zusammen betrachtet haben, irgendwie instinktiv zu kennen scheine. Ich kenne Dich so gut (ja, ich rühme mich dieses vertrauten Wissens), dass ich anscheinend auch die Trugbilder aller Dinge, die Du in ihnen siehst, kenne, so dass ich nie, fast nie, neugierig auf Deine Meinung bin – und nie besorgt darum, sie zu erfahren. Sag mir, *war* ich neugierig oder besorgt? Es reichte mir, *Dich* zu kennen.
Mehr als genug! Du hast ‚nicht getan' – sagst Du? Ganz im Gegenteil, Du hast zu viel getan – Du *bist* zu viel. Meinen Kelch, der am Boden gerade den Tropfen des Himmeltaus enthielt, der sich in den Absinth mischte, hat all dieser Wein zum Überlaufen gebracht, und das lässt mich nach den Vasen Ausschau halten, die ihn besser aufgefangen hätten, hättest Du Deine Hand nach ihnen ausgestreckt.
Sag mir, wie es Dir geht, und achte auf Dich, dass Du genug Bewegung hast – und schreib mir, Liebster!
Für immer die Deine,
Ba.

[…] Dienstag ist so nah, wenn man normal rechnet, dass ich mich gerade bei der Befürchtung ertappte, die Woche hätte keine Chance, Dir lang vorzukommen! Versuch, sie Dir lang vorkommen zu lassen, ja? Meine Konsequenz ist wundervoll.

Freitag, 2. Mai 1846

Wie Du mir schreibst! Gibt es irgendein Wort, mit dem sich auf diese Worte antworten ließe … bei denen ich, nachdem ich sie gelesen habe, meine Augen schließe wie eine Verwirrte und blind denke … oder gar nicht denke – manche Gefühle gehen tiefer als Gedanken. Mein einziger Geliebter, es steht so mit mir … Ich stehe wie durch ein Wunder in Deiner Liebe, und weil ich in ihr stehe und sie mich umhüllt, nur deswegen kannst Du mich nicht sehen! Möge Gott geben, dass Du mich niemals siehst, denn dann wären wir zwei, wie Du sagst, ‚glücklich', und ich, auf die einzig mögliche Art, sehr sicher. In der Zwischenzeit tust Du ganz gut daran, nicht darüber nachzudenken, wie Du mich glücklich machen kannst. Dein Instinkt wird Dir sagen, wenn *Du* es nicht weißt, dass mein Glück in Deinem liegt, oder vielmehr (um nicht großherzig zu wirken) darin, dass ich fühle, wie Du glücklich bist, nicht getrennt von mir. Bei Gott, der mich sieht, und bei meinem Wissen über alle Regungen meiner Seele versichere ich Dir, dass ich, vom ersten Augenblick an, da wir einander etwas bedeuteten, mir Glück nicht mehr anders vorstellen konnte und nie daran dachte, durch Dich oder wegen Dir oder sogar in Dir glücklich zu werden – Dein Wohl war alles, was ich mir unter dem Guten vorstellte, und daran hat sich nichts geändert. Ich höre manchmal, wie andere Frauen über die Männer, die sie lieben, sagen, ‚so einer wird mich sicher glücklich machen', oder ‚mit *ihm* kann ich glücklich werden, glaube ich' oder auch ‚er ist so gut und liebevoll, dass sich niemand um mein Glück sorgen muss'. Ob Du es gerne hörst oder nicht, muss ich Dir doch sagen, dass ich nie so über Dich dachte, noch habe ich Dich je auch nur einen Moment lang auf diese Art gepriesen. Ich weiß nicht, warum, oder vielleicht weiß ich es, aber ich könnte nicht so von Dir

denken, mir fehlen Muße und Atem dazu, genauso gut könnte ich während einem Gewitter Gitarre spielen. Sei also glücklich, mein Liebster, und falls es einen Gedanken wert sein sollte, dass Du nicht alleine sein kannst, so, dann kannst Du das auch denken. Du hast so ein tiefes und eindringliches Wesen, dass Du nicht auf die gleiche Art lieben könntest wie andere Männer, schwach und unvollkommen, und Deine Liebe, die zutage tritt wie Dein Genie, wird vielleicht genügend Glanz verbreiten, um Dich glücklich zu machen. Das ist jetzt mein Traum, vielmehr meine Hoffnung, da ich am glücklichsten bin. Möge Gott Dich segnen. Wie wäre es, wenn ich je in Deinen Augen lesen sollte, dass Du nicht glücklich mit mir bist? Denkst Du, ich kann etwas gegen solche Gedanken tun? Könntest Du anders, als dann unglücklich zu sein? Das Wort ‚unglücklich' an sich sagt schon, dass man nichts dagegen tun kann. Und jetzt vergib mir meine Ungezogenheit, weil ich Dich liebe und nie jemanden geliebt habe außer Dir – und weil ich verspreche, nicht mit Miss Bayley nach Italien zu fahren – ich verspreche es. Ach, wenn Du tatsächlich so tun könntest, als ob Du *davor* Angst hättest! *Ich* habe ein Recht, Angst zu haben, ohne jede Verstellung, ich, die ich eine Frau bin und Angst vor Gewittern habe. Und sieh, wie absurd es ist. Würde ich mit Dir nicht nach Italien fahren, wäre der Grund dafür, dass Du es nicht willst – und wenn Du es nicht wolltest, würde ich es nicht wollen … Ich will Italien nicht ohne Deine Augen sehen; denkst Du, ich könnte es? Wenn mich also Miss Bayley mit nach Italien nimmt, zusammen mit einem Buch der frühen griechischen Epiker, wäre ich wie eine tote Ba zwischen den Seiten. Du hast eine ‚Flora' erwähnt, erinnerst Du Dich, in dem ersten Brief, den Du mir geschrieben hast. […] Wie recht Du hast, immer! Und doch nicht ganz immer, lieber liebster Geliebter, zum Glück für Deine
Ba.

Bitte sag mir, wie es Dir geht, und sei ehrlich! Ich war heute draußen, da der Wind gedreht hat, und es hat mir gut getan. Was für ein Brief für einen Postboten – oder sogar für Dich!

Clara Wieck / Schumann

(1819-1896)

an Robert Schumann und Johannes Brahms

Die Liebesgeschichte zwischen den beiden großen romantischen Komponisten Clara und Robert Schumann ist von Anfang bis Ende eine hoch dramatische. Robert lernte die junge Clara Wieck kennen, als das gefeierte Wunderkind gerade einmal zwölf Jahre alt war. Das Mädchen war schon damals dabei, zur ersten wirklichen weiblichen Klaviervirtuosin Europas aufzusteigen; ihr Vater, ein professioneller Klavierlehrer, hatte seine hochbegabte Tochter von Kindesbeinen an unterrichtet und so zu einer Konzertpianistin geformt. Clara profitierte von seinen progressiven Lehrmethoden, litt aber gleichzeitig unter seiner tyrannischen Art, die ihn dazu trieb, das Leben seiner Tochter vollkommen zu kontrollieren, und womöglich auch Claras Mutter, die ihre eigene musikalische Karriere verfolgen wollte, dazu gebracht hatte, sich von ihm scheiden zu lassen, als ihre Tochter fünf Jahre alt war.

Im Jahr 1830 nun begann Robert Schumann, bei Friedrich Wieck Klavierunterricht zu nehmen; zwischen den beiden entwickelte sich schnell ein Schüler-Mentor-Verhältnis, das Robert den Mut gab, eine Karriere als professioneller Musiker anzustreben. Claras Gefühle für den Schüler ihres Vaters, dessen musikalisches Genie sie sehr schnell erkannt haben soll, entwickelten sich allmählich von einer Jungmädchenschwärmerei zu tiefer Liebe; Robert selbst wiederum löste seine Verlobung mit Claras guter Freundin Ernestine von Fricken, als er sich seiner Gefühle für die junge Wieck mit voller Macht bewusst wurde. Von Anfang an bestand zwischen den zwei Musikern und Komponisten ein symbiotisches Verhältnis, das beiden half, ihr volles kreatives Potential auszuschöpfen. Als Robert Friedrich Wieck 1837 schließlich offiziell um die Hand seiner Tochter bat, erlebten die beiden jungen Liebenden ein böses Erwachen: Sein ehemaliger Mentor lehnte Roberts Antrag entschieden ab. Friedrich Wieck mag gute Gründe gehabt haben: Claras Jugend, Roberts Ruf als Frauenheld oder auch die Tatsache, dass der Komponist damals schon an der Syphilis litt, die ihn später seine geistige Gesundheit und das Leben kosten sollte. Die fast irrwitzige Vehemenz, mit der er sich der Verbindung entgegenstellte, ist damit jedoch nicht erklärt; Wieck soll einmal sogar gedroht haben, Robert zu erschießen, sollte er sich je wieder in Claras Nähe wagen. Die beiden jungen Liebenden waren schließlich dazu gezwungen, das Recht zu heiraten gerichtlich einzuklagen; erst spät unternahm Friedrich Wieck Schritte, sich wieder mit dem Paar zu versöhnen.

Die symbiotische Beziehung zwischen den Künstlern Clara und Robert Schumann erreichte als Ehepaar neue Höhen, doch das gemeinsame Leben war alles andere als einfach. Immer wieder wurden sie von Geldsorgen geplagt, Roberts Gesundheit war nicht die beste, und seine Einstellung hinsichtlich der künstlerischen Karriere seiner Frau war gespalten. Ihre Kompositionen begeisterten ihn, und er unterstützte sie auf diesem Gebiet stets, während sie selbst starke Zweifel ihre kreativen Fähigkeiten betreffend hegte. Gleichzeitig störte sich Robert an den Konzerttouren seiner Frau und versuchte, die achtfache Mutter in die Häuslichkeit zu drängen. Allerdings erlaubte allein die finanzielle Lage der Schumanns gar nicht, dass Clara von ihrem ‚Brotjob' als Pianistin zurücktrat – und niemand wusste Roberts eigene Werke so vollendet zu interpretieren wie Clara selbst, die damit viel zum Ruhm ihres Ehemannes beitrug.

1853 dann trat ein neuer Mann in Claras Leben: Johannes Brahms. Die Schumanns waren wohl mit die ersten, die das Genie des jungen Musikers erkannten, und förderten ihn nach Kräften. Clara sah in ihm wohl, ähnlich wie in ihren Mädchenjahren in Robert, einen künstlerischen Seelenverwandten. Derweil verschlimmerte sich Roberts Zustand: Er litt immer stärker an Wahnvorstellungen, bis er sich 1854 schließlich selbst in eine Anstalt einweisen ließ, wo er zwei Jahre später verstarb. In dieser Zeit war

Brahms eine wichtige Stütze für Clara. Wie *eng das Verhältnis zwischen der Klaviervirtuosin und dem vierzehn Jahre jüngeren Komponisten tatsächlich war, lässt sich nicht mit Sicherheit sagen. Alles deutet jedoch darauf hin, dass seine Gefühle leidenschaftlicherer Art waren als die ihren; womöglich hielt Clara die Bindung an Robert zurück, sich das volle Ausmaße ihrer Gefühle überhaupt einzugestehen. Selbst Roberts Tod änderte nichts daran; in der Tat kühlte das Verhältnis danach sogar ab, wenn auch die platonische Künstlerfreundschaft zwischen Clara und Brahms bis zu dem Tod der Pianistin bestehen blieb. Bis ins hohe Alter gab Clara Konzerte, unter anderem, um ihre Kinder und Enkel finanziell zu unterstützen, komponiert jedoch hat sie nach Roberts Tod keine einzige Zeile mehr.*

Clara Wieck an Robert Schumann

Leipzig, den 15, August 1837

Nur ein einfaches ‚Ja' verlangen Sie? So ein kleines Wörtchen – so wichtig! Doch – sollte nicht ein Herz so voll unaussprechlicher Liebe wie das meine dies kleine Wörtchen von ganzer Seele aussprechen können? Ich tue es und mein Innerstes flüstert es Ihnen *ewig* zu.

Die Schmerzen meines Herzens, die vielen Tränen, könnt' ich das schildern – o nein! – Vielleicht will das Schicksal, dass wir uns bald einmal sprechen und dann – Ihr Vorhaben scheint mir riskiert, doch ein liebend Herz achtet der Gefahren nicht viel. Also abermals sage ich ‚Ja!'. Sollte Gott meinen achtzehnten Geburtstag zu einem Kummertag machen? O nein, das wäre doch zu grausam. Auch ich fühle längst *‚es muss werden'*, *nichts* in der Welt soll mich irre machen, und dem Vater werd ich zeigen, dass ein jugendliches [Herz] auch standhaft sein kann.

sehr eilig

Ihre Clara.

Leipzig, den 2. September 1837

L. R. Viel hab ich Sie zu fragen und doch nicht eine Minute des Alleinseins. Darum möge Nanny mir zur Feder dienen – tut sie doch gar gern alles, wenn es für mich ist.
Mein Herz ist zu voll – so voll, dass ich nichts weiter sagen kann als
Ihre Clara

Prag, Sonntag den 12. November 1837, abends

Lieber Robert, Dein Brief hat mir eine unaussprechliche Freude gemacht, ich bekam das Zittern im ganzen Körper vor Freude, als mir ihn Nanny einhändigte. Doch nun erlaube mir, erst ein wenig zu zanken und Dir zu sagen, dass Du ein ungenügsamer Mensch bist. Erst wolltest Du in 8 Wochen einen Brief haben, dann in 4 Wochen, und nun schreibe ich Dir in 3 Wochen, und Du beklagst Dich! – Ich glaub' fast, Du willst mich schon im Voraus die Herrschaft des Mannes fühlen lassen – schon gut, ich denk', wir werden uns vertragen. – Aber was schreibst Du da von Hoffnungen sinken? Hast Du *den* Sinn aus meinen Briefen gezogen? Ach, Robert, das schmerzt! Leb' ich ja doch nur in *einer* Hoffnung, nur *ein* Gedanke begeistert mich in meinem Tun und Treiben, und Du kannst so etwas sagen? Nein – schreiben? – Lass das nicht weitergehn! Und nun, was das Verheiraten betrifft, das ist allerdings bedenklich. Wenn nun so ein *Diamant* käme, der mich so blendete, dass ich Eusebius Florestan und wie sie sonst noch heißen vergäße, und Du läsest am Ende in Zeitungen ‚Verlobung des Fräulein Clara Wieck mit dem Herrn von Perlenschnur oder Diamantenkrone'. – Im Ernst aber, bin ich ein kleines *Kind*, das sich zum Altar führen lässt wie zur Schule? Nein, Robert! Wenn Du mich *Kind nennst*, das klingt so lieb, *aber, aber*, wenn Du mich *Kind denkst*, dann tret' ich auf und sage: ‚Du irrst'. Vertraue mir vollkommen, hab ich Dir nicht einmal geschrieben, ‚die Not bricht Eisen'; hilft nichts mehr, so suche ich Ruhe in liebenden Armen. Nun noch – was wollt ich doch gleich? Ich meine den Ring. Also Du wolltest ihn mir wiedergeben? Hm, das wäre halt zu schauen, will mal überlegen! – Du lächelst, *ich auch.* – Eben schaut der Mond herein, ‚schönen Gruß' – nun, lieber Robert, nicht wahr, wir lassen es beim Alten, und Du nennst mich fortan Deine treue Clara, nie anders […]

Freitag, den 17., nachmittags

[…] Glaub' nicht, dass es so leicht ist, denn bei unverschlossner Türe muss ich Dir schreiben, da Vater sehr bös ist, wenn er das Zimmer verschlossen findet, und nun sein Verdacht; denk Dir, er hat zur Nanny gesagt, ‚ich weiß schon meinen Pfiff, wie ich erfahre, ob Clara an Schumann geschrieben, lange bleibt es nicht vor mir verborgen' … doch nimm ja alles recht ernst, und dann meine inständige Bitte, erwähne nichts mehr von *Zweifel,* das verwundet mich tief! Habe ich doch das Bewusstsein der schönsten und standhaftesten Liebe. Baue so fest auf mich, nun, *wie ich auf Dich* – dann ist uns kein Hindernis zu groß, *wir* bieten allem Trotz, wenn nicht höhere Mächte sich zwischen uns stellen.

Den 21sten [Dezember]

Heute war mein zweites Konzert und abermals ein Triumph, unter vielen fand mein Konzert die beste Aufnahme. Du fragst, ob ich es aus eigenem Antrieb spiele? Allerdings! Ich spiele, weil es überall so sehr gefallen und Kenner wie Nichtkenner befriedigt hat. Jedoch, ob es mich befriedigt, das ist noch sehr die Frage. Meinst Du, ich bin so schwach, dass ich nicht genau wüsste, was die Fehler des Konzertes? Genau weiß ich es, doch die Leute wissen es nicht und brauchen es auch nicht zu wissen. […]

Das war ich. – Nun zu Dir … Viel Spaß hat mir die Stelle in Deinem Brief gemacht, wo Du schreibst ‚und so zögen wir beladen mit Schätzen wieder in unser Häuschen ein'. Ach mein Gott, was denkst Du, Schätze sind mit der Instrumentalkunst jetzt nicht mehr zu erlangen. Wie viel muss man tun, um ein paar Taler aus einer Stadt mitzunehmen! Wenn Du um 10 Uhr abends bei Poppe sitzest oder nach Hause gehst, muss ich

Ärmste erst in die Gesellschaften und den Leuten für ein paar schöne Worte und eine Tasse warm Wasser vorspielen, komme um 11-12 Uhr todmüde nach Haus, trinke einen Schluck Wasser, lege mich nieder, und denke, was ist ein Künstler viel mehr als ein Bettler! Und doch, die Kunst ist eine schöne Gabe! Was ist wohl schöner, als seine Gefühle in Töne kleiden, welcher Trost in trüben Stunden, welcher Genuss, welch schönes Gefühl, so manchem eine heitere Stunde dadurch zu verschaffen! Und welch erhabenes Gefühl, die Kunst so treiben, dass man sein Leben dafür lässt! – Das Letzte und alles Übrige habe ich heute getan und lege mich zufrieden und beglückt nieder. Ja, glücklich bin ich – und werde es aber erst vollkommen sein, wenn ich Dir an das Herz fallen kann und sagen ‚nun bin ich Dein auf ewig – mit mir meine Kunst'.

Den 26sten, 11 Uhr

[…] Vater hat gestern wieder zu Nanny gesagt ‚wenn Clara Schumann heiratet, so sage ich es noch auf dem Totenbett, sie ist nicht wert, meine Tochter zu sein', Robert, schmerzt das nicht? Meine Empfindungen lassen sich nicht beschreiben, doch alles will ich erleiden, wenn es für Dich ist. Ich teile Dir dies bloß mit, weil es mein Herz zu sehr bewegt, als dass ich es Dir verschweigen sollte […]. Ich bin ganz außer mir, wenn ich den Vater abends noch zanken höre, wenn mich seine Flüche aus dem Schlafe stören, und ich nun höre, dass sie mein Liebstes betreffen. […] Meinen Vater habe ich gar nicht mehr so lieb, ach Gott, ich kann nicht so recht von Herzen zärtlich sein und möchte doch so gern – es ist ja mein Vater, dem ich alles danke … Auf Deine Frage, ob ich mich durch Vater wieder einschüchtern lassen werde, die Antwort: Nein – nie.

Den 21sten [Januar 1838]

Das war ein schwerer Tag für mich, aber auch ein schöner. Es war heut Mittag mein viertes Konzert, wo ich von Liszt und Thalberg spielte, um auch die verstummen zu machen, welche immer noch glauben, ich könne Thalberg nicht spielen. 13mal ward ich gerufen, was selbst dem Thalberg nicht widerfahren [...]. Du wirst diesen Enthusiasmus nicht begreifen können, da Du gar nicht weißt, was ich eigentlich leiste und was nicht; da Du mich als Künstlerin überhaupt viel zu wenig kennst. Doch glaube ja nicht, dass ich Dir deswegen gram, im Gegenteil macht mich das glücklich, dass ich weiß, Du liebst mich nicht um meiner Kunst willen, sondern, wie Du mir einem auf ein kleines Zettelchen schriebst, ‚ich liebe Dich nicht, weil Du eine große Künstlerin bist, nein, ich liebe Dich, weil Du so gut bist'. Das hat mich unendlich gefreut und das hab ich auch *nie* vergessen.

Den 23sten 10 Uhr

Welche Sehnsucht hab ich wieder, mich mit Dir zu unterhalten; den heutigen Abend hatte ich dazu bestimmt, da kommt der Dir bekannte Courmacher und bleibt 2 Stunden hier. Du kannst Dir meinen Ärger denken. Während mein Geist fortwährend mit Dir beschäftigt ist, muss ich die fadesten Schmeichelein anhören – ich schwebe in anderen, schönen Sphären ...

[1839]

Mein Konzert hab ich gestern ganz glücklich überstanden, ich wollte, Du wärest da gewesen, wahrhaftes Furore hab ich gemacht, wie man sich lange bei keinem Künstler erinnern kann [...]. Ich hoffe, Du bist ruhig, mein Lieber. Eduards Tod kommt mir immer noch wie unmöglich vor, und schmerzlich ist es mir, dass er uns nicht vereint sehen konnte; doch, mein Robert, lass den Mut nicht sinken! Denke nur immer, eine bleibt Dir bis in das Grab – wenn Du alles verlierst, Die Eine, die mit der grenzenlosesten Liebe an Dir hängt!
Ja, die bin ich!
Deine Clara

Am Silvester [1839]

Den Neujahrsgruß lass Dir geben, mein geliebter Robert, mit welchen Gefühlen ich das neue Jahr betrete, kann ich Dir nicht sagen, es sind freudige, aber auch ernste. Ich soll Dir nun bald ganz angehören, das erregt mich freudig, mein ganzes Lebensglück liegt dann aber auch in Deiner Hand. Ein unbegrenztes Vertrauen hab ich zu Dir, Du wirst mich ganz beglücken. Aber auch ich will Dir immer von ganzer Seele ergeben sein, mein ganzes Sinnen und Trachten ist ja Dein Glück. Gib mir Deine Hand, mein Robert, treu will ich mit Dir durchs Leben gehen. Alles mit Dir teilen, und kann ich es, Dir auch eine gute Hausfrau sein … Ach, ich liebe Dich so innig, so ganz unendlich!
Bald Dein glückliches Weib
Deine Clara

Clara Schumann an Johannes Brahms

Wiesbaden, den 1. Juli 1858

Wie sehr, mein lieber Johannes, haben mich Deine Volkslieder erfreut! Dürfte ich darüber sprechen, wie mir's ums Herz ist! Doch ich fühle immer mehr, wie ich lernen muss, es in Fesseln zu schlagen. Dass ich es Dir gegenüber auch musikalisch soll, tut mir schrecklich weh, denn eigentlich solltest und müsstest Du wissen, dass nicht blinder Enthusiasmus für Dich aus mir spricht. Kam es nicht vor, dass ich mich durchaus für das eine oder andere von Dir nicht freudig stimmen konnte und Dir entschieden entgegentrat? Tut das blinder Enthusiasmus? Und wenn Du gar glaubst, ich wolle den meinigen anderen aufdrängen, so verkennst Du mich sehr. Ich spreche mich warm aus, wo ich Empfänglichkeit zu finden glaube, was ein weibliches Herz gar leicht herausfühlt, wohingegen Du mir viel zu teuer und hoch stehst, als dass ich Deinen Namen missliebigen oder kalten Menschen gegenüber nur über die Lippen bringen könnte. […] Ich wollte, Du legtest meine Empfindungen edler aus als Du es tuest; wer läse, was Du mir über meinen Enthusiasmus schreibst, müsste mich für eine äußerst exaltierte Person halten, die ihren Freund als Gott anbetet … Dass ich aber oft mächtig erfasst werde von Deinem reichen Genius, dass Du mir immer erscheinst als Einer, auf den der Himmel seine schönsten Gaben so herabschüttet, dass ich Dich liebe und verehre um so vieles Herrlichen willen, dass das tief Wurzel in meiner Seele gefasst hat, das ist wahr, liebster Johannes, bemühe Dich nicht, dies durch kaltes Philosophieren in mir zu ertöten …

Den 8. Juli 1858

Ich muss Dich aber bitten, geliebter Freund, schüttle nicht so alles, was ich Dir über die Volkslieder gesagt, herab auf die Lieder selbst, man braucht sich ja doch nur einfach zu fragen, was sind die Lieder ohne Begleitung, was mit Deiner? Du selbst musst ja am besten wissen, dass solche Begleitung, ein solches Aufgehen, solches Erschaffen der Charakteristik eines jeden Liedes, ein solch inniges Ineinandergreifen von Melodie und Harmonie oft in so wunderbar fein und zarten Zügen, wo man sich bald nicht mehr Eines ohne das Andere denken kann, kurz, dass nur ein Genie, ein Gemüt, das ganz Poesie und Musik ist, Solches schaffen kann, und das bist Du und weißt auch, dass Du es bist! Diese Überzeugung steht auf dem Grunde meiner Seele wie ein Fels, unerschütterlich. Jetzt wirst Du wieder lächeln über meinen Enthusiasmus, wer aber schafft ihn anders als Du selbst mit Deiner Musik? Ich las übrigens neulich etwas auf den Enthusiasmus Bezügliches in einem Briefe Goethes an Schiller, wie er bei Gelegenheit einer Kritik Herders über deutsche Literatur sagt: ‚… Lust, Freude und Teilname an den Dingen ist das einzig Reelle und was wieder Realität hervorbringt'. Wenn nun Goethe das ausspricht, soll ich mich da nicht erhaben über Deinen Tadel fühlen?

Emily Dickinson

(1830-1886)

an unbekannte Adressaten*

Emily Dickinson war eine amerikanische Dichterin, deren Bedeutung erst im 20. Jahrhundert angemessen gewürdigt wurde. Von ihren fast 1800 Gedichten wurden weniger als ein Dutzend zu ihren Lebzeiten publiziert, und selbst die ersten Veröffentlichungen nach ihrem Tod erfolgten nur nach massiven Veränderungen ihrer Texte durch die Herausgeber. Emilys Gedichte entsprachen nämlich überhaupt nicht dem Stil ihrer Zeit: Die kryptischen und teilweise schwer verständlichen Verse sind gekennzeichnet von fehlender Interpunktion (der Gedankenstrich ist fast das einzige Satzzeichen, das Emily verwendet), von einer erratischen Groß- und Kleinschreibung, einem fragmenthaften Satzbau und fehlenden oder indirekten Reimen; sie nehmen damit vielfach die moderne Dichtung des 20. Jahrhunderts vorweg. Erst 1955 erschienen Dickinsons Gedichte in der Form, in der sie sie geschrieben hatte, wobei die Herausgabe ihrer Texte dadurch erschwert wird, dass von den meisten Gedichten keine autorisierten Endfassungen vorliegen: Emily schrieb ihre Gedichte oft auf Notizzetteln, Papierfetzen und den Rückseiten von Einkaufszetteln, strich Wörter durch und schrieb andere darüber, so dass oft schwer ersichtlich ist, welche endgültige Version sie beabsichtigte. Darüberhinaus greifen ihre Gedichte sehr oft auf eine spielerische und für ihre Zeit sicher skandalös-blasphemische Weise die biblisch-kirchliche Diktion und Metaphorik auf und lehnen sich auch in Form und Betonung an Kirchenlieder an. Ihr Hauptthema, bis zur Besessenheit, ist der Tod – ihr ging der Verlust selbst entfernter Verwandter und Bekannter jedesmal

* Übersetzung aus dem Englischen von Sabine Anders.

sehr nahe. Daneben spielt die Naturerfahrung eine große Rolle in den Texten. Neben der Bibel war ihre Schreibweise stark beeinflusst von Emersons Schriften und von Shakespeares Werk, sowie von den Brontë-Schwestern. (Den einzigen Hund, den sie in ihrem Leben hatte, ein Neufundländer, der ihr 16 Jahre lang Gesellschaft leistete, nannte sie nach dem Hund in Charlotte Brontës Roman Jane Eyre *Carlo.)*

Emily wuchs als mittleres von drei Kindern in einer kalvinistisch geprägten Familie in Amherst, Massachusetts, auf und verließ ihre Heimatstadt bis auf wenige sehr kurze Reisen nie. Da ihr Vater, Rechtsanwalt und Schatzmeister am Amherst College, sehr viel Wert auf die Bildung auch seiner beiden Töchter legte, besuchte Emily nicht nur die örtliche Schule, sondern ging außerdem sieben Jahre lang auf die Amherst Academy, die erst wenige Jahre zuvor für Mädchen geöffnet worden war. Emily heiratete nie und soll zunehmend jeglichen Kontakt zur Außenwelt abgebrochen haben; um ihre Person entstand ein Mythos von einer stets in weiß gekleideten Frau, die angeblich ihr Zimmer nie verließ und mit anderen Menschen nur durch ihre zahlreichen Briefe und durch ihre einen spaltbreit geöffnete Zimmertür kommunizierte. Obwohl es stimmt, dass sie an der Beerdigung ihres Vater nicht teilnahm und der im Haus abgehaltenen Trauerfeier tatsächlich nur durch ihre angelehnte Zimmertür folgte, haben Biographen gezeigt, dass sie sehr wohl Besucher empfing und auch stärker in das soziale Leben ihrer Gemeinde eingebunden war, als es der Mythos nahelegt. Einer der Gründe, warum sie viel ans Haus gebunden war, war ganz einfach, dass sie ihre kranke Mutter pflegte und ohne die Hilfe von Hausangestellten die meiste Hausarbeit selbst erledigte. Doch sie hatte zum Beispiel ein sehr herzliches Verhältnis zu den drei Kindern ihres älteren Bruders Austin, der ihre enge Jugendfreundin Susan Gilbert geheiratet hatte.

Richtig ist allerdings, dass Emily mit ihren Bekannten, Verwandten und Freunden sehr viel über Briefe kommunizierte, und neben zahlreichen anderen finden sich in ihren Papieren auch drei mysteriöse Liebesbriefe, deren Adressaten sie mit ‚Master' anredet, von denen man aber nicht weiß, für wen sie gedacht waren, oder auch nur, ob Emily sie überhaupt je abschickte. Als möglicher Kandidat für ihren ‚Master' ist zum Beispiel der Verleger Thomas Wentworth Higginson im Gespräch, mit dem sie eine langjährige (Brief-)Freundschaft unterhielt, seit sie ihn einmal mit der Bitte um eine Beurteilung ihrer Gedichte angeschrieben hatte (er riet ihr aufgrund der Unkonventionalität ihrer Dichtung von einer Veröffentlichung ab). Ein weiterer möglicher ‚Master' ist der Herausgeber Samuel Bowles, der einige der über fünfzig Gedichte, die sie ihm in Briefen schickte, in seiner eigenen Zeitschrift abdruckte, nicht ohne ihnen allerdings eigenhändig Titel zu geben und außerdem die Groß- und Kleinschreibung und die Zeichensetzung zu normalisieren. Die zwei wahrscheinlicheren Kandidaten sind der damals berühmte presbyterianische Priester Charles Wadsworth, den Dickinson bei einer Reise nach Philadelphia kennenlernte, und der Richter Otis Phillips Lord, mit dem sie nach dem Tod seiner Frau eventuell sogar ein auch körperliches Liebesverhältnis hatte. Es kann aber auch sein, dass Emilys ‚Master' keiner dieser vier älteren Herren war, sondern vielmehr eine fiktive Person, mit der Emily als ‚Daisy', eine der zahlreichen fiktiven Personae, die sie in ihrem dichterischen Werk für sich selbst erfand, ein Verhältnis hatte. (Es gibt auch feministische Literaturwissenschaftlerinnen, die aus ihrer Dichtung und ihren Briefen ein lesbisches Verhältnis mit Susan Gilbert ablesen wollen.) Emily starb im Alter von 55 Jahren, wahrscheinlich an einem Nierenleiden.

[ungefähr 1858]

Lieber Meister,
ich bin krank, aber da es mich mehr schmerzt, dass Du krank bist, zwinge ich meine stärkere Hand so lange zur Arbeit, bis ich es Dir gesagt habe. Ich dachte, Du wärst vielleicht im Himmel, und als Du wieder sprachst, schien es sehr süß und wundervoll und überraschte mich so – ich wünschte, Du wärest gesund.
Ich wollte, alle die ich liebte, wären nicht mehr schwach. Die Veilchen sind an meiner Seite, das Rotkehlchen sehr nah, und der ‚Frühling' – sie fragen, wer ist sie, wenn sie an der Tür vorbeigehen –

Es ist in der Tat Gottes Haus – und dies sind die Pforten des Himmels, und hin und her gehen die Engel, mit ihren süßen Postillions – ich wünschte, ich wäre groß, wie Mr. Michael Angelo, und könnte für Dich malen. Du fragst mich, was meine Blumen gesagt haben – dann gehorchten sie mir nicht – ich gab ihnen Botschaften. Sie sagen, was die Lippen im Westen sagen, wenn die Sonne untergeht, und dasselbe sagt die Morgenröte.
Hör noch einmal zu, Meister. Ich habe Dir nicht gesagt, dass heute der Sabbat war.
Jeder Sabbat am Meer lässt mich die Sabbattage zählen, bis wir uns an der Küste treffen – und ob die Hügel so blau aussehen werden, wie die Matrosen behaupten. Ich kann jetzt nicht mehr länger reden, denn dieser Schmerz verbietet es mir.
Wie stark, wenn auch schwach in Erinnerung zu rufen, und leicht, ziemlich, geliebt zu werden. Wirst Du es mir sagen, bitte sag es mir, sobald Du gesund bist.

[ungefähr 1861]

Meister.
Wenn Du siehst, wie eine Kugel einen Vogel trifft – und er Dir sagte, er wurde nicht getroffen – dann weinst Du vielleicht über seine Höflichkeit, aber sicher würdest Du an seiner Aussage zweifeln.
Ein Tropfen mehr aus der klaffenden Wunde, die die Brust Deiner Daisy befleckt – würdest Du es dann *glauben*? Thomas' Glaube an die Anatomie war stärker als sein Glauben an den Glauben. Gott hat mich geschaffen – Meister – ich brachte mich selbst nicht zum Sein. Ich weiß nicht, wie er es gemacht hat. Er hat das Herz in mir gebaut – nach und nach wuchs es über mich hinaus – und wie die kleine Mutter mit dem großen Kind wurde ich müde, es zu halten. Ich habe von einer Sache gehört, die sich ‚Erlösung' nennt – die Männern und Frauen Ruhe gibt. Du erinnerst Dich, dass ich Dich darum bat – Du hast mir etwas anderes gegeben. Ich vergaß die Erlösung – in dem Erlösten – ich habe es Dir lange nicht gesagt, aber ich

wusste, dass Du mich verändert hast, und ich war nicht mehr müde. So lieb wurde mir dieser Fremde, wäre es zur Wahl zwischen ihm und meinem Atem gekommen, hätte ich letzteren Gefährten mit einem Lächeln beiseite geworfen. Heute Nacht bin ich älter, Meister, aber die Liebe ist dieselbe, genau wie der Mond und der Neumond. Wäre es Gottes Wille gewesen, dass ich atmen dürfte, wo Du atmest, und dass ich in der Nacht selbst den Ort finde – wenn ich nie vergessen kann, dass ich nicht bei Dir bin, und dass Sorge und Frost Dir näher sind als ich – wenn ich mit einer Stärke, die ich nicht unterdrücken kann, wünsche, dass ich an der Stelle der Königin wäre – die Liebe der Plantagenet ist meine einzige Entschuldigung – näher heranzukommen als das Presbyterium – und näher als der neue Mantel, den der Schneider gemacht hat – der Scherz des Herzens, das im Herzen spielt – am heiligen Feiertag – ist mir verboten – Du zwingst mich, es noch einmal zu sagen – ich fürchte, Du lachst, wenn ich nicht sehe, aber ‚Chillon' ist nicht witzig. Tragen Sie das Herz in Ihrer Brust – Sir – sitzt es so wie meines – ein bisschen links – spürt es die böse Vorahnung, wenn es nachts aufwacht – vielleicht – es für sich selbst – ist es ein Tamburin – ist es sich selbst eine Melodie?

Diese Dinge sind heilig, Sir, ich berühre sie geheiligt, aber Menschen, die beten, wagen die Bemerkung ‚Vater'! Sie sagen, ich habe Ihnen nicht alles erzählt – Daisy hat gestanden und nichts verschwiegen.

Der Vesuv redet nicht – der Ätna nicht – einer von ihnen äußerte vor tausend Jahren eine Silbe, und Pompeji hörte sie und versteckte sich für immer – es konnte der Welt hinterher nicht ins Gesicht sehen, nehme ich an, schüchternes Pompeji! ‚Dir von dem Bedürfnis erzählen' – Du weißt, was ein Blutegel ist, nicht wahr, und denk daran, dass Daisys Arm klein ist, und Du hast den Horizont gespürt, nicht wahr, und kam das Meer Dir nie so nahe, dass es Dich zum Tanzen brachte?

Ich weiß nicht, was Du für es tun kannst – danke, Meister – aber wenn ich den Bart in meinem Gesicht trüge, so wie Du, und Du hättest Daisys Blütenblätter, und Du liebtest mich so,

was würde aus Dir? Könntest Du mich im Kampf oder auf der Flucht oder in der Ferne vergessen? Könnten nicht Carlo und Du und ich eine Stunde durch die Wiesen spazieren, und sich niemand darum kümmern außer der Reisstärling, und *seiner* ein *silberner* Skrupel? Ich dachte früher immer, wenn ich sterbe, könnte ich Dich sehen, also starb ich, so schnell ich konnte, aber die ‚Gemeinde' kommt auch in den Himmel, also wird die Ewigkeit jetzt überhaupt nicht mehr abgeschieden sein – Sag mir, dass ich auf Dich warten darf, sag mir, dass ich mit keinem Fremden in das mir unbekannte Land gehen muss – ich habe lange gewartet, Meister, aber ich kann nicht mehr warten, warten bis mein haselnussbraunes Haar gesprenkelt ist und Du am Stock gehst – dann kann ich auf meine Uhr sehen, und wenn der Tag sich zu sehr dem Ende zuneigt, können wir den Himmel riskieren. Was würdest Du mit mir tun, wenn ich ‚in weiß' käme? Hast Du den kleinen Kasten, in den Du die Lebendige hineintun kannst?
Ich will Sie mehr sehen, Sir, als alles andere, das ich mir in diesem Leben wünsche – und der Wunsch – ein wenig abgeändert – wird mein einziger für die Himmel sein.
Kannst Du diesen Sommer nach Neuengland kommen – würdest Du nach Amherst kommen – würdest Du kommen wollen, Meister?
Würde es schaden – doch wir fürchten beide Gott – würde Daisy Sie enttäuschen – nein, würde sie nicht, Sir, es wäre Glück für immer – nur in Dein Gesicht zu sehen, während Du in meines siehst – dann könnte ich im Wald spielen, bis es dunkel wird, bis Du mich dorthin bringst, wo uns der Sonnenuntergang nicht finden kann und wo die Wahren weiterhin ankommen, bis die Stadt voll ist. Wirst Du mir sagen, ob Du es willst?
Ich habe nicht daran gedacht, es Dir zu sagen, Du bist nicht ‚in weiß' zu mir gekommen, noch hast Du mir je gesagt, warum,

Keine Rose, doch fühlte mich in Blüte,
Kein Vogel, doch flog durch den Äther.

[wahrscheinlich Anfang 1862]

Oh, habe ich ihn gekränkt – Wollte er mir nicht die Wahrheit sagen – Daisy – Daisy – ihn kränken – die ihr kleineres Leben seinem sanftmütigeren jeden Tag anpasst – die nur um eine Aufgabe bittet – etwas, das sie aus Liebe zu ihm tun kann – eine Kleinigkeit, die sie nicht erahnen kann, um diesen Meister glücklich zu machen –

Eine Liebe so groß, dass sie sie ängstigt, sie stürzt in ihr kleines Herz – drängt das Blut zur Seite und lässt sie ohnmächtig und weiß zurück im Arm des Windstoßes –

Daisy – die während dieses schrecklichen Abschieds nie zusammenzuckte, sondern ihr Leben so fest zusammenhielt, damit er die Wunde nicht sieht – die ihn in ihrem kindischen Herzen beherbergt hätte – nur war es nicht geräumig genug für so einen großen Gast – *diese* Daisy – ihren Herren traurig machen – und doch verhielt sie sich oft stümperhaft – vielleicht kränkte sie seinen Geschmack – vielleicht regte ihre seltsame hinterwälderische Lebensweise sein feineres Wesen auf. Daisy weiß das alles – aber sie muss ohne Verzeihung auskommen – lehre sie, Unterweiser, Anmut – lehre sie Erhabenheit – langsam in Patrizierdingen – sogar der Zaunkönig in seinem Nest lernt mehr als Daisy wagt –

Gebeugt das Knie, das sie einst zu wortloser Ruhe trug, kniet Daisy nun als Schuldige nieder – sagt ihr ihr Vergehen – Meister – wenn es klein genug ist, um ihr Leben zu enden, ist sie zufrieden – aber bestraft sie, verbannt sie nicht – sperren Sie sie ins Gefängnis, Sir – nur schwören Sie, dass Sie ihr vergeben werden – eines Tages – vor dem Grab, und Daisy wird es nicht stören – sie wird in Ihrem Ebenbild erwachen.

Wunder sticht mich stärker als eine Biene – die mich nie gestochen hat – sondern mit ihrer Kraft fröhliche Musik machte, wo immer ich hinging – Wunder zehrt meine Pfunde auf, Du sagtest, ich hätte keine Kleidergröße zu viel –

Du hast das Wasser in meinen braunen Augen über den Damm geschickt –

Ich habe einen Husten so groß wie ein Fingerhut – aber das kümmert mich nicht – ich habe ein Kriegsbeil in meiner Seite stecken, aber das tut mir nicht sonderlich weh. Ihr Meister sticht sie stärker –
Wird er nicht zu ihr kommen – oder wird er zulassen, dass sie ihn aufsucht – egal was, solange sie schließlich zu ihm loszieht. Oh, wie sich der Matrose abmüht, wenn sein Boot vollläuft – oh wie die Sterbenden zerren, bis der Engel kommt. Meister – öffne Dein Leben weit und nimm mich für immer in Dich auf, ich werde nie müde sein – ich werde nie laut sein, wenn Du still sein willst. Ich werde Dein bestes kleines Mädchen sein – niemand wird mich sehen außer Dir – aber das ist genug – ich brauche sonst nichts – und der ganze Himmel wird mich nur enttäuschen – ich werde es sein, weil er mir nicht so lieb ist

ELEONORA DUSE

(1858-1924)

AN ARRIGO BOITO*

In Eleonora Duses Familie hatte die Schauspielerei eine lange Tradition: Schon ihr Großvater war Schauspieler, Eleonora selbst stand mit vier Jahren das erste Mal auf der Bühne. Ihr Stil war ihrer Zeit voraus, sie spielte mit wenig Theatralik und lehnte übertriebene Gesten, Betonungen, Requisiten und Schminke ab, womit sie wegweisend für das moderne Theater wurde. Ihre häufigsten Rollen waren Frauen, die Opfer werden, aber trotzdem Willensstärke beweisen, zum Beispiel Shakespeares Desdemona oder Ophelia, mit denen sie ihre ersten großen Erfolge feierte. Ihre erste Liebesbeziehung, zu dem Journalisten Martino Cafiero, währte nur kurze Zeit; er verließ die 21jährige nach nur einem Jahr, obwohl sie schwanger von ihm war. Das Kind starb bei der Geburt, kurz darauf starb Cafiero selbst. 1881 heiratete Eleonora ihren Kollegen Tebaldo Marchetti, nur vier Monate nach der Hochzeit brachte sie ihre Tochter Enrichetta zur Welt. Drei Jahre später traf sie bei einem Gastspiel in Mailand erstmals den 16 Jahre älteren Dramatiker, Komponisten und Theaterkritiker Arrigo Boito. Bei einer darauffolgenden Tournee in Südamerika verliebte sie sich allerdings in ihren Schauspielkollegen Flavio Andò, verließ ihren Mann und gründete mit ihrem Geliebten eine eigene Theatergruppe. Doch die Beziehung hielt nicht lange. 1887 trat Eleonora wieder in Mailand auf, Arrigo saß mit Verdi, für den er Libretti schrieb, im Publikum und verliebte sich in ‚die Duse'. Da Arrigo ebenfalls verheiratet war und eine Scheidung in Italien für beide einen untragbaren Skandal bedeutet hätte, hielten sie ihre Affäre geheim.

---

* Übersetzung aus dem Italienischen von B. Anders

Doch auch diese Liebe war nicht von Dauer, obwohl der Tod von Arrigos Frau 1896 sie noch einmal kurz aufflackern ließ. In der Zwischenzeit hatte Eleonora in Venedig den fünf Jahre jüngeren Dichter und Schriftsteller Gabriele d'Annunzio kennengelernt. Sie gab fast ihr gesamtes Vermögen für Inszenierungen seiner Dramen aus, um ihm zu einem größeren Bekanntheitsgrad zu verhelfen, und spielte eine ganze Weile nur noch Rollen in seinen Stücken. D'Annunzio dankte es ihr nicht; er wurde untreu und verbreitete unschöne Gerüchte über ihr Privatleben, teilweise indem er Stücke schrieb, die sich über sie lustig machten. Die Beziehung zu d'Annunzio stürzte Eleonora in schwere Depressionen; 1904 trennte sie sich schließlich von ihm und konzentrierte sich wieder auf ihre eigene internationale Karriere. Im Alter von 65 Jahren starb sie in einem Hotelzimmer in Pittsburgh, nachdem sie zuvor an einer schweren Lungenentzündung erkrankt war.

Genua, 11. September 1887

Arrigo – Arrigo!

Die Hand zittert, und die Stimme singt, wenn ich den schönen Namen nenne! Arrigo! O Gott! Welche Süße allein in dem Namen! Welche Süße!

A-R-R-I-G-O

Ich möchte ihn auf alle Straßen schreiben, auf denen ich gehe, ich möchte ihn in roter Farbe schreiben, denn jedes Äderchen in meinem Körper trägt die Farbe von Arrigo, es ist nicht mehr Blut, das ich in den Adern habe!

Arrigo!

O welch schöner Name […] mit gedämpfter Stimme, in der Nacht, im Schlaf oder im Traum, versuchte ich zu sagen: Arrigo […], aber das Wort wurde mir im Herzen gedämpft!

Ach, die leeren Tage! Die Tage voll quälender Angst! Das Fieber, die Mattigkeit, der Wunsch, geliebt zu werden und zu lieben, den ich im Herzen hatte; ach, die Wünsche –

Arrigo! […]

Mir scheint, ich hätte geträumt [...] und in dem Trugbild – ich spüre mich die Arme ausstrecken, wie um mich an Dir festzuklammern.
Ach – ach –
Da hast Du Blumen. Ich liebe sie so sehr, Du weißt – die kleinen Akazien, trage eine davon im Knopfloch, ich bitte Dich darum – die Blumen, sie sprechen nicht – ach – ach – diese schon, sie sagen wohl mehr als wir!
Aber nein – aber nein.
Du, ja, Du sprichst! Arrigo – Arrigo – Arrigo – Arrigo...
Eleonora

Neapel, 4. April 1889

Mein liebes, liebes, liebes, liebes, liebes Wesen!
So, so – so – komm hierher, drücke mich so – und dann werde ich sprechen! Ich werde Dir sagen, dass ich so sehr gelitten habe diese Woche – gleichsam eine Woche – dass ich Dir nicht schreiben wollte, auch nicht mehr konnte – also! – also! All die Qualen!
‚Schon, gut! – ach, schon gut! – ich muss ihn in Frieden lassen!', dann: ‚Ich werde weggehen – also, möge ich mich daran gewöhnen – ich bin immer krank – und die Qual, und die Müdigkeit – nein, ich schreibe ihm nicht – nein, ich werde ihn nicht mehr sehen – Madonna, was für ein Leben!' [...] Um mich zu quälen, habe ich mir das absichtlich gesagt!
Was willst Du! Es war mir ins Herz gekommen, dass ich Dir zur Last falle, dass ich Dich traurig mache – dass Du Dich gesund und stark fühltest, und ich hinkend in jeder Beziehung –
Ich sehe mich so, so hässlich bin ich geworden – gänzlich hässlich bin ich eigentlich nicht, wenn ich froh bin, aber jetzt langweile ich mich mit mir und bin langweilig anzuschauen. Und ich verliere alle Haare – und ich denke, dass ich Dich nicht verdiene, dass Du Du bist – und ich nichts bin – weniger als nichts – und dass es besser ist zu sterben –
Alles in allem ängstige ich mich!

Und auch gestern habe ich mich zurückgehalten, Dir zu schreiben, und habe die ersten zwei Blätter strapaziert! – Jetzt hör zu! Erlaube es mir, erlaube mir, Dir zu schreiben, ich, alle Tage, alle Tage –
alle Tage –
Ich höre die Stimme, die die Worte spricht – Du willst mich doch! Nicht wahr!?
Ich habe den quälenden Gedanken gehabt – nicht den, dass Du mich nicht mehr willst – sondern den, dass ich anfange, Dir zur Last zu fallen – und ich habe Angst, wenn ich das denke, und dann schreibe ich nicht – schreibe ich nicht –
El

26. Dezember 1896

Arrigo –
ich möchte Euch so viel schreiben, und es gelingt mir nicht – der ganze Tag ist eingenommen von tausend Sorgen um die Arbeit … und anderen … und nur in der Nacht komme ich zur Ruhe und denke so viel an Euch und rufe mir alles ins Gedächtnis und habe es wieder vor Augen … dass es mir nicht gelingt, die schöne Vision in Worte zu fassen!
Heute Nacht las ich wieder einmal die Sonette des Vaters von Rosalinde und fand Worte, die *er* sagen konnte, und die Ihr *mir* sagt, und die ich auch sagen möchte –
Arrigo – schöne Seele – meine Seele – Arrigo! […] Ich möchte Euch sehen, bald, bald, bald. Ende Januar werde ich aus Russland abreisen – wir müssen uns treffen, sofort, noch bevor ich nach Italien zurückkehre. – Einen Tag, eine Nacht, nicht mehr – Du wirst kommen – ja, ja, ich weiß es! – Du wirst kommen. – Vielleicht Berlin, wo ich mich wegen gewisser Geschäfte aufhalten muss (das werde ich Dir in einem anderen Brief schreiben), und Du wirst mich abschminken, eingeschlossen und eng die ganze Nacht.
Es muss sein! –

Ich werde Dir schreiben – ich werde Dir schreiben, aber diese Woche ist es mir nicht möglich gewesen – aber ich werde Dir alle Termine mitteilen und wo –
Arrigo – es ist gesagt –
Die langen Zeiten der Abwesenheit, nein, nein, nicht mehr – nicht mehr – die Abwesenheit verfälscht alles [...] Du wirst kommen – ja – teure Seele – Deine Hand hat sich nie verweigert, ich weiß es! Ich sehe ihn wieder! – ich sehe Dich! –
Ich werde Dir also schreiben, sobald ich den genauen Tag weiß (auch vorher), aber letztlich, um Dir die genaue Zeit meiner (Arrigo!)(nein) *arrivo** in Berlin zu sagen.
Es ist gesagt! –
Die Lippen! – Alles! – Dir
Arrigo! –
So unterzeichne ich: Grüße – Grüße – Grüße – Arrigo!

---

* *Ankunft*

Edith Wharton

(1862-1937)

an William Morton Fullerton*

Die amerikanische Schriftstellerin Edith Wharton war die erste Frau, die den Pulitzer Preis gewann (für ihren Roman The Age of Innocence, *erschienen 1920), und sie war auch die erste Frau, der die Ehrendoktorwürde der Yale Universität verliehen wurde. Zentrales Thema ihrer meisten Romane ist die amerikanische Oberschicht: ihr Repräsentationsbedürfnis, ihre gesellschaftlichen Zwänge, die Unterdrückung von Sexualität, insbesondere weiblicher Sexualität, die einseitige Erziehung und Ausbildung junger Mädchen zu Hause, ausgerichtet auf die standesgemäße Heirat als einziges Lebensziel, der langsame Niedergang des ‚alten Adels' in den 20er Jahren, dem auch ihre Familie entstammte, der schwere Stand der Neureichen und derjenigen Frauen, deren Familien ihr Vermögen verloren und die daraufhin finanziell auf sich alleine gestellt waren – all diese Aspekte beleuchtete sie mit großer Einfühlsamkeit und gewandter Ironie. Ihr ganzes Leben bewegte sie sich in den höchsten literarischen und intellektuellen Kreisen ihrer Zeit; so war sie zum Beispiel mit Henry James und dem Präsidenten Theodore Roosevelt persönlich befreundet.*

Im Alter von 23 Jahren heiratete Edith den zwölf Jahre älteren Bankier Edward Robbins Wharton, von ihr Teddy genannt, doch die Ehe verlief nicht sehr glücklich. Über zwanzig Jahre später lernte sie im Dezember 1907 während eines ihrer Aufenthalte in Paris den drei Jahre jüngeren William Morton Fullerton kennen. Fullerton, der in Harvard studiert und mit Auszeichnung von dort graduiert hatte, arbeitete seit Anfang der 90er Jahre des 19. Jahr-

* Übersetzung aus dem Englischen von Sabine Anders

hunderts als Korrespondent der New York Times in Paris. Dort war er unter anderem für die Berichterstattung über die Dreyfus-Affäre zuständig, war 1903 kurz mit einer französischen Sängerin verheiratet und hatte mehrere Affären mit anderen Frauen und Männern. Kurz bevor er Edith Wharton kennenlernte, verlobte er sich bei einem Besuch in Amerika zum Beispiel mit seiner Kusine, die in dem Glauben mit ihm zusammen aufgewachsen war, sie sei seine Schwester, und ihm erst ihre leidenschaftliche Liebe gestand, als sie das wahre Verwandtschaftsverhältnis erfuhr; sie ist die ‚Schwester', die Edith in einem der untenstehenden Briefe erwähnt.

Fullerton hatte Edith geholfen, einen Verlag für die französische Übersetzung ihres Romans The House of Mirth *(1905) zu finden, was den Beginn ihrer Freundschaft darstellte. Aufgrund des sich verschlechternden Gesundheitszustands ihres inzwischen fast 60jährigen Ehemanns sah Edith damals nur wenig von Teddy, während ihres etwa drei Jahre währenden Verhältnisses mit Fullerton reiste sie immer wieder zu ihrem Geliebten nach Paris oder mit ihm nach England und Amerika. Etwa ein Jahr nach Beginn der Affäre gab Teddy außerdem zu, 50.000 Dollar von Ediths Vermögen veruntreut und mit dem Geld ein Haus in einem angesagten Bostoner Viertel gekauft zu haben, in dem er seine eigene Geliebte hielt. 1913 ließen sich die beiden scheiden. Ediths Affäre mit Fullerton hatte bereits zwei Jahre zuvor geendet, da Fullerton sich nie ganz für sie entschied, aber danach blieben sie als gegenseitige Begutachter ihrer literarischen Werke in freundschaftlichem Kontakt. Edith bat Fullerton mehrmals, ihre Briefe zurückzusenden oder zu vernichten, doch in den 80er Jahren des 20. Jahrhunderts tauchten plötzlich ungefähr 300 Briefe aus der intensivsten Zeit ihrer Beziehung auf, als ein Pariser Antiquitätenhändler versuchte, sie über eine holländische Firma zu verkaufen.*

Paris, März 1908

[…] Weißt Du, woran ich letzte Nacht dachte, als Du mich fragtest, und ich es Dir nicht sagen konnte? Nur, dass die Art, auf die Du Dein Gefühlsleben ausgelebt hast, während ich –

wider Willen – meines hütete, das ist, was den größten Abstand zwischen uns schafft und uns nicht nur an entgegengesetzte Ufer verschlägt, sondern an Orte an diesen jeweiligen Ufern, die hoffnungslos weit voneinander entfernt sind … Verstehst Du, was ich meine?
Und ich habe solche Angst, dass die Schätze, die ich so gerne für Dich auspacken würde, die magische Schiffe von verzauberten Inseln zu mir brachten, in Deinen Augen nur die alten, gewöhnlichen roten Stoffe und Perlen des schlauen Händlers sind, der schon in jedem Breitengrad gehandelt hat und genau weiß, was er in seinem Schiff transportieren muss, um dem einfachen Eingeborenen eine Freude zu machen – davor habe ich solche Angst, das ich wieder und wieder meine funkelnden Schätze in ihre Kiste zurückstopfe, damit ich nicht sehen muss, wie Du über sie lächelst!
Ja! Und wenn Du es tust? Dann ist es schließlich ein Verlust für Dich! Und wenn Du das Zimmer nicht betreten kannst, ohne dass ich Flammen über meinem ganzen Körper züngeln fühle, und wenn überall, wo Du mich berührst, ein Herz unter Deiner Berührung anfängt zu schlagen, und wenn ich nicht spreche, wenn Du mich im Arm hältst, liegt das daran, dass die ganzen Wörter in mir sich in einen pochenden Herzschlag verwandelt haben und all meine Gedanken zu einem wundervollen Gold verschwimmen – warum sollte ich Angst davor haben, dass Du mich belächelst, wenn ich die Perlen und den Stoff in so etwas Schönes zurückverwandeln kann?

April 1908

Mein Geliebter, ich bin mir vollkommen, und oh, so voller Reue, des Ausmaßes bewusst, in dem ich ermüdend und ‚unmöglich' und keinen weiteren Gedanken wert war – zweifle nicht daran! Ich bin schrecklich erleuchtet, glaube mir.
[…] [Fullerton hatte eine gemeinsame Übernachtung in einem ländlichen Gasthaus vorgeschlagen, Edith hatte Bedenken.]
Glaube mir wenigstens, dass ich wegen der ganzen Angelegenheit unglücklich bin, unglücklicher als ich mit Worten ausdrü-

cken kann. Ja, ich habe am Anfang gezögert, weil ich dachte, das Ganze wäre nicht sehr ernst für Dich; und ich bin so stolz! Und dann, als ich dachte, dass es Dir tatsächlich ernst ist, lähmte mich der Brief, den Du mir vor ein paar Wochen geschrieben hast – damals, als alles so einfach gewesen wäre! Ich meine, als Du sagtest, ‚denk darüber nach' – zu mir, deren Fluch es schon immer war, zu viel und zu lange nachdenken zu müssen! Das trieb mich schlagartig zurück in mein tumbes, stummes früheres Ich, das Ich, das nie daran glaubte, das ihm jemals das Glück eines warmen, persönlichen Lebens zuteil werden würde, wie es andere, glücklichere Leute erfahren. Da hast Du die ganze Geschichte, und wenn Du mir jetzt ‚ein Zeichen gibst', werde ich darauf reagieren, wann immer Du es tust. Richte es nur irgendwie im Voraus ein –

Ich bin es nicht wert, dass Du mir schreibst oder an mich denkst. Mein einziger Verdienst ist, dass ich schonungslos ehrlich bin. Aber leider ist das nicht sehr charmant!

Ich werde Dich wissen lassen, wann ich Zeit habe. Es kann Montag oder Mittwoch sein (falls Deine Schwester am Dienstag kommt). Könntest Du mir Deinerseits mitteilen, wann *Du* voraussichtlich Zeit haben wirst? Den nächsten Freitag, Samstag und Sonntag habe ich auf jeden Fall zu meiner freien Verfügung.

Ich bitte Dich, diesen Brief umgehend zu verbrennen.

Und würdest Du mir den Brief schicken, von dem Du heute erzählt hast, den Du aber nicht dabei hattest? Wenn Du mir von Dir und Deiner Situation und Deinen Schwierigkeiten erzählst, nur dann spüre ich eine Zärtlichkeit in Deiner Zuneigung, etwas, das vielleicht auf eine stille Art und Weise in Dir weiterlebt, noch lange nachdem der Glanz mich verlassen hat,

Deine arme E

Mai 1908

Oh, mein lieber Geliebter, ich glaube nicht, dass Du Dir vorstellen kannst, was das kleine Wort aus Deinem Mund mir heute bedeutet.

Nein, Liebster, ich missverstehe Dein Schweigen nicht. Ich bin mir Deiner nie so sicher, ich meine, sicher, dass Du glücklich mit mir bist, wie wenn Du es nicht für nötig hältst zu reden, denn dann weiß ich, dass meine Nähe kein Hindernis, keine *Unterbrechung* für Dich ist, dass ich Teil der Luft bin, die Du atmest. [...]
Du weißt, dass ich traurig darüber war, mich von Dir verabschieden zu müssen. Du weißt, warum ich manchmal vor Deiner leichtesten Berührung zurückschrecke. Ich habe solche Angst – *solche* Angst – den Eindruck zu erwecken, dass ich mehr von Dir erwarte, als Du mir geben kannst, und dadurch meine Liebe zu Dir weniger hilfreich für Dich zu machen, weniger wie ich sie mir wünsche. Und manchmal kann mein Körper Deinen Körper nicht vergessen, und dann fühle ich mich elend.
Ich würde dies nicht schreiben, wenn Du mir nicht gezeigt hättest, dass Du mich verstehst. Ich will mein Verhalten Dir gegenüber nicht planen – mich so oder so geben – sondern einfach nur natürlich sein, ganz ich selbst sein. Und der vollkommenste Ausdruck dieses Selbst ist der Wunsch, Dir zu helfen, Dir die Möglichkeit zu geben, das zu entwickeln, was in Dir steckt, und das beste Leben zu führen, das Du führen kannst. Nichts anderes zählt mehr für mich, mein Liebster, außer der Wunsch, etwas Gutes zu tun und zu erleben, wie Du in ihm das Abbild all der Schönheit siehst, die Du mir gezeigt hast.
Deine Freundin – E.
Glaube mir, ein Mann von Deinem Intellekt hat einen ‚Marktwert', wenn er so willensstark an eine Aufgabe herangeht, wie Du es tun kannst. Daran habe ich nie gezweifelt.

17. Mai 1908

Ach, mein Liebster, würdest Du so empfinden wie ich, oder auch nur einen Bruchteil von dem, was ich fühle, hättest Du Dich nicht ‚gefragt, ob ich einen Freund bei mir habe', oder ob ich von einem Überraschungsbesuch überrascht gewesen wäre

– es hätte Dich nicht gekümmert, denn dann hättest Du mich so unbedingt sehen wollen, dass nichts anderes von Bedeutung gewesen wäre…
Manchmal fühle ich, dass ich nicht so weitermachen kann: Von Augenblicken solcher Nähe, wenn der letzte Schatten von Getrenntsein sich auflöst, zurück zu so einem vollständigen Nichts des Schweigens, des Nichthörens, Nichtwissens – so dass ich mich fühle wie ein ‚Gang', der serviert und abgeräumt wurde! […]

20. Mai 1908

Ich bin verrückt nach Deinem geliebten Herzen, und der Gedanke an unseren Abschied und die darauffolgenden Tage der Trennung und der Sehnsucht macht mich krank. Es ist eine wunderbare Welt, die Du für mich geschaffen hast, mein lieber Morton, aber wie ich sie mit der anderen Welt vereinbaren kann, ist schwer vorstellbar. Vielleicht wird meine geistige Sicht klarer, wenn ich wieder an Land bin – im Augenblick sehe ich im gesamten Universum nur eines, nur eines dringt in mein Bewusstsein – Du und unsere Liebe füreinander.

5. Juni 1908

Dies ist einer der Tage, die ich nicht ertragen kann.
Ich denke, ich sollte das ‚nicht' mit einem ‚fast' einschränken, da ich hier bin und der See dort unten und ich es gerade ertrage. Aber gerade eben, als ich hörte, dass das Fahrzeug, unterwegs nach Havre, in einen Baum fuhr und zerquetscht wurde (zerplatzter Reifen), spürte ich den Wunsch in mir, dass ich darin gesessen hätte und mit ihm zerquetscht worden wäre, und nichts mehr von dieser Unruhe übrig wäre außer einem angehaltenen Herzen… Das Endergebnis scheint also zu sein, dass ich, die das Leben immer zu seinen Bedingungen hinnahm, jetzt will, dass es sich ganz nach mir richtet! Und doch tue ich mein Bestes. Ich arbeite jeden Morgen an dem Roman, vertiefe mich in Bücher, betäube mich mit langen Spaziergängen, und alles scheint gut zu gehen, bis ich plötzlich innehalte und mir

denke: ‚Morgen ist Samstag' – oder: ‚Das letzte Mal, als ich dieses Kleid anhatte, war ich in Meudon…' – und dann geht die ganze Arbeit von vorne los, und ich muss den Stein ein weiteres Mal den Berg hinauf wälzen!
Du hast mich früher so oft darum gebeten, Dir wieder und wieder zu sagen, ‚wie viel und wie'. Jetzt kannst Du es ablesen an diesem ersten vollständigen Schwächeanfall und daran, dass ich ihn Dir gestehe! […] Was mich stört, ist nicht so sehr die Einsamkeit als die Dinge, über die ich mit anderen sprechen muss!
Ich schreibe immer noch auf diesem schrecklichen, durchsichtigen Papier, weil das, das ich bestellt habe, noch nicht gekommen ist. Richte Deinen Augen meine Entschuldigung aus, ja?

6. Juni 1908

Schöne Jahreszeit, die die Schiffe so schnell die ruhigen Meere überqueren lässt und Deine Briefe früher zu mir trägt, als ich gehofft hätte! […] Es ist lieb von Dir, so schnell wieder zu schreiben. Du musst wissen, dass mir jeder Brief eine Freude bereitet, die Du Dir kaum vorstellen kannst, und dass ich es doch so gut verstehe, wenn es eine Pause gibt – so dass ich Dir am liebsten in einem Atemzug sagen würde, ‚schreib' und ‚schreib nicht'! Das heißt, schreib immer, wenn Du Lust dazu hast, und niemals – nicht ein einziges Mal! – wenn Du beschäftigt bist oder auch nur entfernt das Gefühl hast, dass es eine Arbeit ist, die Du erledigen *musst*. Davon will ich keine mehr in Dein Leben bringen!
Es ist interessant – und fatal – dass Du immer Wege findest, das Treffendste zu sagen. […] Wie dumm – und lieb! – all dies ist! Aber was mir an Deinem Brief am besten gefällt (ich meine den letzten), ist das Wort Kameradschaft. Ich war mir nie sicher, dass Du wert darauf legst oder es gespürt hast … dass Du fandest, ich *gab* Dir welche…
Es ist jedoch ironisch, dass ich Dein Lob darüber, dass ich mich ‚an die Tatsachen anpasse', genau in dem Augenblick lese, in dem ich – beinahe zum ersten Mal – vollkommen darin versa-

ge! ‚Trage die Maske' – oh Himmel! Ich sollte wissen, wie das geht! Ich hatte Zeit, es zu lernen. Aber ich bin müde – müde – das Leben ist ebenso sehr zu lang wie zu kurz, und dann das Unglück, dass es ausgerechnet Du und ich sind –
Du an das eine Ende der Welt gekettet, ich an das andere […]
Auf Wiedersehen, auf Wiedersehen. Schreib mir oder schreib mir nicht, wie Dir danach ist, aber halte mich lange und fest in Deinen Gedanken. Ich nehme so wenig Platz weg, aber ich bin nur dort glücklich!
Falls ich nächste Woche nicht schreibe, liegt das daran, dass ich diese schwarze Stimmung nicht abschütteln kann und mich ihr nicht auf Deine Kosten hingeben will!

8. Juni 1908.

[…] Bewundere den Einfallsreichtum der Frauen! Ich schwor, Dir nicht mehr zu schreiben, bevor ich nicht meine düstere Stimmung überwunden habe, und daraufhin strengte ich mich an, sie zu überwinden, *damit ich Dir schreiben kann*! […] Ich schäme mich, Dir so oft zu schreiben, denn in Anbetracht des Lebens, das ich hier führe, gibt es absolut nichts zu berichten. Ich habe drei weitere Kapitel meines Romans fertig […]
Oh, Liebster, was für ein Unsinn, um es dreitausend Meilen weit zu schicken!
Sollen wir stattdessen über Dich reden? Willst Du ein paar der Dinge wissen, weswegen ich Dich mag? (Du hast es *mir* noch nie gesagt!) […] Ich mag die Art, in der Du sofort zwischen dem Wesentlichen und dem Überflüssigen in Menschen und Dingen unterscheidest, und dass Du, so wie ich, auf die ‚grünen Würmer' des Lebens achtest – Dir Sorgen machst, ob die Bedienung um ihr Trinkgeld gebracht wird, falls wir den Tisch wechseln, und ob der Taxifahrer, mit dem Du mich zurück in die Rue des Deux Mondes geschickt hast, gewartet und so einen Fahrgast verloren hat – wenn Du wüsstest, wie ich jede dieser Kleinigkeiten in mich aufnahm!
Und dann, vielleicht am allermeisten, liebe ich Dich wegen der Eigenschaft, die ich am schlechtesten definieren kann, außer

man bezeichnet sie als ‚strahlende Vernunft'. Weil Du und ich (siehst Du, ich denke nämlich, dass ich diese Eigenschaft auch besitze!) fast die einzigen Menschen sind, die ich kenne, die den ‚natürlichen Zauber', das Jenseitige, die Traumseite der Dinge spüren, und doch die Klarheit, die klare Linie – im Denken, im Betragen – ja! auch in Gefühlen! – brauchen. [...]

10. Juni: Ich sagte, dieser Brief wird nicht so lang wie der letzte, ich werde ihn erst mit dem nächsten Dampfer wegschicken. Man muss sich rar machen, auf sich warten lassen, etc. etc. – und dann schrie alles in mir:
Nein! Das Niedrigste an dem Zustand, wenn einem jemand anderer am Herzen liegt, ist die Tendenz, zu handeln und zu kalkulieren, als ob man sich in einem Geschicklichkeitsspiel zwischen zwei Gegnern befände. (Wir wissen, dass es so ist – meinetwegen! Genauso wie wir wissen – oder bis vor Kurzem annehmen sollten – dass wir keinen freien Willen besitzen; trotzdem:) Pascals schrecklicher Satz ‚*il faut de l'adresse pour aimer*'*, hat eine edle Seite, wenn er Taktgefühl, Einsicht, Mitgefühl, Selbstlosigkeit meint, aber er ist der gemeinste Rat, wenn er sich an den Instinkt richtet, stückchenweise auszuteilen, sich zu verstellen, den anderen im Ungewissen zu lassen, um ein kleines Gefühl zu verlängern, das nicht genug Lebenskraft besitzt, um ohne solche Hilfestellungen zu überdauern. In mir steckt eine perfekte Kokette, denn meine Klarsichtigkeit zeigt mir jeden Zug des Spiels in aller Deutlichkeit, aber im selben Augenblick veranlasst mich eine verächtliche Reaktion, alle Spielfiguren vom Brett zu fegen und zu rufen: ‚Nimm sie alle – ich will nicht gewinnen – ich will alles an Dich verlieren!' Aber ich halte inne, denn ich erinnere mich, dass Du mir einmal gesagt hast, dass ich bei diesem Thema die abgedroschensten Plattitüden präsentiere, als handle es sich dabei um glorreiche Entdeckungen.

---

* *man braucht Geschick, um zu lieben*

19. Juni 1908

Als ich Dir vor acht Tagen diese verzweifelte Nachricht schrieb, ‚schreib mir nicht mehr!', ahnte ich nicht, dass Du Dich bereits daran hieltst! Seit neun Tagen keine einzige Zeile von Dir – seit Deinem Brief vom 2. Juni. Mindestens elf Tage müssen vergangen sein, ohne dass Du das Bedürfnis hattest, mir zu schreiben…

Du weißt, dass ich nie wollte, dass Du schreibst, außer *Du* wolltest es! Und mir war immer klar, dass es nicht lange halten würde. Aber das hier ist so plötzlich, dass ich fast befürchte, Du bist krank oder Dir ist etwas passiert, das Dir Schwierigkeiten macht.

Denk nach! Du hast noch nicht einmal meinen allerersten Brief beantwortet, meinen Brief vom Dampfer, den Du am 10. erhalten haben musst, fünf Dampfer sind inzwischen angekommen, die eine Antwort hätten bringen können. Denk nicht, dass ich nicht meinte, was ich zuletzt schrieb, oder was ich Dir so oft gesagt habe, bevor wir uns verabschiedeten, dass ich kein Zeichen von Dir will, keine Geste, wenn es nicht freiwillig und spontan geschieht – weil Du es nicht unterdrücken kannst!

Nein, der Meinung bin ich noch immer. Nur ist dies, wie gesagt, so unglaublich plötzlich. Sogar mein Verstand – mein Verstand noch viel mehr als mein Gefühl – sagt mir, es muss ein Unfall sein, der Dich vom Schreiben abhält, und dann beginnen meine Ängste mit ihren Vermutungen.

Schreib mir ein Wort, Liebster, um mir Gewissheit zu geben. Und wenn es nicht *das* ist, sondern die andere Alternative, dann hast Du sicher keine Angst, es mir zu sagen? Mein letzter Brief sollte Dir gezeigt haben, dass ich so einen Vorfall vorhergesehen und akzeptiert habe. Glaubst Du etwa, ich habe jemals, auch nur für einen Augenblick, nicht die tausend Gründe gesehen, *warum* es unvermeidlich war und wahrscheinlich nicht in allzu großer Ferne geschehen würde?

Also wirklich! Du wirst sehen, woraus ich gemacht bin – hab nur keine Angst, mir bis zum Äußersten meiner Klarsicht und meiner Philosophie zu vertrauen!

Aber nein! Ich verlange nicht von Dir, irgendetwas zu schreiben, dass Dir unangenehm ist. Schreib einfach, ‚liebe Kameradin, mir geht es gut – die Dinge stehen gut mit mir', und ich werde es verstehen und akzeptieren und so über Dich denken, wie Du das von einem Freund erwartest. Vor allem darfst Du in all dem keinen versteckten Vorwurf sehen. Ich meine nichts außer Zärtlichkeit und Verständnis.
Mir geht es gut, und die Woche seit meinem letzten Brief hat es geschafft, gelebt zu werden. Und der Roman geht weiter. Und Leute kommen und gehen. Ich kann Dir jetzt nicht mehr sagen, aber vielleicht ein andermal –
Und jetzt und immer bin ich in Liebe so sehr die Deine
E.

1.Juli 1908

Endlich, mein Liebster, Dein Brief vom 21…. Was erwartest Du, was ich sage? Dein neunzehntägiges Schweigen scheint mir eine sehr abschließende, vorhersehbare Antwort auf meinen verzweifelten Schrei! Du hast nicht gewartet, bis man Dich fragt, was das ‚Beste' sei!
Aber sieh hierin nicht die Spur eines Vorwurfs. Ich habe drei Wochen in schrecklicher Trauer verbracht, weil mich Dein Schweigen fürchten ließ, dass meine Bedeutung schon zehn Tage nach unserem Abschied eine Belastung für Dich wurde. Und ich litt – es ist egal, wie sehr – aber ich sagte mir, ich bin das Risiko eingegangen, ich nehme die Folgen auf mich. Und das werde ich immer sagen.
Nur, Liebster, muss man ein bisschen blind sein, oder ein wenig erleichtert über die ‚Vernünftigkeit' meiner Einstellung, um meine Nachricht vom 11. für irgendetwas anderes zu halten als eine Bitte um Aufrichtigkeit – das verzweifelte Verlangen es zu wissen, *sofort*, und es hinter sich zu bringen. Hab keine Angst! Ich kann es nur immer wieder sagen. Alles auf der Welt wäre besser (die Erfahrung habe ich in den letzten drei Wochen gemacht), als hier zu sitzen und sich zu fragen: Was habe ich ihm *dann* wohl bedeutet? Ich versichere Dir, ich habe mein ‚*non*

dolet'* geübt! […] Nur sag mir bitte nie wieder, dass es ‚besser für den Roman wäre', wenn ich nicht an Dich dächte. Das ist grausam.
Was Dich betrifft, Du glückliches Wesen, Du rechnest damit, mir im Herbst sagen zu können, dass Deine eigenen Probleme gelöst sind und dass Du Dir ‚keine Sorgen mehr' machst. Das ist vage, aber ich nehme an, es bedeutet, dass die Dinge im Büro besser stehen – ich hoffe es von ganzem Herzen!
Ich weiß nicht, wo ich ‚mein' nächstes Jahr verbringen werde. Im Moment sieht es gerade mehr nach Rom als nach Paris aus. Ich bin so müde, dass ich glaube, ich würde lieber hier im Schnee bleiben… Ich nehme an, es gab noch nie so ein lächerliches Schicksal wie meins! Wenn die Leute zu mir sagen, wie sie es heutzutage tun, ‚wie gut Sie aussehen – Sie haben seit Jahren nicht mehr so gut ausgesehen!', dann ist mir danach, meinen dummen Elan und meine Gesundheit genauso zu verfluchen, wie ich die langen Jahre meiner Krankheit verflucht habe. Alles gegen den Strich – alles verkehrt herum! Und wenn ich an all die Dinge denke, die ich habe und die anderen Leuten fehlen und an denen mir nie etwas lag! Nein, nein, ich werde nicht so weiterreden … nicht *jetzt.* Denn ich hatte einen Augenblick lang das eine auf Erden, die teure, unvergessliche Stunde – nur ist das Herz unersättlich, nicht wahr, und wenn Du mir schreibst: ‚Jede Sekunde dieser Stunde enthielt für mich nur das Versprechen, dass wir noch schönere Momente erleben werden', dann fange ich wieder an zu hoffen, ganz und gar dumm – *wie* dumm! […]
Oh, ich muss aufhören, ich fürchte so sehr, Dich mit langen Briefen zu langweilen! Sieh mir das Telegramm nach, ja? Dein Schweigen hatte mich ein wenig verwirrt, nach diesen ersten drei lieben Briefen, die Du mir in der ersten Woche geschrieben hast, und da ich um die Verwechslungen wusste, die manch-

* ‚*Es tut nicht weh*' – der Ausspruch der Frau des Stoikers Seneca, nachdem er ihr im Rahmen eines Selbstmordpaktes die Pulsadern aufgeschnitten hatte.

mal von den beiden gleichnamigen Häusern verursacht werden, fürchtete ich, dass ein Brief abhanden gekommen sei... Ich hätte daran denken sollen, dass solche Dinge nur in Romanen vorkommen.
Es wäre mir eine große Freude, wenn Du mir einmal pro Woche eine Zeile schicken könntest – nur nie, *nie* unter Zwang! Und, wenn Deine Pläne wegen Deines Amerikabesuchs feststehen – wenn Du mir Bescheid sagst, wäre das lieb. Auch wenn Du *nicht* kommst, dann wäre ich die Qual der Ungewissheit los...
Liebster, ich liebe Dich so sehr, dass Du mir nur eines schuldest – die Wahrheit. Hab nie Angst davor, mir zu sagen: ‚Meine arme Freundin, es ist vorbei'. Das meinte ich, als ich sagte, ich könnte es nicht ertragen, das Dahinschwinden und Verblassen mit anzusehen. Wenn die Zeit gekommen ist, sammle meine Briefe und meine Nachrichten zusammen und schick sie zurück, und ich werde verstehen ... Ich bin wie jemand, der auszog, um Freundschaft zu suchen, und ein Königreich fand. Weißt Du nicht, dass mir klar ist, dass das Glück *ganz und gar* auf meiner Seite war?
Wie ich Dich liebe, wie ich Dich liebe! Sag mir, dass Du es noch nicht vollkommen vergessen hast –

26. August 1908

Liebster, wirst Du mir nicht bald sagen, was dieses Schweigen bedeutet?
Zuerst dachte ich, es könnte bedeuten, dass Deine gefühlvolle Stimmung nachgelassen hat und dass Du Angst davor hattest, mich die Veränderung sehen zu lassen, und ich schrieb Dir, vor fast einem Monat, wie natürlich ich so eine Veränderung auf Deiner Seite fände, und dass ich hoffe, dass unsere Freundschaft – die mir so viel bedeutet! – es überlebt. Es wäre eine Leichtes für Dich gewesen, nach jenem Brief, mir ein freundliches ‚ja, liebe Freundin' zu schicken – bestimmt hättest Du nach all den Monaten, in denen Du mich so gut kanntest, Vertrauen haben können, dass ich verstehen würde?

Aber das Schweigen hält an! *Das* ist nicht, was Du wolltest, oder? Eine Zeit lang dachte ich, Du wärst zu beschäftigt und zu glücklich, um ans Schreiben zu denken, vielleicht sogar um einen Blick auf meine Briefe zu werfen, als sie bei Dir ankamen. Aber selbst dann, es gibt Abstufungen im Übergang von so einer Vertrautheit wie der unseren zu vollständigem Schweigen und Vergessen, und wenn Deine Neigung zu schreiben verschwunden ist, musst nicht Du, der Du so sensibel und einfühlsam bist, Dich gefragt haben, in was für Vermutungen Du mich stürzt und wie ich darunter leiden würde, so abrupt und auf so unerklärliche Weise von jeder Nachricht von Dir abgeschnitten zu sein?

Ich habe Deine Briefe neulich noch einmal gelesen, und ich kann nicht glauben, dass der Mann, der sie geschrieben hat, sie nicht auch fühlte und nicht genug über die Frau wusste, an die sie gerichtet waren, um ihrer Liebe und ihrem Mut zu vertrauen, anstatt sie in dieser schmerzhaften Ungewissheit zu lassen. Woher kommt diese Veränderung? Ach, es ist egal, woher – *nur sag es mir!*

Ich könnte mein Leben wieder mutig aufnehmen, wenn ich es nur verstehen könnte, denn was auch immer diese Augenblicke Dir bedeutet haben mögen, für mich waren sie ein großes Geschenk, eine wundervolle Bereicherung, und ich freue mich nach wie vor über sie und bin dankbar! Du hast mich aus einer langen Lethargie aufgeweckt, einer dumpfen Anpassung an konventionelle Zwänge, einer unnötigen Zurückhaltung. Ich war unbeholfen und konnte mich nicht ausdrücken, und der Grund dafür war, im wahrsten Sinne des Wortes, dass eine ganze Seite von mir schlief […], und wenn ich trotzdem verhalten und unwillig blieb, ‚mich immer entzog', wie Du gesagt hast, dann lag das daran, dass ich in mir selbst solche Fähigkeiten zu fühlen in dieser Seite entdeckte, dass ich fürchtete, wenn ich Dir erlaubte, mich zu sehr zu lieben, würde mir der Mut fehlen, wenn die Zeit kommt zu gehen! Bestimmt hast Du das erkannt und verstanden, wie sehr ich fürchtete, für Dich, auch nur für einen Moment, die ‚nicht mehr junge Frau' zu werden, die klammert und zur Last fällt – wie ich in meiner Lage dachte, ich könnte Dir meine Liebe am besten zeigen, indem ich mich zurückhalte und entsage? Du hast erkannt, dass das alles nur war, weil ich Dich liebte? […]

Ich hätte nie gedacht, dass ich Dir das einmal sagen würde, aber unter dem Druck dieses Schweigens weiß ich nicht mehr, was ich sagen oder nicht sagen soll. Nach fast einem Monat bleibt mein aufrichtiges Freundschaftsangebot ohne Antwort. Wenn es nicht das war, was Du wolltest, was empfindest Du *dann* für mich? Mein Verstand weist die Vorstellung von mir, dass ein Mann wie Du, der eine warme Zuneigung für eine Frau wie mich empfand, plötzlich, von einem Tag auf den anderen, ohne dass sie irgendetwas getan oder gesagt hat, selbst eine freundschaftliche Achtung für sie verlieren kann und sogar die bloßen äußerlichen Zeichen der Achtung, in denen Freundschaft zum Ausdruck kommt, unterlässt. Und daher bin ich fast zu dem Schluss gezwungen, dass Dein Schweigen eine andere Bedeutung hat, die ich nicht erraten habe. Wenn es auf irgendeinem Gefühl beruht, mögen diese Worte zu ihm durchdringen und Dir sagen, was ich schweigend empfand, als wir zusammen waren! […]

Du siehst, dass ich einmal mehr in die Annahme verfalle, dass es Dir wichtig ist, was ich fühle, trotz dieses Rätsels! Wie kann es sein, dass die Zuneigung zwischen zwei Leuten wie uns, so vielseitig, so durchdrungen von Vorstellungskraft, von einem Tag auf den anderen enden soll, wie eine Laune – dass sie damit endet, dass ich, innerhalb von wenigen Wochen, ganz und gar aus Deinem Gedächtnis geschwunden bin? Bei all meinem Wissen über Dich, bei all meinem Bewusstsein, was ich bin, erkläre ich, dass ich es nicht glauben kann!

Du hast mir einmal gesagt, dass ich durch dieses Liebeserlebnis besser schreiben würde, und ich habe gespürt, dass es wahr ist, und ich kam nach Hause, angefeuert von dem Gedanken, dass meine Arbeiten Dir gefallen würden! Aber dieses unverständliche Schweigen, das Gefühl Deiner vollkommenen Gleichgültigkeit gegenüber allem, was mich betrifft, hat mich gelähmt. Es kam so plötzlich …

Dies ist der letzte Brief, Liebster, den ich Dir schreiben werde, wenn Du den seltsamen Bann nicht aufhebst. Und mein letztes Wort ist eines der Zärtlichkeit für den Freund, den ich liebe – für den Geliebten, den ich verehrte.

Lebe wohl, Liebster.

Oh, ich will meine Briefe nicht zurück, Liebster! Ich habe das in dem Brief neulich nur geschrieben, um es Dir leichter zu machen, falls Du eine Überleitung brauchen solltest – glaubst Du, es kümmert mich, was aus ihnen wird, wenn es Dich nicht kümmert? Ist es wirklich mein lieber Freund – *Henry* [James'] *Freund* – ‚der liebste Morton' – an den ich dies schreibe?

19. Dezember 1908

Lieber Mr. Fullerton,

Sie haben – falls sie noch existieren – ein paar Nachrichten und Briefe von mir, die von keinem Wert für Ihre Archive sind, aber zufällig eine bedauernswerte Lücke in denjenigen ihrer Verfasserin füllen.

Ich werde nächsten Montag in Paris sein – am 21. – nur für einen Tag, und ich schreibe Ihnen mit der Bitte, dass Sie so freundlich sind, sie an diesem Tag unter der Adresse meines Bruders zu mir zu schicken.

Vielleicht ist der beste Weg sicherzugehen, dass sie mich persönlich erreichen, sie als Einschreiben zu senden.

Ich verbleibe mit freundlichen Grüßen,

E. Wharton

12. August 1909

Mein Geliebter, es ist heute gerade einen Monat her, dass ich im Rye zum Essen herunter kam und Dich am Kamin stehen und mit Henry reden sah. (Du standst mit dem Rücken zur Tür, und Du hast nicht gemerkt, wie ich hereinkam, sondern weitergeredet. …)

In diesem Monat war ich vollkommen glücklich. Ich hatte alles im Leben, das ich mir je gewünscht habe, und mehr als ich je gedacht hätte! Und ich musste es Dir sagen, bevor der Jahrestag vorbei ist…

Spätsommer 1909

Mein Liebster,
ich schreibe Dir diesen Brief, weil ich heute Nachmittag an der lieben, alten, krummen Kirche von Creil vorbeiging, wo ich vor eineinhalb Jahren so eine glückliche Stunde mit Dir verbrachte…

Davor hatte ich kein persönliches Leben; seitdem hast Du mir so viel Freude gegeben, wie man sich nur vorstellen kann. Nichts kann sie mir jetzt noch nehmen, oder sie in meinen Augen schmälern, außer die Entdeckung, dass das, was mein ganzes Wesen befreit hat, vielleicht allmählich, unmerklich, zu einer Art ärgerlichen Unfreiheit für Dich wird. Das ist die Angst, die mich heimsucht, und Dich vor dieser Möglichkeit zu bewahren, ist mein beständiges Anliegen.

Dem Wesen der Dinge nach ist es unmöglich, dass wir unsere Leben noch sehr viel länger teilen. Ich habe der Tatsache ins Gesicht gesehen und sie akzeptiert und habe keine Angst, außer wenn ich an den Schmerz und das Mitleid denke, das Du vielleicht wegen *mir* empfindest.

Das will ich Dir ersparen, und daher will ich Dir jetzt sagen, mein Liebster, dass ich weiß, wie ungleich der Austausch zwischen uns ist, wie wenig ich geben kann, das einem Mann wie Dir etwas bedeuten könnte, und wie bereit ich bin, wenn der Übergang kommt, wieder der gute Kamerad zu sein, den Du einst in mir gefunden hast.

Meine einzige Befürchtung ist, dass Liebe mich blind macht, und mein Herz mir zuflüstert ‚morgen', während mein Verstand sagt ‚heute' … um diese Möglichkeit zu umgehen, können wir nicht eine Abmachung treffen, dass Du das Zeichen dazu gibst und mich einfach eines Tages ‚mein Freund' nennst anstatt ‚meine Freundin'? Wenn ich sicher wäre, dass Du das tust, könnte ich zufrieden sein!

Ich kann Dir dies nicht ins Gesicht sagen, denn wenn ich es tue, nimmst Du mich in den Arm, und dann habe ich keine Willenskraft mehr.
Aber es ist *wahr* und es muss gesagt werden, und ich bin überzeugt, dass es nur von beiden Seiten ein wenig guten Willen und Offenheit braucht, um den schwierigen Schritt zu tun, ohne das Fundament der Kameradschaft zu erschüttern, das für immer zwischen uns bestehen bleiben wird. Ich musste es Dir sagen.
Bitte sag mir am Montag so früh wie möglich Bescheid, ob Du zum Abendessen kommst.

Winter 1910

[…] Wenn ich Dir (absichtlich) zwei oder drei Tage lang nicht schreibe, schreibst Du und rufst an und erkundigst Dich, was los ist. *Wenn* ich schreibe und frage, ob ich Dir helfen oder Dich einen Augenblick besuchen kann, sagst Du mir, dass Du zu krank dafür seist, und wenn ich dann um 9 Uhr morgens nach Deinem Hotel schicke, *bist Du nicht da!*
Du weißt, was ich denken muss, was ich in diesen drei letzten mysteriösen Monaten gedacht habe, in denen ich Dir, da ich sah, wie die Dinge standen, wieder und wieder jede Möglichkeit für einen schmerzlosen Übergang zu einer Freundschaft angeboten habe!
Ich weiß nicht, warum Du Dich geweigert hast, aber da Du es getan hast, muss ich Dich jetzt bitten – Dich anflehen – nicht mehr länger diese aufwändigen Gebäude von Ausflüchten zu bauen, wie letzten Samstag in St. Germain! Mein armer Freund, versteh doch, wie ich verstehe, dass ich Dich liebe, dass ich immer eine zärtliche Freundin für Dich sein werde, die Du wiederfindest, wann immer Du sie brauchst, aber erspar mir diese kleinen Verletzungen. Sie sind so unnötig, und jedes Mal, wenn so etwas vorkommt, bin ich wieder krank von all der angesammelten Krankheit dieser letzten unverständlichen Monate.
Ich höre Dich sagen: ‚Was! Ich habe nicht das Recht, um 9 Uhr morgens nicht in meinem Hotel zu sein, oder zu irgendeiner an-

deren Zeit?‘ Du hast *jedes* Recht dazu, Lieber, über jeden Augenblick Deiner Zeit und über jedes Gefühl. Nur erzähl mir nicht in der Nacht zuvor: ‚Ich bin zu krank, um Dich zu sehen‘.
Verstehst Du nicht, dass das, was mir wehtut, nicht die alleinige *Tatsache* der Veränderung ist, die zu akzeptieren ich mich bereit finde, mit einer Art fröhlichem Stoizismus, der mir Kraft gibt? Das ist es nicht, Liebster, sondern der Schmerz, der unbeschreibliche Schmerz des Gedankens, dass Du meine Offenheit und meinen aufrichtigen Wunsch, Dich Dein eigenes Leben leben zu lassen, nicht verstehen kannst. Du sagst: ‚Ich werde alles sein, das Du mit Recht erwarten kannst‘. Wenn ich irgendwelche Rechte habe, verzichte ich auf sie. Schreib mir nicht mehr auf diese Art … Der eine Gedanke, den ich nicht ertragen kann, ist, dass ich für Dich die Frau darstelle, die man *anlügen* muss … Und wenn ich so denke, dann ist Dein eigenes Verhalten daran schuld. Du hast es gewollt –
Antworte nicht. Es ist zwecklos. Ich bin Deine Kameradin –

Winter 1910

[…] Was Du anscheinend willst, ist, von meinem Leben das Innerste und Äußerste zu nehmen, das eine Frau – eine Frau wie ich – geben kann, für eine Stunde, ab und zu, wann es Dir passt, und mich dann, wenn die Stunde vorüber ist, aus Deinem Kopf und aus Deinem Leben zu streichen, wie ein Mann einen Gefährten zurücklässt, der ihm vorübergehend zur Unterhaltung diente. Ich glaube, ich bin mehr wert als das, oder vielleicht sollte ich besser sagen, dass ich etwas sehr anderes wert bin […] Siehst Du nicht ein, dass Du, wenn Du die Lösung akzeptieren würdest, die ich Dir biete, keine solchen Ausflüchte mehr erfinden müsstest? Meinen Freunden steht es frei, mich zu besuchen oder mich nicht zu besuchen, an mich zu denken oder nicht an mich zu denken, ganz wie es ihnen beliebt! Sie finden mich, wenn sie wollen, und wenn sie anderweitig beschäftigt sind, müssen sie mir nicht versichern, dass sie mich immer noch mögen.
Aber ich verlange etwas anderes von dem Mann, der mehr sein will als mein Freund, und das muss jede Frau tun, die genug

Stolz hat, der Liebe wert zu sein … Nein, Liebster, ich weiß, dass Du keine Zeit hast, mir zu schreiben, aber ein Wort würde mir genügen – Du hast keine Zeit, einen Briefumschlag zu versiegeln und zu frankieren, aber eine Postkarte, von Dir adressiert, wäre an sich schon eine Nachricht!

Und wenn eine Frau diese Gesten verlangt, geschieht es nicht unbedingt, weil sie ‚sentimental' ist oder eifersüchtig, oder einen Mann dominieren oder seine Freiheit einschränken will, sondern weil dies die Art und Weise ist, auf die ihr Herz spricht […].

Ich wollte Dir diese Erklärung ersparen und habe Dir aus diesem Grund alle Türen offen gelassen, und als Du Samstag vor einer Woche zum Mittagessen kamst, dachte ich ganz ernsthaft, dass wir uns in der Frage einig sind, dass die ‚Herrschaft des Geistes' [i.e. eine platonische Beziehung] beginnen sollte! Anscheinend war das nicht in Deinem Sinn, und doch, nachdem wir uns verabschiedet hatten, konntest Du neun Tage verstreichen lassen – in denen Du direkt vor meiner Türe wohntest – ohne Dich darum zu kümmern, ob es mir gut geht oder ich krank bin, oder glücklich oder unglücklich, oder hier oder weg. Sieh in all dem, was ich geschrieben habe, nicht die Spur eines Vorwurfs. Es ist eine freimütige Erklärung meiner *Beweggründe*, das ist alles. […]

Falls ich morgen nicht mit Dir zu Mittag essen kann, bitte denk daran, dass für mich noch viel, viel zwischen uns ist. Es ist weniger für Dich, ich weiß, aber es gibt Frauen, über die ich Dich liebevoll und mit Achtung reden hörte. Lass mich eine von ihnen sein, ja?

Mitte April, 1910

Denk nicht, dass ich ‚verstimmt' bin, wie Du gestern gemeint hast, aber ich bin unsagbar traurig und verwirrt, und mit all meinen anderen Sorgen und Verwirrungen kann ich so nicht weitermachen!

Als ich wegging, dachte ich, ich würde vielleicht eine Nachricht von Dir bekommen. Doch Du schriebst mir jeden Tag – Du schriebst mir, wie Du es *vor drei Jahren* immer getan hast! Und das veranlasste mich, auf die gleiche Art zu antworten, weil ich nicht erkennen konnte, aus welchem anderen Grund Du sonst schriebst. Ich dachte, Du wolltest, dass ich schreibe, was in meinem Herzen ist!

Dann komme ich zurück und – kein Wort, kein Zeichen. […] Ich bin seit drei Tagen zurück und scheine nicht für Dich zu existieren. Ich verstehe Dich nicht.

Wenn ich mich auf irgendein Gefühl in Dir stützen könnte, eine gute und loyale Freundschaft, wenn da sonst nichts ist! Dann könnte ich weitermachen, die Dinge ertragen, schreiben und mein Leben ordnen…

Aber jetzt, ständig hin- und hergeworfen zwischen einer Illusion und der nächsten, hervorgerufen durch Dein seltsames Betragen der letzten sechs Monate, finde ich keinen Anhaltspunkt mehr. Ich weiß nicht, was Du willst, oder wer ich bin! Du schreibst mir wie ein Liebhaber, Du behandelst mich wie eine flüchtige Bekanntschaft!

Was bist Du – was bin ich? […] Schreib mir nie wieder solche Briefe wie in England. Es ist eine grausame und launenhafte Art, Dich zu amüsieren. Es war nicht nötig, mich so zu verletzen! Ich verstehe etwas vom Leben, ich habe Dich vor langer Zeit eingeschätzt und so akzeptiert, wie Du bist, bewunderte all Dein Talent und Deinen großen Charme und wollte Dir nur die Art von Zuneigung geben, die Dir am hilfreichsten wäre, und im Gegenzug den kleinstmöglichen Anspruch auf Dich erheben. Aber man kann nicht all meine leidenschaftliche Zärtlichkeit an einem Tag fordern und am nächsten ignorieren, ohne Grund oder Erklärung, wie es Dir seit Deiner seltsamen Veränderung letzten Dezember beliebt. Es war ein schwieriges Jahr für mich, aber der Schmerz in meinem Schmerz, das letzte Anziehen der Schraube, war die Unmöglichkeit zu erkennen, was Du von mir wolltest oder was Du für mich empfunden hast, und zwar zu einer Zeit, in der es nur natürlich schien, dass Du, wenn Du irgendein echtes Gefühl für mich hegst, mein Bedürfnis nach einer gleichmütigen Freundschaft hättest sehen müssen – ich sage nicht Liebe, weil man die nicht nach Maß bestellen kann! – sondern die Art von erprobter Zärtlichkeit, die alte Freunde in schwierigen Lebenssituationen von sich erwarten. Mein Leben war besser, bevor ich Dich kannte. Das ist, für mich, die traurige Schlussfolgerung dieses traurigen Jahres. Und es ist eine bittere Sache, es dem einzigen Wesen zu sagen, dass man je mit dem Herzen geliebt hat.

April 1910

[…] Lass uns offen zueinander sein und auf den gesunden Verstand des anderen vertrauen!
Schreib mir heute eine kurze Nachricht, Liebster, um mir zu zeigen, dass Du mir vertraust: egal wie kurz, solange sie klar und eindeutig ist. Wenn Du mir sagst, dass wir uns zur Zeit nicht sehen können, werde ich es verstehen. Meine Liebe für Dich ist größer als alle Stiche der Eitelkeit und Eifersucht!
Nicht zu verstehen ist das Einzige, das unerträglich und unnötig ist. All das Übrige, Liebster, hat mein Herz in Schönheit verwandelt und wird es eines Tages in Frieden verwandeln.

12. Mai 1911

Lieber Freund,
Dein Brief ist ein Geschenk Gottes. Hab Dank, dass Du Dich meiner Einsamkeit erbarmt hast! […] Ich habe meinen Artikel über Henry [James] angefangen, aber mein Kopf ist sehr müde […] also keine großartigen Ergebnisse.
Ich bin traurig genug, um zu sterben. Ich wünschte, ich hätte Dich gekannt, als ich fünfundzwanzig war. Wir hätten vielleicht einige schöne Tage zusammen verbracht.
Schreib mir, wenn Du Zeit dazu hast. Es hilft mir, die Tage zu überstehen. Danke, mein Lieber.
Deine
E.W.

Rosa Luxemburg

(1871-1919)

an Leo Jogiches*

Rosa Luxemburg ist eine der wichtigsten Figuren der sozialistischen, sozialdemokratischen und internationalen Arbeiterbewegung überhaupt; sie wirkte vor allem im heimatlichen Polen und in Deutschland, wo sie einen großen Teil ihres Lebens verbrachte. Ihr Einfluss jedoch machte vor Grenzen keinen Halt. Rosa Luxemburg war sowohl eine kluge und weitsichtige Theoretikerin, ja, eine Politphilosophin, als auch eine leidenschaftliche Kämpferin, die schließlich für ihre Ideale das Leben lassen musste. Ihr vielleicht treuster Mitstreiter war Leo Jogiches, den sie von Anfang bis Ende liebte, wenn sich auch schwer rekonstruieren lässt, wie viel ihrer gemeinsamen Lebenszeit die beiden als tatsächliches (Liebes)Paar verbrachten; der zweite der untenstehenden Briefe zeigt jedenfalls deutlich, dass sich Rosa Luxemburg zumindest zeitweise als Jogiches Frau betrachtete, obwohl die beiden nie amtlich getraut wurden. Im Laufe ihrer Beziehung, die erst mit dem Tod endete, schrieb Rosa an die 1000 Briefe an Jogiches.

Rosa Luxemburg und Leo Jogiches lernten sich an der Universität von Zürich kennen, wo beide studierten und Rosa später auch promovieren sollte. Zuvor war die junge Frau bereits als Schülerin, vor Abschluss ihres Abiturs, in der sozialistischen Bewegung des heimatlichen Polens aktiv geworden; unter anderem hatte sie einen Generalstreik mitorganisiert, dessen vier Hauptanführer hingerichtet worden waren. Rosa befand sich nicht nur zu Zwecken des Studiums in der Schweiz, sondern war auf der Flucht vor der Obrigkeit ihres Heimatlandes, für dessen Befreiung ihrer Meinung nach eine sozusa-

* Übersetzung aus dem Polnischen von Elżbieta Baraniecka.

gen gesamteuropäische proletarische Revolution von Nöten sein würde. Im Jahr 1893 gründeten sie und Jogiches zusammen die SDKP, die Sozialdemokratische Partei des Königreichs Polen, für deren Organisation hautsächlich Jogiches verantwortlich zeichnete. Überhaupt arbeiteten die beiden Liebenden, deren Beziehung so manche Schwierigkeiten, ob persönlicher oder äußerer Art, überstand, aufs Engste zusammen. Gemeinhin heißt es, dass Rosa die Analytikerin und Theoretikerin war, während Jogiches eher die Organisation aus dem Hintergrund heraus übernahm. Kämpfer waren sie beide.

Auch als Rosa 1898 nach Deutschland ging und eine Scheinehe mit Gustav Lübeck schloss, um die deutsche Staatsbürgerschaft zu erhalten, blieb Jogiches an ihrer Seite. Rosa wurde bald zu einem führenden Mitglied der SPD und zum Kopf des linken, revolutionären Flügels der Partei. Unermüdlich stritt sie in Schrift, Wort und Tat für die internationale Arbeiterbewegung – Rosa Luxemburg hielt gar nichts von auf einzelne Nationalstaaten beschränkten Lösungen – und bald auch gegen den heraufziehenden Großen Krieg. Dass die sozialistischen und sozialdemokratischen Parteien, allen voran die SPD, den Ersten Weltkrieg nicht verhinderten, ja, einige sogar guthießen, war wohl eine, wenn nicht die größte Enttäuschung, die die Politphilosophin in ihrem Leben verkraften musste. Sie war zunächst am Boden zerstört, rief aber dann zusammen mit Karl Liebknecht den Spartakusbund ins Leben, zu dessen Gründungsmitgliedern auch Leo Jogiches gehörte und dessen endgültiges Ziel ein gesamteuropäischer Generalstreik war, der den Krieg beenden sollte. Infolgedessen wurde Rosa Luxemburg, nicht zum ersten Mal, wegen ihres pazifistischen, sozialistischen Engagements inhaftiert und erst nach Ende des Krieges aus der Haft entlassen. Zusammen mit Liebknecht (und Jogiches) rief sie die KPD ins Leben; sie gehörten zu den führenden Köpfen der Revolutionen von 1918/1919, die im Spartakusaufstand gipfelten, den Rosa Luxemburg aus Treue zu ihren Mitstreitern und der Sache aller Vorbehalte zum Trotz unterstützte und der, wie von ihr vorhergesagt, in einer Katastrophe endete. Die Revolution in Berlin wurde von den Freikorps grausam niedergeschlagen, Liebknecht und Rosa Luxemburg festgesetzt und ermordet. Leo Jogiches wiederum fand nur zwei Monate nach seiner Geliebten den gewaltsamen Tod, als er versuchte, Licht in den Mord an Rosa zu bringen, dessen genaue Umstände bis heute ungeklärt sind.

[Paris] Donnerstag Nacht [5. April 1894]

Ich sitze gerade hier (das heißt, im Hotel) am Tisch und versuche, mich aufzuraffen, an der Proklamation zu arbeiten. Mein allerliebster Dziodzio! Ich habe keine Lust! Ich habe Kopfschmerzen, und der Straßenlärm, das Geratter, stört mich, im Zimmer ist es scheußlich … Ich will zu Dir! Ich kann nicht mehr! Denk Dir, es sind nur noch höchstens zwei Wochen, denn wegen der Proklamation kann ich mich diesen Sonntag nicht auf den Vortrag vorbereiten, also werde ich bis zum nächsten Sonntag warten müssen. Und dann kommt erst das russische Referat, und danach muss ich zu Ławrow.

Allerliebster Dziodzio, wann ist das alles endlich vorbei – ich beginne allmählich, die Geduld zu verlieren, es geht mir nicht um die Arbeit, nur um Dich! Warum bist Du nicht zu mir gekommen? Wenn ich Dich nur bei mir hätte – – dann würde ich keine Arbeit fürchten.

Heute bei den Warskis, mitten im Gespräch und unter den Vorbereitungen für die Proklamation, fühlte ich auf einmal solche Müdigkeit in meiner Seele und solche Sehnsucht nach Dir, dass ich beinah angefangen hätte, laut zu schreien. Ich habe Angst, dass der alte Teufel mir in die Seele springt (der von Genf und Bern) und mich eines schönes Abends plötzlich zum – Gare de l'Est – treibt – –

Um mich zu trösten, stelle ich mir vor, wie die Lokomotive pfeift, wie ich mich von Jadzia und Adolf verabschiede, wie der Zug anfährt – wie ich zu *Dir* fahren werde. Ach, mein Gott, es kommt mir so vor, als ob die gesamte alpine Gebirgskette zwischen mir und diesem Moment läge, wenn nicht noch mehr! Allerliebster Dziodzio, und wenn mein Zug in Zürich einfährt, wenn Du auf mich wartest, wenn ich mich schon vom Wagon heruntermühe und zum Bahnhofeingang laufe, und in der Tür würdest Du in der Menge stehen – und Dir sei es nicht erlaubt, mir entgegenzulaufen, aber ich werde zu Dir laufen.

Aber wir werden uns nicht sofort küssen oder sonst etwas, weil das nur [alles] verdirbt und nichts ausdrückt. Wir werden nur sehr schnell nach Hause gehen und uns *so* anschauen und uns anlächeln. Und zu Hause setzen wir uns auf das Sofa und umarmen uns, und ich werde in Tränen ausbrechen, so wie jetzt gerade.
Allerliebster Dziodzio, ich will nicht, ich will es jetzt, früher! Mein Goldener, ich kann nicht mehr! Unglücklicherweise habe ich, weil ich eine Durchsuchung befürchtete, vorsichtshalber alle Deine Briefe vernichtet, und jetzt habe ich nichts, was mich trösten könnte.
[…]

[Schweiz, 16. Juli 1897]

Nein, ich kann nicht weiterarbeiten. Ständig werde ich von Gedanken an Dich abgelenkt. Ich muss Dir ein paar Worte schreiben. Mein Liebster, mein Geliebter, Du bist jetzt nicht bei mir, aber meine ganze Seele ist voll von Dir, Dich umfassend. Dir wird es bestimmt abenteuerlich vorkommen, vielleicht sogar lächerlich, dass ich diesen Brief an Dich schreibe, wohnen wir doch zehn Schritte voneinander. Wir sehen uns doch dreimal täglich. Überhaupt bin ich doch nur Deine Frau; wozu dann diese romantische Geste eines des Nachts geschriebenen Briefes an den eigenen Mann! Ach, mein Goldener, von mir aus mag es der ganzen Welt lächerlich erscheinen, nur Dir nicht, nur Du lies den Brief ernst und mit Gefühl, mit eben jenem Gefühl, mit dem Du meine Briefe damals in Genf gelesen hast, als ich noch nicht Deine Frau war. Denn ich schreibe ihn mit demselben Gefühl wie damals, genau wie damals zieht es meine Seele zu Dir, und genau wie damals füllen sich meine Augen mit Tränen (hier wirst Du bestimmt lächeln – ‚ich weine doch dieser Tage wegen allem und nichts'!).
Allerbester Dziodzio, mein Liebster, weißt Du, wieso ich Dir diesen Brief schreibe, anstatt Dir alles mündlich zu sagen. Weil ich nicht kann, weil ich nicht mehr so frei über derartige Dinge sprechen kann. Ich bin jetzt empfindlich und misstrauisch

wie ein Hase. Die kleinste Geste oder ein gleichgültiges Wort drückt mir das Herz zusammen und verschließt mir die Lippen. Ich kann mit Dir nur in einer warmen, vertrauensvollen Atmosphäre so offen sprechen, und diese herrscht in der letzten Zeit nur sehr selten zwischen uns. Schau, heute bemächtigte sich meiner ein so seltsames Gefühl, das die paar Tage der Einsamkeit und des Nachsinnes in mir hervorgerufen haben, und mir kamen so viele Gedanken, die ich Dir sagen wollte, und Du warst abgelenkt, fröhlich, und dachtest, dass Du keine ‚Physis' brauchst und dass eben das alles wäre, was mich in jenem Moment beschäftigte. Das hat mir so weh getan, und Du hast geglaubt, dass ich einfach unzufrieden bin, weil Du so bald gehst. Wahrscheinlich hätte ich mich auch nicht getraut, diesen Brief zu schreiben, hätte nicht jenes bisschen an Gefühl mich ermutigt, welches Du mir beim Abschied gezeigt hast; es hat mir einen Hauch von Vergangenheit zugetragen, jener Vergangenheit, der ich mich jede Nacht vor dem Einschlafen erinnere, und dann weine ich in meine Kissen und ersticke fast an meinen Tränen. Mein Teuerster, mein Liebster – Du überfliegst bestimmt schon ungeduldig diesen Brief – ‚was will sie denn wieder?' Weiß ich, was ich will? Ich will Dich lieben, ich will, dass zwischen uns wieder diese zärtliche, vertrauliche, perfekte Atmosphäre herrscht wie zu jenen Zeiten. Du, mein Teuerster, hältst mich oft für zu oberflächlich. Du denkst, dass ich immer ‚schmolle', weil Du gehst, oder etwas in der Art. Und Du kannst Dir gar nicht vorstellen, dass das, was mir so sehr weh tut, die Tatsache ist, dass sich für Dich unser Verhältnis auf reine Äußerlichkeiten beschränkt. Ach, sag mir nicht, mein Teuerster, dass ich das nicht richtig verstehe, dass unser Verhältnis nicht auf die Art und Weise an Äußerlichkeiten festgemacht ist, wie ich glaube; ich weiß, ich verstehe, was es heißt, ich verstehe, weil ich fühle. Früher, wenn Du mir so etwas sagtest, war es für mich nur eine hohle Phrase, jetzt ist es harte Realität. Ach, ich fühle dieses Äußerliche ganz deutlich, ich fühle es, wenn ich sehe, wie Du düster, schweigend, allein über irgendwelchen Problemen oder Unannehmlichkeiten brütest und mir mit Deinem Blick sagst, ‚es ist nicht deine Sache, es geht dich nichts an'; ich fühle es, wenn ich sehe, wie Du nach einer unserer schlimmeren Auseinandersetzungen für Dich allein diese Eindrücke auf Dich wirken lässt und über unser Verhältnis nachgrübelst und zu irgendwelchen Schlussfolgerungen kommst und irgendwelche Beschlüsse fasst und dann mit mir in irgendeiner Weise umgehst, und ich bleibe bei alledem außen vor und kann mir nur in meinem eigenen Hirn ausmalen, was und wie Du denkst; ich fühle es nach unserem jeden Zusammensein, wenn Du mich von Dir schiebst und Dich, in Dich zurückgezogen, verschlossen, an die Arbeit machst; ich fühle es schlussendlich, wenn ich mit meinen Gedanken mein ganzes Leben umfasse, meine ganze Vergangenheit, und ich mir vorkomme wie eine Marionette, die von einem externen Mechanismus mit Gewalt hierhin und dorthin gerissen wird. Mein Teuerster, mein Lieber, ich beschwere mich nicht, ich will nichts; was ich *nicht* will, ist, dass Du meine jede Träne als weibliches Getue abtust. Aber was weiß ich denn eigentlich? Ich habe bestimmt viel, mehr Schuld daran, dass das unsere kein gleichberechtigtes und warmes Verhältnis ist. Aber was soll ich denn machen? Ich kann nicht, ich kann nicht zurechtkommen, ich weiß nicht, wie, ich kann nie meine Lage überdenken, ich kann keine Konsequenzen ziehen, ich kann Dir gegenüber nicht hart bleiben – immer, jeden Moment, verhalte ich mich so, wie meine Gefühle es mir diktieren, wenn sich in meiner Seele so viel Liebe und Leid ansammelt, dann werfe ich mich Dir in die Arme, wenn Du mich mit Deiner Kühle beleidigst, zerreißt es meine Seele, und ich hasse Dich. Ich könnte Dich töten!

Mein Goldener, Du verstehst und planst doch immer so gut: Du hast es in unserer Beziehung stets für Dich und für mich getan. Wieso willst Du es jetzt nicht zusammen mit mir tun? Wieso lässt Du mich allein? Ach Gott, ich rufe zu Dir, und vielleicht ist es wahr, was mir immer öfter wahr erscheint, vielleicht liebst Du mich nicht mehr so – *nicht so*? Tatsächlich, tatsächlich, dies fühle ich oft.

[…]

Paula Modersohn-Becker

(1876-1907)

an Otto Modersohn

Die Malerin Paula Modersohn-Becker, eine der bedeutendsten Vertreterinnen des frühen Expressionismus, wuchs in einer liberalen und weltoffenen, aber nicht sehr wohlhabenden Familie auf. Deshalb konnte sie sich die meiste Zeit ihres Lebens nicht voll und ganz ihrer Kunst widmen, sondern dem Malen nur neben ihrer Ausbildung zur Lehrerin und der Vorbereitung für eine Tätigkeit als Gouvernante nachgehen. Als Frau war ihr der Zutritt zu einer deutschen Kunstakademie verwehrt, aber sie bekam die Möglichkeit, nebenher immer wieder Mal- und Zeichenunterricht zu nehmen, unter anderem an Schulen in England, Berlin und Paris. (Nach ihrer Heirat besuchte sie in Berlin zu ihrem großen Leidwesen auch für einige Zeit eine Kochschule.) Im Frühjahr 1893 sah sie in einer Ausstellung in Bremen die Bilder des Worpsweder Künstlerkreises, zu dem auch der Landschaftsmaler Otto Modersohn, ihr späterer Ehemann, gehörte. Wenig später zog sie für einen längeren Aufenthalt nach Worpswede in die Künstlerkolonie, nahm dort Unterricht und freundete sich mit der Bildhauerin Clara Westhoff an, der zukünftigen Ehefrau von Rainer Maria Rilke. 1899, nachdem sie eine kleine Erbschaft und eine Rente von ihren Verwandten erhalten hatte, ging sie nach Paris, studierte dort einige Zeit zusammen mit Clara Westhoff an einer Kunstschule und sah Bilder von Cézanne bei einem Kunsthändler, die sie schwer beeindruckten, obwohl er damals noch völlig unbekannt war. Im Juni 1900 kam anlässlich der Jahrhundertausstellung auch Otto Modersohn nach Paris, während seines Aufenthaltes dort starb seine kranke Frau Helene in Worpswede, woraufhin er überstürzt zurückreiste. Kurz darauf kehrte auch Paula nach Worpswede zurück, da ihr Geld aufgebraucht und ihre Gesundheit angegriffen war. Modersohn besuchte sie öfter während ihrer Genesung, knapp drei Monate nach Helenes Tod verlobte sie sich mit dem elf Jahre älteren Witwer, im Mai darauf heirateten sie. Modersohn unterstützte Paula in ihrem künstlerischen Schaffen, sie kümmerte sich liebevoll um die Stieftochter Elsbeth, die ihr für zahlreiche Bilder Modell stand, und wünschte sich selbst ein Kind. Ab 1903 kehrte sie immer wieder für kürzere Aufenthalte nach Paris zurück, und obwohl Otto die Ehe als sehr glücklich empfand, verkündete Paula ihm im Februar 1906 im Zuge einer erneuten Parisreise, dass sie diese als die endgültige Trennung von ihm betrachtete. Otto unterstützte sie trotzdem weiterhin finanziell; sie bat ihn um die Scheidung, nahm die Bitte aber zurück, als sie feststellte, dass sie ihren Lebensunterhalt nicht alleine bestreiten konnte, und forderte ihn im Oktober auf, zu ihr nach Paris zu ziehen. Otto lebte dort mit ihr zusammen, am 2. November brachte sie eine Tochter von ihm zur Welt (Mathilde), doch als sie am 20. November erstmals vom Kindbett aufstand, starb sie an einer Embolie. Laut ihrem Ehemann Otto waren ihre letzten Worte: ‚wie schade'. Paula Modersohn-Beckers künstlerische Bedeutung wurde – außer von Otto – erst nach ihrem Tod erkannt.

Worpswede, Herbst 1900

An den Allerbesten.

Ich habe über uns beide nachgedacht und habe es beschlafen und nun kommt mir Klarheit. Wir sind nicht auf dem rechten Wege, Lieber. Sieh, wir müssen erst ganz tief in uns gegenseitig hineinschauen, ehe wir uns die letzten Dinge geben sollen oder das Verlangen nach ihnen erwecken. Es ist nicht gut, Lieber. Wir müssen uns erst die tausend anderen Blumen unseres Lebensgartens pflücken, ehe wir uns in einer schönen Stunde die wunderbare tiefrote Rose pflücken. Um das zu tun, müssen wir beide uns noch tiefer ineinander versenken. Lass das Bilderstürmerblut der Ahnfrau ein wenig noch schweigen und lass mich eine kurze Zeit noch Dein Madönnlein sein. Ich meine es gut mit Dir, glaubst Du es? Denke an die holde Kunst, Lieber. Wir wollen diese Woche beide malen. Dann komme ich am

Sonnabend früh zu Dir. Und dann sind wir gut und mild. ‚Das sanfte Säuseln', wie Du sagtest […]. Leb wohl, Lieber. Denke, was schön ist, und fühle, was schön ist. Wir haben uns ja beide die Hände gereicht, um mit vereinten Kräften feiner zu werden, denn wir sind ja noch lange nicht auf unserem Höhepunkt, ich noch l-a-n-g-e nicht und Du auch nicht, Lieber, Gott sei Dank. Denn Wachsen ist ja das Allerschönste auf dieser Erde. Nicht? Wir beide haben es noch gut vor … Sei still geküsst und lass Dir den geliebten Kopf leise streicheln. Ich bin Dein, Du bist mein, des sollst Du gewiss sein.
Auf Wiedersehn.
Dein Ich.
Lieber? Schlaf auch immer recht schön und viel und iss kräftig. Nicht? Du!!

Bremen, 26. Dezember 1900

Wie hast Du mir süß geschrieben, Du! Dein Brief war wie ein weiches Kosen Deiner Hände. Und ich hielt mich Dir hin und ließ es mir so gerne gefallen.
Wie ist doch die Liebe so ein seltsam Ding. Wie wohnt sie in uns und ruht sie in uns und nimmt Besitz von jedem Fäserlein unseres Körpers. Und hüllt sich ein in unsere Seele und bedeckt sie mit Küssen.
Das Leben ist ein Wunder. Es kommt über mich, dass ich oftmals die Augen schließen muss, wenn Du mich in Armen hältst. Es überrieselt mich und durchleuchtet mich und schlägt in mir satte verhaltene Farben an, dass ich zittere. Ich habe ein wundervolles Gefühl der Welt gegenüber. Lass sie treiben, was sie will, und hinken statt tanzen, so viel sie will, und schreien statt singen, so viel sie will. Ich gehe an Deiner Seite und führe Dich an der Hand. Und unsere Hände kennen sich und lieben sich und ihnen ist wohl.

So zwei sich lieben von ganzem Herzen,
Sie können ertragen der Trennung Schmerzen.
So zwei sich lieben von ganzer Seele,

Sie müssen leiden des Himmels Befehle.
So zwei sich lieben mit Gottesflammen,
Geschieht ein Wunder und bringt sie zusammen.

Und bei uns geschieht das Wunder! Wir sehen uns wieder trotz des Abschieds in der kleinen Vogeler-Bibliothek. Und bald, mein Schatz, bald. Komm, wann Du willst, Lieber. Komm Silvester oder komm am zweiten, mache es ganz, wie Du wünschest, ich finde alles gut.
Ich habe das wundervolle Gefühl, als ob in dieser Zeit der Trennung unsere Liebe geläutert und durchseelter würde. Das erfüllt mich mit einer dankbaren Frömmigkeit gegen das Weltall. Mein König Roter! Ich bin das Mägdelein, das Dich liebt, und das sich Dir schenkt und dessen Scham vor Dir gebrochen liegt und zerronnen ist wie ein Traum. Und das ist meine Demut, Lieber, dass ich mich gebe, wie ich bin und in Deine Hände lege und rufe: Hier bin ich.
So sei es bis an unseres Lebens Ende. Lass Dir leise den Rotbart streicheln und empfange einen Kuss auf jede Wange und dann nimm meine Seele auf und trinke sie. Trinke sie in einem heißen Kuss der Liebe.
Ich bin immer Dein.

Bremen, 28. Dezember 1900

Es ist Mitternacht, und eigentlich müsste ich zu Bett. Ich sehne mich aber nach etwas Tiefem, Klaren, Ganzem. Dann komme ich noch ein wenig zu Dir trotz Nacht und Finsternissen. Die Zeit beginnt, dass die Stadt mir wieder über den Kopf wächst, dass sie mich einengt und totdrückt. Diese halben Menschen und Menschlein halbieren mich allmählich und hauen mich in kleine Stücke. Und ich will nicht halb sein, ich will ganz sein. Ich komme nicht zu mir selber hier. Ich höre meine Seele nicht reden und antworten. Das Schönste findet nicht mehr den Weg zu ihr […] Ob mir wohl morgen ein Brieflein von Dir zum Morgenkaffee winkt? Das ist immer so entzückend, wenn ich es den ganzen Tag in der Tasche knittern fühle. Und Du, mein Lieber? Findest Du Dich immer noch artig lieb mit der Welt ab? Rauchst Du immer noch Dein Pfeiflein in Frieden? Ich wünsch es Dir und den Deinen. Doch nun ganz schnell zu Bett. Dies war eben nur ein Epistelchen, ein Seufzerepistelchen und müdes Epistelchen. Lieber, ich habe jetzt die Bismarckbriefe und lese sie. Sind die schön! Eigentlich zu schön für einen, wir müssten sie zusammen lesen. Gute Nacht, mein Roter, ich denke zärtlich Dein und küsse Dich.

Berlin, 13. Januar 1901

Ich bin nun in Berlin und fühle mich sehr zahm und sehr eng und möchte die Wände sprengen und ein Stück Himmel sehen. Ich glaube, ich werde diese zwei Monate es doch sehr schwer haben, ich passe in eine solche Stadt nicht, hauptsächlich nicht hierher ins elegante Viertel. Da falle ich aus dem Rahmen. In Paris, das Quartier Latin, das war doch etwas anderes. Die Menschen um mich sind süß und freundlich. Aber ihr Leben spielt sich doch sehr in einer standesgemäßen Veräußerlichung der Dinge ab. Dabei sind es zarte, vibrierende, sensitive Frauen, Gartenblumen, und mein Blühen ist doch so sehr im Felde. Es wird schon alles werden, nur kommt meine arme kleine Seele in einen Käfig. Wenn ich ihr Worpsweder Freiheit ließe, würde sie in ihrer Ungebundenheit in diesem Glasschrank viel Schaden anrichten. […] Im Ganzen beherrscht mich stark das Gefühl von beschnittenen Flügeln. Wenn ich mein Leben erst geordnet habe in Kunst und Kochen, dann wird's wohl besser sein. Hier in der Nähe ist eine Kochschule beiderlei Gestalt, einfacher Mittagstisch und Puterbraten. […]

Berlin, 15. Januar 1901

Ich war heute im Museum und hörte die Englein im Himmel singen. Es war so schön, dass ich gleich zu Dir kommen muss. Kunst ist doch das Allerschönste. Hier in Berlin mit den vielen Federhüten und den furchtbar lärmenden Elektrischen ist sie mir eine süße, liebe Mutter und ein Obdach in dieser Pein. Dann sitze ich ganz still in all diesem Lärm und krieche ganz in

mich zusammen. Und in mir lächelt es und meine Seele weilt in heiligen Gefilden. […] Oh, diese Tiefe in unserem Herzen! Sie war mir lange mit Nebeln verhüllt und ich kannte und ahnte sie wenig. Und nun ist es mir, als höbe jedes meiner inneren Erlebnisse diese Schleier, und ich täte einen Blick hinein in diese süße, zitternde Dunkelheit, die alles das in sich birgt, was es wert macht, ein Leben zu leben.
Ich fühle stark, wie alles Bisherige, was ich von meiner eigenen Kunst erträumte, noch lange nicht innerlich genug empfunden war. Es muss durch den ganzen Menschen gehen, durch jede Faser unseres Seins. […] Lieber, ich habe noch keinen Brief von Dir bekommen. Als ich mir aber heute all die Pracht beschaute und alle die Herrlichkeit, da war es mir, als hättest Du mir geschrieben oder ich mit Dir gesprochen, denn unsere Seelen würden in vielem zusammengeklungen und geläutet haben.
Am Sonntag bei Rilke war es schön. Als ich seine Stimme hörte, war es mir wie ein Stückchen Worpswede, obgleich ich vorher durch dies Getöse der großen Stadt ein wenig verängstigt war. […]

Berlin, 31. Januar 1901

Ich dachte mir grade aus, dass ich nicht mehr weißes Briefpapier haben wollte, sondern blaues, graublaues. Und da kam Dein großer blauer Brief und war blau. So sind unsere beiden Gehirne auch in der Ferne miteinander verknüpft. Und wenn der eine ‚blau' denkt, dann muss der andere unwillkürlich mitmachen. Das ist schön, nicht? […]

Berlin, 3. Februar 1901

Lieber,
ich bin noch voll von der Verkündigung des Engels: ‚Du aber bist der Baum', die Rilke vorlas. Und das wird an uns beiden geschehen, Lieber, und ich halte still die Hände. Ich kann nur immer still sein und dann ist es mir, als ob der Atem auch spärlich käme, und dann kommen nur wenig Worte zutage. Die kommen aber auch aus der alleruntersten Tiefe von mir und

die müssen Dir erzählen von Dingen, die sie gesehen haben. Und das sind dann meine Liebesbriefe. Ich weiß nicht, ob ich Dir gesagt habe, was ich Dir sagen wollte. Ich bin auch müde, weißt Du.
Hast Du Dein Kränzlein zum Sonntag erhalten? Wo hängt es? Ich küsse Dich und segne Dich und schreibe Dir morgen einen Brief, Du.

Berlin, 4. Februar 1901

Schreibe ich Dir immer nur von lauter Malen und von nichts anderem? Steht nicht Liebe in den Zeilen und zwischen den Zeilen, leuchtend und glühend und still minnig, so wie ein Weib lieben soll und wie Dein Weib Dich liebt?
Lieber, ich kann mein Letztes nicht sagen. Es bleibt scheu in mir und fürchtet das Tageslicht. Dann kommt es im Dämmern oder in einer Nacht einmal hervor. Aber weißt Du, die Welt ist ihm so fremd. Mit der Zeit kommt dann wohl eine Zeit, wo Du fühlst, dass ich es gar nicht sagen musste, sondern dass in lautlosen Stunden Du in mich übergegangen bist und ich in Dich. Ich glaube, es ist meine Jungfräulichkeit, die mich bindet. Und ich will sie tragen, still und fromm tragen, bis eine Stunde kommt, die auch die letzten Schleier hinwegnehmen wird. Und dann? – – –
Aber daran denke ich wenig in dieser Stadt. Manchmal, wenn ich abends im Bette liege und Deine Studie auf mich strahlt, oder morgens, wenn ich erwache, oder in einer stillen sinnenden Stunde. Sonst tue ich es nicht in dieser Stadt, denn die Dinge, die meine Ideen mit diesem Heiligsten verbinden, sind nicht schön und nicht rein. Wenn der Frühling über den Weyerberg zieht und grüne Schleier über die kleinen Birken spannt und jedes Bäumlein sich schauernd zur Befruchtung rüstet, wenn aus der Erde der junge Lebensgeruch strömt, dann wird es auch mir die Stirne küssen und wonniglich durch mein ganzes Wesen ziehen und der Drang von mir zu Dir wird wachsen und zunehmen bis zu einem Tage, da ihm die Erfüllung wird. Aber daran lass mich jetzt noch wenig denken und wolle nicht,

dass ich davon rede. Lieber, lass noch Dein Bräutlein in einem Winterschlaf. […]
Und ein Kleidchen darf ich mir kaufen? Ich danke Dir schön. Das macht mir viel Spaß und Freude. Wenn ich es habe, will ich Dir davon berichten.

Berlin, 12. Februar 1901

Mein geliebter Mann, das war wieder ein schöner Brief. Nun bist Du wieder froh, und ich bin wieder froh. Und nun musst Du mir auch versprechen, nicht wieder traurig zu werden. Oder: Traurigsein ist wohl etwas Natürliches. Es ist wohl ein Atemholen zur Freude, ein Vorbereiten der Seele dazu. Nur eins möchte ich nicht: dass Du denkst, dass diese traurigen Stunden durch mich oder durch meine Briefe kommen. Nein, die liegen dann in Dir, folgen einer heiteren Stimmung, wie der Februar dem Januar.
Ich bin, glaube ich, heute Philosophin, zu deutsch: auf Glatteis, da will ich denn mit Energie aufs feste Land zusteuern, auf dass ich mir nicht ein Bein breche. […]

Berlin, 16. Februar 1901

Lieber, ich war heute viel bei Dir und diese Tage viel bei Dir und bin überhaupt bei Dir. Da will ich Dir noch ein ganz klein wenig schreiben, damit Du etwas zum Sonntag hast. Und dann wird auch Clara Westhoff wiederkommen und wird Dir viel von mir und Berlin erzählen, und dann werden die letzten Wochen der Trennung für Dich schneller dahinfließen. Für mich fängt es jetzt an, richtig schwer zu werden. Zuerst waren die Eindrücke alle noch so neu und mein Mut war frisch. Nun werde ich aber müde unter allen diesen Müden, denn von jenem siegreichen entgegenlächelnden Leben, davon wissen sie nichts. Und ich kann ihnen davon auch nur erzählen wie ein Märchen, denn sie kennen es nicht. Und dann muss ich es ihnen bleicher erzählen, und die tiefen Farben verschweigen, die es hat, denn es würde sie traurig machen, weil ihre Augen sie nicht sehen. Und ich liebe doch die Tiefe der Farbe wie mein Leben und brauche sie zum Leben wie die Luft.

Nur noch ein Weilchen. […] Und Du schreibst, Du malst Akt. Hast Du Modell? Erzähle mir nur immer mehr.
Sei gegrüßt von mir.

Berlin, 19. Februar 1901

Lieber, Lieber, Lieber! Ich habe mir heute Hemden und Hosen und Nachthemden gekauft und alles für Dich. Und dabei sind auch süß circenhafte. Und ich glaube, Du wirst mich gerne darin sehen. Ich habe sie ordentlich ein bisschen hübsch genommen, wie Du sie liebst. Und dann habe ich gestern und heute einen blauen Brief bekommen und dann denke ich daran, dass nun wohl bald diese strenge Zeit der Kochprüfung vorbei ist. Und das alles und vieles, vieles gibt mir ein Gefühl von jubelnder Glückseligkeit. Du hast so recht: das Leben ist wunderbar und uns beiden Leutchen geht es so gut. Das heißt, mir erst ganz und völlig nach Beendigung meines Berliner Läuterungsprozesses. Und weißt Du, ich halte es nicht mehr so lange aus, ohne zu malen. […]
Du, wenn Du ein Postpaket schon vor dem zweiundzwanzigsten bekommst, dann musst Du es noch nicht aufmachen. Das schicke ich nur dem sechsunddreißigjährigen Otto Modersohn.

Worpswede, 4. November 1902

Mein geliebter Mann,
dies ist nun der erste Abend der ersten größeren Trennung in unserer Ehe. Es gibt mir ein eigenes Gefühl. Du, in Gesellschaft Deiner Familie, kommst vielleicht gar nicht so zum Bewusstsein dessen. Ich schwelge darin. Schwelg in meiner Einsamkeit, Deiner Liebe gedenkend.
Unserer Liebe gedenkend, wanderte ich heute Abend durch die finsterfeuchte Luft nach Hause und hielt innerlich Zwiegespräch mit mir. Ich habe eine große Sicherheit in unserer Liebe und zu unserer Liebe, und als ich heute so ging, durchfuhr mich ein atemloses Glücksgefühl, denn ich gedachte, dass uns der Höhepunkt noch vorbehalten ist. Sieh, Lieber, Du brauchst nicht traurig zu sein oder eifersüchtig auf meine Gedanken,

wenn ich meine Einsamkeit liebe. Ich tue es, um still und ungestört und fromm Deiner zu gedenken.
Die Heimkehr zu unseren Birken war lieblich, alles unter dem sanften Schleier Deines Fernseins gesehen. Man ist eben doch schon ein Stück von dem andern und der andere ein Stück von einem. Ich lebe in Dir sehr, das fühle ich. Aber die Trennung ist mir lieb, weil sie dieses Ineinanderleben zu einem seelischen macht. Ich liebe das zeitweilige Zurücktreten des Körpers … Lieber, liebe mich, wenn ich auch ungereimt bin. Ich meine es doch so.

Paris, 18. Februar 1903

Merkwürdig ist es, dass jetzt das Sprachrohr zwischen uns beiden so endlos lang ist. Merkwürdig ist es überhaupt, dass ich nun an Deinem Geburtstage nicht bei Dir sein werde.
Und trotz alledem bin ich vielleicht mehr denn je bei Dir und in Dir. Du bist mein lieber Schatten, in dem ich mich kühle, und das kühle Wasser, in dem ich meine kleine wunde Seele bade, von der ich das Gefühl habe, dass sie so aussieht wie mein Akt. Du bist mein lieber, großer, stiller Wald, in dem es leise rauscht und flüstert. Und wenn ich auch ein wenig hinausgelaufen bin auf die Wiese, so komme ich bald wieder und setze mich still bei Dir nieder.
Du bist mein lieber Geselle und ich gedenke in herzinniger Liebe Dein und küsse Dir die lieben Hände und die milde Stirn, aus denen kommen Deine Bilder. Die sehen für mich aus wie Deine Bilder, und der rote Bart gehört auch dazu. […] Nun lass Dich küssen, mein lieber Neununddreißiger. Mit dem Jahre Vierzig soll die große Kunst beginnen. Darauf trinke ich am Sonntag dreimal meinen Milchkakao […]

Paris, 3. März 1903

Heute morgen erwachte ich in meinem Mahagonibett wie eine Braut, denn gestern Abend beim Schlafengehen, als ich schon die Lampe gelöscht hatte, wurde mir noch Dein Brief hereingereicht.

Lieber, das war eine Seligkeit. Ich las alle Deine Worte ganz langsam, ein jedes für sich, und ließ sie sanft und lieblich über mich hinströmen und sonnte mich in ihnen und lachte über sie und freute mich in Dir.
Ja, mein König, Dir gehört mein All, Dir weihe ich es. Nimm alles in Deine lieben Hände. Und wenn der Frühling über unsern schönen Berg zieht, dann wollen wir uns in Liebe vereinen.
Lieber, mir war es wie Dir. Auch ich wollte nicht so viel von unserer Liebe schreiben, um uns die Trennung nicht so schwer zu machen. Nun ist es aber doch wunderschön, dass wir uns einmal zwischendurch alles Liebe gesagt haben, dann geht hinterher das Schweigen davon wieder viel leichter.
Weißt Du, ich spreche so oft von Dir, als ich nur kann. Mit Rilkes lässt sich das gar nicht so gut machen, die hören nur halb zu, die sind zu sehr mit sich selbst beschäftigt [...]

Paris, 10. März 1903

[...] Mein lieber Mann, unter all dem vielen, was in mir arbeitet, geht es mir hier ganz wunderlich. Manchmal scheint es mir gar nicht glaublich, dass ich Dich und Elsbeth und unser kleines Häuschen besitze. Und wenn ich darüber nachdenke, so fühle ich, dass es gerade dieser wundervolle gewisse Besitz ist, der mir die Ruhe gibt, an all die Dinge so gesammelt und glücklich heranzutreten. Weißt Du, erotisch bin ich im Augenblicke gar nicht, das kommt wohl von der vielen geistigen Arbeit, die in mir umgeht. Aber wenn es möglich ist, liebe ich Dich vielleicht täglich rückhaltloser in alle Falten und Fältchen Deines Wesens hinein. Ich habe einen so großen Stolz in Dich gesetzt. [...]

Paris, 15. März 1905

Mir wird ganz wunderbar zumute bei dem Gedanken, dass wir uns in zwei Wochen wiedersehen.
O, ich habe Dir so viel Schönes zu zeigen und so viel schöne Liebe in mir aufgespeichert, die ich alle in Dich gießen möchte, und Dich damit einhüllen, Deinem inneren Menschen wohlzutun. [...]

Unterwegs geschrieben [März 1903]

[…] Dieser Brief sollte eigentlich eine Postkarte werden, aber die Tonart wurde mir um einen Stich zu warm für die Worpsweder Postboten. Ich wollte den Stil mäßigen, aber er will nicht und brennt in der Vorfreude durch. Brennt es bei Dir auch? […]

Paris, 9. März 1906

Lieber Otto,
liebe, liebe Briefe von Dir liegen vor mir und machen mich traurig. Es ist immer wieder derselbe Schrei in ihnen und ich kann Dir doch nicht die Antwort geben, die Du haben möchtest. Lieber Otto, lass eine Zeit ruhig verstreichen und lass uns beide abwarten, wie meine Gefühle dann sind. Nur, Lieber, versuche den Gedanken ins Auge zu fassen, dass sich unsere Wege scheiden werden. […]

Paris, 9. April 1906

Lieber Otto,
eben las ich Deinen Brief. Er rührt mich tief. Es rühren mich auch die Worte aus meinen Briefen, die Du mir schreibst. Wie habe ich Dich geliebt. Lieber Roter, wenn Du es kannst, so halte Deine Hände noch eine Zeit über mir, ohne mich zu verurteilen. Ich kann jetzt nicht zu Dir kommen, ich kann es nicht. Ich möchte Dich auch an keinem anderen Ort treffen.
Es ist vieles von Dir, was alles in mir wohnte, und was mir entschwunden ist. Ich muss warten, ob es je wiederkommt oder ob etwas anderes dafür wiederkommt. Ich habe mir her und hin überlegt, was wohl das Beste ist, was ich tue. Ich fühle mich selbst unsicher, da ich alles, was in mir und um mich sicher war, verlassen habe. Ich muss nun einige Zeit in der Welt bleiben, werde geprüft und kann mich selber prüfen. Willst Du mir für die nächste Zeit monatlich 120 Mark geben? dass ich leben kann? […]
Schließe Dich an Elsbeth an und an Deine Kunst.
Deine Paula.

Quellenangaben

Abälard und Heloise. Ihre Briefe und die Leidensgeschichte. *Übersetzt und eingeleitet von Moriz Carriere. Gießen: J. Ricker'sche Buchhandlung, 1853.*

Arnim, Achim von. Achim von Arnim und Bettina Brentano. *Hg. Steig. Berlin 1904.*

Arnim, Bettina von. Bettinas Briefwechsel mit Goethe. *Leipzig: Insel-Verlag 1922.*

Browning, Elizabeth Barrett. The Letters of Robert Browning and Elizabeth Barrett Barrett. *London: Smith, Elder & Co 1899.*

Charles, C.H. Love Letters of Great Men and Women. From the Eighteenth Century to the Present Day. *New York: Brentano's 1924.*

Dickinson, Emily. The Letters of Emily Dickinson. *Hg. Thomas Herbert Johnson. Cambridge, Mass.: Belknap Press 1965.*

Duse, Eleonora. Eleonora Duse. Arrigo Boito. Lettere d'Amore. *Hg. Paul Radice. Mailand: il Saggiatore 1979.*

Goethe, Johann Wolfgang von. Goethes Ehe in Briefen. *Frankfurt a.M.: Rütten & Löning 1921.*

Günderrode, Karoline. Gesammelte Werke der Karoline von Günderode. *Goldschmidt-Gabrieli 1920-1922.*

Ihringer, Bernhard. Frauenbriefe aller Zeiten. *Stuttgart 1910.*

Italiänische und Englische Liebesbriefe nebst weiteren Europäischen. *Hg. Paul Seliger. Leipzig: Julius Zeitler 1908.*

Kalb, Charlotte von. Briefe an Jean Paul und dessen Gattin. *Berlin 1882.*

Kellen, Tony. Französische Liebesbriefe aus acht Jahrhunderten. *Leipzig: Verlag von Julius Zeitler 1907.*

Lamb, Caroline. The Whole Disgraceful Truth. Selected Letters of Lady Caroline Lamb. *Hg. Paul Douglass. New York: Palgrave Macmillan 2006.*

Lenclos, Ninon de. Die Briefe der Ninon de Lenclos. Ein Roman der Liebe. *Übertragen und eingeleitet von Host Brochstetten. Berlin: Wilhelm Borngräber Verlag 1917.*

Lettres de George Sand. Histoire d'une vie. *Paris: Éditions Scala 1997.*

Luxemburg, Rosa. Listy do Leona Jogichesa-Tyszki. Tom 1 (1893-1899). *Warschau: Książka i Wiedza 1968.*

Madame de Staël. Ses amis, ses correspondants. Choix de lettres (1778-1817). *Paris: Éditions Klincsieck 1970.*

Maria Theresia. Maria Theresia. Familienbriefe. *Hg. Stefan Großmann. Berlin und Wien: Ullstein & Co 1916.*

Modersohn-Becker, Paula. Briefe und Tagebuchblätter. *Hg. S. D. Gallwitz. Linz: Kurt Wolff Verlag 1920.*

Sand, George. Correspondance. *1812-1876. Paris 1882.*

Schelling, Caroline. Carolines Leben in ihren Briefen. *Eingeleitet von Ricarda Huch. Leipzig: Insel-Verlag 1914.*

Strodtmann, Adolf. Frau von Staël und Benjamin Constant, nach bisher ungedruckten Briefen derselben geschildert. *Stuttgart: Abenheim'sche Verlagsbuchhandlung 1879.*

Varnhagen, Rahel. Ein Frauenleben in Briefen. *Hg. Augusta Weldler Steinberg. Berlin: Kiepenheuer 1921.*

Varnhagen, Rahel. Rahel und Alexander von der Marwitz in ihren Briefen. *Hg. Heinrich Meisner. Gotha: Leopold Klotz Verlag 1925.*

Varnhagen, Rahel. Die Rahel. Briefe und Tagebuchblätter. *Hg. Agathe Weigelt. Berlin 1921.*

Wasserzieher, E. Briefe deutscher Frauen. *Dresden: Verlag von L. Ehlermann 1907.*

Wharton, Edith. The Letters of Edith Wharton. *Hg. R.W.B. Lewis & Nancy Lewis. New York: Collier Books 1988.*

Wollstonecraft, Mary. Collected Letters of Mary Wollstonecraft. *Hg. Ralph M. Wardle. Ithaca & London: Cornell University Press 1979.*

Zobeltitz, Fedor von. Briefe deutscher Frauen. *Berlin: Ullstein & Co 1910.*